本刊编辑部地址：清华大学公共管理学院310室
电话：010-62797170
投稿邮箱：nporeviewc@gmail.com

英文版刊号：ISSN 1876-5092；E-ISSN 1876-5149
英文版出版机构：Brill出版集团
英文版网址：www.brill.nl/cnpr

本刊英文版已正式出版。国际期刊号：ISSN 1876-5092；E-ISSN 1876-5149
Link地址：www.brill.nl/cnpr，点击"Go to online edition"
或直接点击 http://brill.publisher.ingentaconnect.com/content/brill/cnpr，下载RSS阅览器后可浏览

China NonProfit Review Vol.4

中国非营利评论

清华大学公共管理学院NGO研究所 主办 　　第四卷

社会科学文献出版社
SOCIAL SCIENCES ACADEMIC PRESS (CHINA)

本刊得到上海增爱基金会的赞助
理事长胡锦星寄语本刊：增爱无界，为中国公益理论研究作出贡献！

增爱无界

胡锦星

卷　首　语

　　第四卷的主题是"行业协会"。入选文章中有六篇与这个主题相关。

　　行业协会是什么？也算非营利组织吗？这个问题多年来一直萦绕在我的脑际。日前我推荐一位 MPA 学生参加日本的一个公民社会领导力培训项目，据说竞争还蛮激烈，但他一路绿灯。可就在最后面试时他因被质疑缺乏在非营利组织的实践经验而落选。我诧异：他是一个商会的副秘书长呢。原来日本并不把商会视为非营利组织。据我所知，在世界上许多国家，如英国、德国等，在讨论非营利组织问题时一般都不包括行业协会。

　　这是为什么？难道说行业协会属于营利性组织？当然不是。

　　差异在于国情的不同。在西方工业发达国家，行业协会是市场机制，不仅其生存发展的土壤是市场，而且行业协会本身属于市场体系的一部分，是为市场主体之一的企业提供各种保障和服务的内在机制。而市场经济是整个社会赖以存续的基础。既然市场经济是营利的，服务于营利的企业并内在于市场经济的行业协会就很难界定其在非营利之列。

　　然而，行业协会不同于企业。从"产出"的意义上说，行业协会提供的并非普通的商品或服务，而是一定意义上的"公共品"。近年来国内频发的食品安全和企业诚信危机问题（如三鹿奶粉事件），从一定侧面反映了某种应由行业协会提供的公共品的短缺。应诉反倾销、协商定价、协调劳资关系、招商引资等，都体现了行业协会提供的公共品之于企业、之于行业的价值。在汶川特大地震发生后，一些行业协会在募捐和志愿服务上的突出表现则彰显了其社会责任。这种行业协会相对于企业、行业乃至社会而言的"公共性",是我们强调其为非营利组织的根据所在。

一方面属于市场机制,另一方面属于非营利组织,这种集于行业协会之身的看似矛盾的特点,使得关于行业协会的讨论很有必要。这也是本卷集中刊发相关专稿的初衷。据悉,国务院目前已经启动了行业协会立法的准备工作,这对于加快行业协会的改革与发展、完善社会主义市场经济具有重要意义。这时我们刊发关于行业协会的专辑,可以说适逢其时。

除行业协会外,本卷当然不乏非营利相关的其他主题。在这个开放的学术园地,我们欢迎各种观点和讨论。唯求自由之精神,独立之人格。

麦克尔的《公民社会》连载,至本卷结束了。这篇长文,我在本学期的"国家与公民社会"课上作为教科书之一,引导学生们学习。他将公民社会解读为结社生活、美好社会与公共领域的三体合一,的确令人深受启发。其实每一个非营利组织,包括行业协会,不都在用实践注解着这样的三体合一吗?我们通过基于志愿的结社生活,努力追求美好社会,并在实践中不断延展公共领域。这,也是本刊践行的宗旨。

王 名

2009 年 5 月 12 日于涵清阁

本卷作者简介

（按文章顺序排列）

王　名　清华大学公共管理学院教授、博士生导师，清华大学 NGO 研究所所长。研究领域：中国 NGO 与公民社会。电子邮箱：oumei@mail. tsinghua. edu. cn。

孙春苗　清华大学公共管理学院博士生。研究领域：NGO 与公民社会。电子邮箱：scm04@ mails. tsinghua. edu. cn。

黎　军　深圳大学法学院教授，博士。研究领域：行政法与行业协会。电子邮箱：annie_ lijun@ 163. com。

李海平　深圳大学法学院副教授，博士。研究领域：行政法、民间组织公法问题。电子邮箱：leehaiping@ 163. com。

李　莉　武汉科技大学文法与经济学院副教授，博士。研究领域：政治学、非营利组织。电子邮箱：lijywkd@ 126. com。

陈秀峰　武汉科技大学文法与经济学院基金会研究所常务副所长、副教授，博士。研究领域：政治学与非营利组织。电子邮箱：cxfwkd@ 126. com。

蓝煜昕　清华大学公共管理学院博士生。研究领域：公民社会与环境治理。电子邮箱：lyx@ mails. tsinghua. edu. cn。

郑振清　清华大学公共管理学院博士后。主要研究领域：比较政治体制与东亚发展。电子邮箱：zhenqing@ tsinghua. edu. cn。

詹成付　民政部基层政权和社区建设司司长，华中师范大学兼职教授、博士生导师。研究领域：政治学。

麦克尔·爱德华兹（Michael Edwards） 福特基金会纽约总部治理与公民社会部主任。

陈一梅 国际美慈组织中国主任。电子邮箱：ymchen@ cn. mercycorps. org。

徐宇珊 深圳市社会科学院助理研究员，博士。研究领域：社会组织与行政体制改革。电子邮箱：xuyushan@ gmail. com。

韩俊魁 北京师范大学哲学与社会学学院社会学系讲师，博士。研究领域：国际 NGO。电子邮箱：hanjunkui@ 163. com。

万智慧 苏州市政府研究室副主任，博士、副研究员。主要研究领域：区域经济与社会管理。电子邮箱：llxr1@ 163. com。

陈洪涛 法学博士，公共管理博士后。研究领域：行政管理与非政府组织管理。电子邮箱：chenht@ mail. tsinghua. edu. cn 或 chtlaw@ sina. com。

曾少军 清华大学公共管理学院清洁发展机制研发中心执行主任，博士后。研究领域：应对气候变化的公共政策与国家战略。电子邮箱：tsangsj@ mail. tsinghua. edu. cn。

秦 威 《学会》杂志社主编，副编审。研究领域：社团理论。电子邮箱：qinwei58@ 163. com。

目　　录

书评

随笔

CONTENTS

Case Studies

Book Review

Impression

行业协会论纲

王　名　孙春苗[*]

【摘要】行业协会是市场经济中的结社形态之一，是作为市场主体的企业基于一定的经济关联性和利益共同性而结成的具有共同体特征的非政府组织。本文在界定行业协会的概念、属性和本质特征的基础上，回顾了从封建行会到近代同业公会再到行业协会的发展历程，从数量、体系和格局等方面总结了行业协会的发展现状，分析了行业协会的代表、协调和服务等三大基本职能及其在经济、政治和社会方面的作用，并较为深入地探讨了行业协会治理结构及其完善、管理体制的现状及创新等问题，最后分析了行业协会立法问题并提出了相应的政策建议。

【关键词】行业协会　治理结构　管理体制

一　行业协会的定义和属性

（一）行业协会的定义和基本属性

行业协会是在市场经济条件下，以行业等具有经济关联性的多数企

---

* 王名，清华大学公共管理学院教授，NGO 研究所所长；孙春苗，清华大学公共管理学院博士研究生。

业为主体，在自愿基础上结成的以保护和增进会员利益为目标的非政府组织。行业协会的英文一般是 "trade promotion association" 或 "trade association"。日本经济界认为：行业协会是指事业者以增进共同利益为目标而自愿组织起来的同行或商人的团体。[①] 美国出版的《经济学百科全书》一书有这样的定义：行业协会是一些为达到共同目标而自愿组织起来的同行或商人的团体。在英国，关于行业协会较为普适的定义是：由独立的经营单位组成，用以保护和促进全体成员既定利益的非营利组织。[②] 在我国，关于行业协会还有若干不同的概念，如商会、同业公会[③]等，本文为方便起见，一律用"行业协会"一词。

从性质上看，行业协会具有市场性、行业性、会员性、非营利性、非政府性和互益性。具体来说，"市场性"强调行业协会的基础是市场经济，离开了市场经济就无所谓行业协会，不仅如此，行业协会在本质上属于市场机制；"行业性"强调行业协会以市场经济中客观存在的业种、品种、工种等行业差异作为组织标识，形成不同层次、不同领域、不同范围的行业协会；"会员性"强调行业协会在构成上属于会员制的社会团体，由各种形式的会员（如团体会员、个人会员等）构成，会员制是行业协会的制度基础，并由此决定了其利益边界必然以会员利益为转移；"非营利性"强调行业协会虽以谋求会员利益为目标，但其自身运作并非以营利为目的，而要致力于谋求会员的共同利益，组织活动所产生的剩余不得进行分红；"非政府性"强调行业协会既不是政府机关及其附属机构，也不采用行政式的管理与运作机制；"互益性"强调行业协会的目的既非私益也非公益，而是为了特定群体的共同利益服务，是基于相互间的利益认同而达成的一定的共同体。[④]

[①] 《行业发展与管理》编辑部：《行业发展与管理》1987 年第 11 期、12 期（合订本），经济日报出版社，第 57 页。

[②] 贾西津、沈恒超、胡文安等：《转型时期的行业协会》，社会科学文献出版社，2004，第 9~10 页。

[③] 在中国，由工商联发起或作为业务主管单位的该类组织往往选择商会、同业公会为名称。

[④] 贾西津等：《转型时期的行业协会》，第 11~12 页。

按照经济关联性划分，行业协会可以分为业缘性组织、地缘性组织和身缘性组织；[①] 按照生成路径划分，行业协会可以分为官办协会与民间协会；按照组织功能划分，行业协会可以分为政策性协会、市场性协会和专业性协会；按照活动范围划分，行业协会可以分为全国性行业协会和地区性行业协会。

（二）行业协会的本质特征

行业协会作为一种重要的社会组织和特殊的市场机制，主要协调会员企业之间以及产业链条中的各种关系，在政府和企业中间发挥桥梁纽带作用，为建立有序的市场秩序、提升行业整体利益提供服务。行业协会与一般意义上的社会团体有着根本性的区别：行业协会在本质上体现的是市场资本的聚集，而其他类型的社团主要体现的是社会群体的联合；行业协会主要活跃在经济和政治领域，而其他类型社团的活动一般定位在社区和社会领域；行业协会主要以经济价值为导向并具有互益性，而其他类型的社团一般不追求经济价值，除了互益性还具有公益性。行业协会是企业基于经济关联性和利益共同性而达成的结社，在本质上反映的是市场中以会员为单位组成的一定共同体或利益集团的共同利益，具有显著的经济价值导向。

关于行业协会的产生机制和本质特征，较为一般的观点认为：行业协会是市场主体为节约交易成本而采取的集体行动。典型的分析逻辑如下：①引入非市场化程度的概念，针对市场主体行为的外部性，通过增大政府监管力度加强非市场化程度，形成图 1 中的曲线 L_1，表明"由市场主体外部性产生的交易成本随非市场化程度的提高而减少"；②但监管将带来由政府内部性导致的交易成本增加，于是引入市场化程度概念，来描述市场竞价机制在多大程度上决定政府生产或提供的产品/服务的价格/效益，形成图 1 中的曲线 L_2，表示"由于政府内部性而带来的交易成本将随政府生产或提供产品/服务的市场化程度的增加而降低"；③行业协会既不同于企业也不同于政府，行业协会既能够减少由于市场组织外

---

① 业缘、地缘和身缘，分别基于行业、地理和身份进行划分。

部性带来的交易成本，又能够减少由于政府内部性而带来的交易成本，从而得到较低的总交易成本，具体见图 1 中的曲线 L_3。曲线 L_3 表示总的交易成本，由曲线 L_1、曲线 L_2 纵向相加而得，表明在合适的市场化程度和非市场化程度的制度环境下，行业协会可以实现经济治理中的总交易成本最小化，即点 C。①

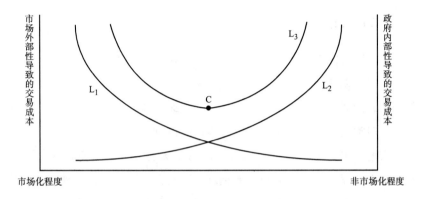

图 1　行业协会在经济治理中的交易成本分析

二　我国行业协会的发展历程

（一）历史原型

我国现代行业协会的历史原型是封建时代的行会以及近代的同业公会。

最早的商人业缘组织是隋唐时期的"行"或"团行"。唐宋以来，行会组织在工商诸行盛行，及至宋、元、明、清，各种行会繁衍不断，大致包括工商、市井、江湖三类。② 在封建时期，自然经济占绝对优势，传统手工业者在封建经济制度的压迫下艰难地维持着简单再生产，以会馆、

①　孙丽军：《行业协会的制度逻辑》，复旦大学博士学位论文，2004，第 22～31 页。
②　工商行会：手工作坊商业之行会，政府控管，赋役课索、市场管理、协调互助、维权共济。
　　市井行会：娱乐服务消费兴趣之结会，包括酒行、食饭行、药市、赌钱社、球社、书会等。
　　江湖行会：江湖诸业之帮会，如镖行、丐帮、命相行、包车会（行）等。

公所为代表的行会是当时行业组织的主要形式。① "会馆属于同乡的集合，会所属于同业的集合，同业的未必同乡，但同乡的多半同业。"② 就一般情况而言，传统行会的主要功能和作用体现为：限制招收和使用帮工的数目，限制作坊开设地点和数目，划一手工业产业的规格、价格和原料的分配，规定统一的工资水平等。其主要目的是防止业内和业外的竞争，维护同业利益，同时也对中国传统手工业和商业的运作具有某种规范作用。此外，许多行会都十分重视联络乡谊、救济同业、办理善举，尤其是外地工商业者和商人建立的会馆、公所，更是将其作为重要职责。③ 总体来看，封建时代的行会主要活跃在中国以城镇集市为基点的市场网络之中，具有"维护同业，联结同行"的基本功能，使处于封建制度包围之下的商品经济保持着有限的发展。

随着生产力的发展和社会经济制度的变迁，封建时代的行会组织也不断发展变化。1840 年鸦片战争以后，尤其是 19 世纪 70 年代以后，随着中国资本主义的发展和壮大，中国开始了经济现代化的历程。与此相应，一方面，旧的封建行会组织难以克服自身的"封建性、封闭性和保守性"，受到以追求扩大再生产为目标的近代企业的挑战，且难以适应日益加强的社会化生产模式；另一方面，由于社会分工和专业化程度的提高，大量的新兴行业以及相应的行业组织不断产生，导致近代同业公会的大量产生，并成为民国时期主要的行业组织形式。从根本上说，近代工商同业公会是适应近代资本主义生产方式下市场经济发展和经济转型而产生的，恶劣的社会政治经济环境则是同业公会生成的外在动因，同时，政府的督导和提倡起了重要的推动和影响作用。④ 近代同业公会继承了旧式行会济贫恤孤、弘扬慈善的优良传统，但与旧式行会相比，近代同业公会一开始就具有鲜明的现代性，发挥着推动行业自律、维护同业利益、对外统一行动、促进行业共同发展等重要作用。1949 年新中国成立后，同业公会在经济恢复和社会主义改造的过程中也发挥过重要作用，

① 朱英：《中国近代同业工会与当代行业协会》，中国人民大学出版社，2004，第 113 页。
② 彭泽益：《中国工商行会史料集》（上册），中华书局，1995，第 182 页。
③ 朱英：《中国近代同业工会与当代行业协会》，第 87 ~ 88 页。
④ 朱英：《中国近代同业工会与当代行业协会》，第 160 页。

到 1956 年，随着社会主义改造的基本完成和计划经济体制的建立，私营工商业不复存在，国营工商业直接以企业身份加入工商联，接受政府的直接管理，部门管理体制最终取代了行业自律和行业自治，同业公会遂完成其使命而退出了历史舞台。①

（二）改革开放以来的发展

1978 年改革开放以来，随着市场经济的发展，企业作为市场主体开始具有独立的经济利益，政府机构改革也逐步开始实施，追求独立经济利益的企业和探索转移政府职能的各级政府，都越来越倾向于培育和发展行业协会。中国的行业协会经历了从无到有、从单一向多元发展的历史性过程。有关当代中国行业协会的发展历程和阶段，许多学者都从不同角度做了不少研究。我们认为，转型时期中国行业协会的发展可以分为以下三个阶段。

第一阶段：以体制内新生增量为主的行业协会发展的悸动期，大致从改革开放之初到 1983 年前后。这一时期整个计划经济体制尚未转型，但发展经济的迫切需求和突破旧体制的行业管理需要催生了部分行业协会。当时的行业协会主要是在体制内依靠行政指令的方式自上而下建立起来的，且行政色彩浓厚，以全国性行业协会及其区域性体系为主，地方性行业协会很少。

1978 年底十一届三中全会以后，国务院提出了"按行业组织、按行业管理、按行业规划"的思路，原国家经委组织了对国外行业协会的考察，行业协会的地位和作用开始进入政府的视野，但是政府、企业和社会各界对于行业协会的性质、功能等缺乏足够的了解。当时国务院批准成立的全国性行业协会只有十几家，如中国包装技术协会（1980 年成立）、中国食品工业协会（1981 年成立）、中国电子音响工业协会（1983年成立）等。

第二阶段：以体制内大量增长和体制外少量发育为特征的突破期，大致从 20 世纪 80 年代中期到 90 年代中期。这一时期行业协会的数量大

---

① 朱英：《中国近代同业工会与当代行业协会》，第 113 页。

增，且各种组织形态繁盛，但在功能和表现上不突出。大量的行业协会是由政府各部门和各级政府自上而下成立的，在民营经济发展较快的沿海城市如温州等地，也出现了自下而上设立的行业协会。这一时期的行业协会主要是伴随政府机构改革和相应的职能转移而产生的，从中央到地方各级政府撤销或合并专业经济管理部门，催发了一批官办行业协会的产生，用以承接政府原有部门的经济管理职能。

其中最具典型意义的事件包括：一是 1984 年城市经济体制改革的全面启动，提出政府机构实行"三个转变"，即由部门管理转变为行业管理、由直接管理转变为间接管理、由微观管理转变为宏观管理，并选择机械工业部和电子工业部作为国务院管理体制改革的试点部门。二是 1986 年撤销省市二级行政性公司，并建立一批地区性行业协会取而代之。三是 1988 年中央国家机关机构改革，一些国家机关部委、专业司局撤并，相应成立了若干行业协会。四是 1993 年中央对经济管理体制再次进行重大改革，将专业经济管理部门一分为三。一部分保留或新设为行政管理机构；一部分改为国有资产经济实体；一部分改为行业总会，作为国务院直属事业单位代行政府的行业管理职能，如撤销纺织工业部和轻工业部，分别组建中国纺织总会和中国轻工业总会。1999 年进一步在此基础上将原 9 大专业经济管理部门改为 10 大行业协会。

第三阶段：以体制内存量转型和体制外大量增生为特征的发展期。这一时期自上而下建立的行业协会的数量增长放缓，并在政府指导下开始进行改革，如在人员、财务、办公场所等方面与业务主管单位脱钩等，在行业治理及向会员提供服务等方面进行初步探索；而自下而上建立的行业协会在市场经济发展较快的地区和行业出现大量增生的局面，这些行业协会体现了市场经济发展到一定阶段的客观需要，因而一开始就具有行业自治的特征，如温州地区的行业协会在整顿市场秩序、实施行业治理等方面发挥了较突出的作用。同时，这一时期从中央到地方各级政府对于行业协会都很重视，先后出台了一系列政策来促进行业协会的培育、发展、规范和改革。

其中，最有代表性的有四个文件：一是 1997 年国家经贸委印发了《关于选择若干城市进行行业协会试点的方案》，选择上海、广州、厦门、温州四个城市作为试点进行行业协会的培育。后来全国各级政府相继出台了关于培育和发展行业协会的地方性条例或方案；二是 1999 年国家经贸委印发了《关于加快培育和发展工商领域协会的若干意见》（试行），对行业协会的性质、功能及促进措施作了具体规定，明确了促进行业协会发展的基本方针；三是 2002 年 4 月国家经贸委印发了《关于加强行业协会规范管理和培育发展工作的通知》，进一步提出"调整、规范、培育、提高"的工作方针；四是 2007 年 5 月国务院办公厅印发了《关于加快推进行业协会商会改革和发展的若干意见》，提出行业协会改革发展的指导思想和总体要求，并具体提出了拓展职能、推进体制改革、加强自身建设和规范管理、促进协会发展的政策等一系列措施。2008 年 10 月，行业协会立法被列入十一届全国人大常委会的五年立法规划。

三　我国行业协会的发展现状

从 20 世纪 80 年代开始，我国行业协会在数量上出现显著的增长，尤其是进入 21 世纪后其增速明显加快。据民政部官方网站①提供的统计数据显示，2002～2006 年，全国各级行业性社团的数量约占各级社团总数的 30%，年平均增长率约达 11%。（详见表 1）

表 1　2002～2006 年全国行业性社团的数量

年　　份	2002	2003	2004	2005	2006
全国的行业性社团数量（个）	39149	41722	46370	53004	59783
当年全国的社团总数（个）	133297	141167	153359	171150	191946
行业性社团数量相比去年的增长率（%）	—	6.6	11	14.3	13
占当年全国的社团总数的百分比（%）	29.4	29.6	30.2	31	31.1

（一）生成模式

根据生成途径的不同，行业协会主要可以分为自下而上的市场内生

---

① http：//www.chinanpo.gov.cn。

型、自上而下的政府推动型和混合型三类，由于生成路径不同，组织的动力机制和运行逻辑也因此会表现出不同的特点（见表2）。

表2 行业协会发展的不同模式比较

模式类型	政府推动型	市场内生型	混合型
创办主体	政府部门	企业	政府发起，由企业组织完成
协会定位	协助政府管理，兼服务企业	服务企业	以服务企业为主，兼有政府引导
决策机构	政府主管部门或政府任命的协会领导	会员大会、理事会	会员大会、理事会
工作人员	政府退休或分流人员	协会聘任	协会聘任
会费收缴率	较低	较高	较高
政府资助	有一定的财政补贴	基本没有	少量
企业对协会的认同度	较低	较高	较高
协会对政府的期望	政府财政支持并转移相关行政职能	政府能赋予一定的行业治理职能	政府能赋予一定的行业治理职能
政府职能转移	有一些	基本没有	少量
行政权力寻租	普遍存在	基本没有	积极寻求

贾西津、沈恒超、胡文安等：《转型时期的行业协会》，社会科学文献出版社，2004，第139~140页。

市场内生型的行业协会具有较强的民间性，一般由行业内企业基于共同的行业利益自发自愿组建而成。企业成立这些行业协会的目的主要是为了克服原先的无序竞争状态，通过沟通、协商、约定谋求共同利益，实现共赢。这类行业协会通常是在行业内部多数企业之间反复协商的基础上达成共识并以合约的形式成立，因而具有较为广泛的社会合法性，进而得到政府部门的认可并获得合法登记。

政府推动型行业协会往往基于政府职能的转移，或者由原有的部门管理机构转型而来，或者在政府机构改革中由分解或剥离的部分政府职能独立出来。这类行业协会通常因政府授权而取得自上而下的行政合法性，随着组织的发展特别是在市场经济条件下面向行业和企业开展的各种活动，其社会合法性逐渐得到认可。

混合型的行业协会通常是由各方面共同推动和参与发展起来的。一方面得到政府的直接倡导、大力培育和支持；另一方面，相关企业也积极参与。由于同时具备了行政合法性和社会合法性，这类行业协会既能较好地体现政策意图并得到政府的支持，又能在建立行规行约、规范市场秩序、维护企业权益和促进区域发展中发挥较大的作用。①

（二）体系与格局

从体系构成上看，现阶段我国的行业协会主要存在三大体系：其一是工业体系，包括中国工业经济联合会（以下简称"工经联"）等全国性行业协会300多家以及地方各级工经联和行业协会，构成庞大的行业协会体系；其二是商会体系，主要以全国总商会和各级工商联为核心，以非公有制经济为主体，包括3100多个地方组织和300多万名会员；其三是企业家协会体系，以中国企业联合会和中国企业家协会为龙头，联合各级各行各地的企业家协会，包括400多个市级组织和55万多名企业会员。除了这三大体系外，其他的行业协会主要依托业务主管单位形成相对聚合的不同体系，也有不少行业协会并不依附于某一体系，而主要以产业领域或地域为中心形成相对集中的格局。

从发展和改革的进程看，现阶段我国的行业协会大体可以分成三类：第一类以温州、深圳等地的行业协会为代表，主要定位在市场，致力于服务企业和市场，属于市场主导型的行业协会。这类行业协会的发育相对较为成熟，其各项基本功能较为完善，能获得企业和市场的普遍认同与支持，在当地政府的积极培育和配套政策支持下，逐步发展成为具有行业代表性、权威性和独立自主性质的行业共同体。第二类以中部和西部等地区的行业协会为代表，是仍处于转型期的行业协会。这类行业协会正处在探索与业务主管单位脱钩、转换行业协会职能的关键时期，市场经济不够发达和政府改革不够到位是其转型继续推进的主要约束，而协会自身的能力不足和资源短缺则制约着其服务企业和市场，使之步履艰难。第三类以中央和地方各级政府的相关部门成立的综合性行业协会为代表，属于部门主导型的行业协会。这类行业协会往往以部门利益而

---

① 余晖等：《行业协会及其在中国的发展：理论与案例》，经济管理出版社，2002，第21～25页。

非行业利益为导向，存在较为严重的行政化倾向并过度依赖行政权力，其宗旨和目标比较含糊，机构臃肿、管理僵化，能力建设方面存在较为突出的问题。

总体上看，从 1997 年国家发改委提出选择若干城市进行行业协会试点开始，行业协会的改革和发展就已经进入从中央到地方各级政府大力推动行业协会发展与改革的历史阶段。不仅中央政府不断提出关于行业协会改革与发展的新思路、新举措和新政策，许多地方政府也在促进行业协会发展方面进行了许多富有新意的制度创新。许多行业协会在资金运作、人事任免、组织决策、办公场所等方面实现了独立，逐渐走上健康发展的道路，其中较为突出的典型地区如深圳、上海、青岛等。

四　行业协会的职能、作用和意义

（一）行业协会的职能

行业协会的基本职能由其本质特征决定，即行业协会在本质上是服务于企业和市场的互益性社会团体，其基本职能是降低市场主体的交易成本。行业协会的各项主要职能都由此而衍生。近年来行业协会所处的客观体制环境和条件发生了很大变化，行业协会内部的组织状态和治理结构也与过去有很多不同之处，行业协会的职能和作用出现了一些新的变化。例如，集体应对国际市场的贸易纠纷、建立产业发展研究院或产业性聚集基地、制定行业技术标准等，但是总体来看，行业协会的基本职能还是围绕"提供服务、反映诉求、规范行为"等准则进行的。总体来看，行业协会的角色以及对应的功能主要分为以下三大类。

行业代表功能，当行业协会作为行业利益的整体代表者出现的时候，主要面向三个对象：一是政府，包括各级政府和不同的政府部门；二是市场，包括国内市场和国际市场；三是社会，包括其他社会团体利益和社会公共利益。此时行业协会一般具有明显的经济利益价值导向，为了维护会员企业的共同经济利益，往往会采取统一的行动与政府部门、其他利益集团或者社会群体进行沟通、谈判、博弈甚至对抗。

行业协调功能，当行业协会作为行业内部秩序的协调者出现的时候，主要面对的是协会内部的会员企业，所要处理的问题包括：部分企业破坏正常的市场竞争秩序（如恶性的价格竞争）、大企业和小企业之间的利益冲突、行业整体的社会信誉度下滑（如假冒伪劣、粗制滥造）等问题。此时的行业协会，一般会以维护行业的正常秩序和长远利益为目标，根据协会章程采取相应的行动，包括采取统一的行业自律行动、制定行业技术标准、制定统一的行业发展规划、规范会员企业的市场行为、合理协调不同企业之间的利益冲突等。

行业服务功能，当行业协会以行业内"准公共服务"提供者的身份出现的时候，为会员企业提供的服务分为集体性物品和非集体性物品两种：集体性物品即准公共物品（quasi-public goods），主要是指影响政府政策、改善行业信誉等；非集体性物品是一种选择性服务（selective services），包括发布行业信息、提供客户信用资料、专业培训、企业管理研究和技术咨询、帮助讨债以及维权服务等。

（二）行业协会的作用和意义

从理论上来看，行业协会的作用主要体现在以下方面：①在经济上，能够节约交易成本，提高资源的配置效率。行业协会本质上是市场上的交易主体（如企业）为了减少交易成本而达成的一系列合约安排，以协会内部的监督、管理成本代替企业间反复出现的谈判、缔约交易成本。[①]②在社会上，可作为第五种社会制度与国家、市场、企业、社区这四种社会制度相互制衡和补充，使社会整体秩序更加健全完善；③在政治上，作为利益集团之一参与公共决策，使政府政策的制定能够更加公开、公平和公正；④在法律上，其自律性规则（如行规行约）可对国家法律起到补充、延伸、辅助以及初创等作用，从而提高法律制度的完整性和执行效率。[②]

---

① 贾西津、沈恒超、胡文安等：《转型时期的行业协会》，社会科学文献出版社，2004，第18～19页。

② 余晖等：《行业协会及其在中国的发展：理论与案例》，经济管理出版社，2002，前言部分第2～3页。

从实践上来看，改革开放以来，行业协会在我国的发展具有特别重要的意义，主要体现在市场经济完善、政治体制改革、社会领域建设三个方面。

从市场经济的角度来看，行业协会作为一种特殊的市场机制和社会组织，是社会主义经济体系中的重要主体和必不可缺的有机组成部分，是一个国家经济软实力的有效载体。① 行业协会有利于减少企业之间的交易成本（包括竞相压价引起的谈判成本、开展各种合作的缔约成本和监督履约成本等），从而提高经济运行的整体效能。在国内市场方面，通过行业自律和经济自治，有利于促进资源的优化配置、商品的生产流通、交易的公平合理、市场的规范有序以及产业的健康发展；② 在国际市场方面，行业协会作为重要的民间国际交流组织，可以灵活运用 WTO 规则中的相关条款对本国企业进行公开的保护。国际经验也表明，在经济贸易领域发生的各种纠纷，最适宜的协调机制往往不是政府而是行业协会。③

从政治改革的角度来看，改革开放以来中国的政治体制改革包括政府职能转变和政府机构改革，为了适应从计划经济到市场经济的转变，政府职能需要从微观、直接的管理转向宏观、间接的管理，从部门管理转向行业管理，从管理为主转向服务监督为主；同时，政府职能转变也促进了政府的机构改革，即要求政府机构按照转变后的政府职能进行精简、归并，形成"小政府、大社会"的格局。上述转型命题带来了行业治理职能下放的问题，行业协会作为行业自治的关键主体，能否顺利承接政府的职能转变，对当前中国的政府机构改革乃至整体政治改革进程都具有重要意义。

从社会建设的角度来看，随着市场经济的不断发展，作为一个日益壮大的社会群体和社会中间层，企业家采取行业协会这种结社方式进行一定的利益表达和政治参与，并承担一定的社会责任，这些经济精英正逐渐形成支持中国民间组织发展的新的社会力量。首先，行业协会内部

---

① 张军：《对我国行业性社团发展的几点研究》，《社团管理研究》2008 年第 7 期。

② 孙燕：《优化行业协会发展环境的制度构建》，见《社会组织创新与发展论坛论文选编》，2008，第 12 页。

③ 王名、刘培峰等：《民间组织通论》，时事出版社，2004，第 187～188 页。

的选举、协商等机制有利于企业家获得民主体验，提升公民主体意识，锻炼和提高其参政议政能力；其次，企业家通过行业协会向政府提出政策建议，有利于提高公共政策的透明度和科学性，并构成对政府的民主监督；最后，企业家通过行业协会积极参与社会公共事务，有利于推动各种社会群体之间的良性互动，缓解社会矛盾并降低社会管理风险。因此，有必要推动行业协会的发展和改革，通过行业协会这一载体提高企业家的参与意识和集体行动，提升社会资本和整个社会系统的活力，从而为我国的宪政民主进程和公民社会建设提供动力。

（三）行业协会功能的实证分析

为了深入了解目前中国行业协会的发展现状以及行业治理功能的发挥，探讨行业协会与政府之间的关系和互动情况，发现当前政策环境以及协会自身存在的深层次问题，以期促进行业协会发展及相关政策法规完善。2007 年 12 月~2008 年 4 月，清华大学公共管理学院 NGO 研究所在民政部门以及有关业务主管单位的支持下，选择中国行业协会改革和发展步伐比较快、比较具有典型代表意义的地区，先后在深圳、青岛、北京及杭州四个城市发放"行业协会治理功能调查问卷"，[①] 共发放问卷292 份，回收 145 份，回收率约为 50%。填写问卷的一般为行业协会的主要负责人，如正副会长、正副秘书长。

在本次问卷调研中，我们将行业协会的功能分解为 21 项（具体见表3）。其中，行规行约、技术标准、从业资质、产品认证、质量监督、竞争规范、产权保护等，被作为行业协会的核心治理功能加以研究。

1. 行业协会的功能概况

有关"行业协会围绕功能发挥所进行过的行为"，从对回答此问题[②]的 145 份问卷的统计结果来看，出现频率最高的三项功能依次是：①培训，约有83%的行业协会发挥过此项功能。②反映会员要求、为会员维权，约有 79%的行业协会发挥过此项功能。③办行业刊物，约有 70%的行业协会发挥过此项功能。说明目前大部分行业协会的主要功能是为会

---

① 该问卷由贾西津、孙春苗设计。
② 此问题为多项选择题。

员提供信息、维权、培训等服务。值得注意的是，沟通协会与外界之间的关系也是行业协会功能中的重要组成部分，表现在与政府沟通（如接受政府委托、参与政策制定等）、与国际链接（如组织企业参加国际交流）、与社会沟通（如办行业网站）等。

表3 行业协会的功能（总表）

行业协会的功能	出现频率（次）
A. 参与制定行业规划或技改前期论证	60
B. 行业调研和政策立法建议	91
C. 行业统计	62
D. 参与制定行业标准	64
E. 制定行规行约	70
F. 协调价格	32
G. 参与质量管理监督	37
H. 参与行业许可证的发放和资质审查	20
I. 进行产品的认证或鉴定	17
J. 应对国际贸易摩擦和反倾销等问题	20
K. 办行业刊物	101
L. 办行业网站	91
M. 组织展销展览会等开拓市场的行为	78
N. 帮助企业改善技术和经营	66
O. 反映会员要求，为会员维权	115
P. 组织企业参加国际交流	90
Q. 法律信息咨询	70
R. 培训	120
S. 开展行业评比、评优等活动	82
T. 接受政府委托的工作	94
U. 倡导企业社会责任，发展社会公益事业	70

2. 行业协会的行业治理功能分析

（1）制定行业行约。

从统计结果来看，有50%左右的行业协会曾经制定过行业行约，从执行情况来看，大部分会员企业比较遵守行业行约（见图2）；对于违反行规行约的会员企业，行业协会最常用的处罚措施是取消会员资格、业内警告；有关行规行约的作用，从对回答此问题的66份问卷的统计结果来看,只有11%的行业协会的行业行约"非常有效",81%的行业协会的行业行约"有一定效力"。另外,8%的行业协会的行业行约已经"基本失效了"(见图3)。

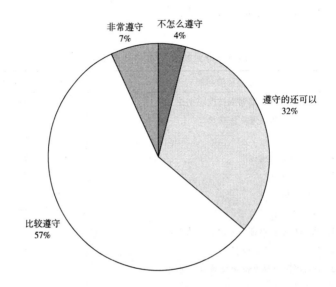

图2 会员企业遵守行业行约的自觉性

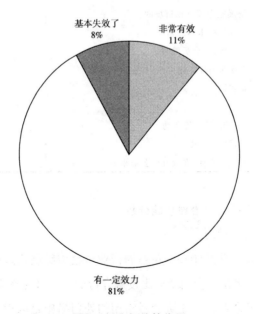

图3 行业行约的作用

（2）制定技术标准。

从统计结果来看，有三四成的行业协会制定或参与制定过行业的技术标准，从制定方式来看，在对回答此问题①的 45 份问卷的统计结果来看，大部分（62%）技术标准是受政府部门委托制定的，而且龙头企业在其中起到了重要的作用（见表4）；技术标准在协会内部执行情况相对较好，相当一部分（32%）技术标准还在整个业内得到执行（见图4）；从技术标准的效力范围来看，在对回答此问题的 40 份问卷的统计结果来看，大部分（60%）行业协会的技术标准是作为协会标准执行的，一部分（35%）被接受为国家标准，极少数（5%）基本失效（见图5）。

表4　行业协会制定技术标准的方式

制定方式	出现频率（次）	制定方式	出现频率（次）
A. 受政府部门委托制定	28	D. 大部分企业参与了制定	6
B. 由一个龙头企业制定	4	E. 所有会员企业参与了制定	6
C. 若干龙头企业协商制定	9		

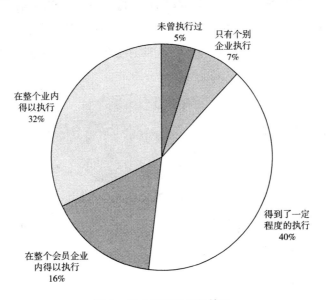

图4　技术标准的执行情况

---

① 此问题存在复合型答案，如 A、C 表明该技术标准是受政府委托，由若干龙头企业协商制定。

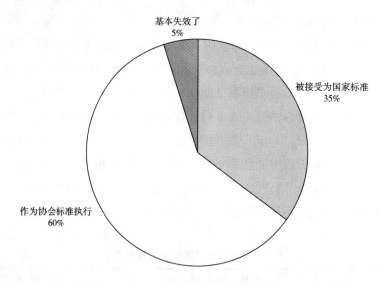

图 5　技术标准的效力范围

（3）进行产品认证。

从统计结果来看，只有约 **17%** 的行业协会进行过产品认证。进行过产品认证的 **24** 家行业协会中，**67%** 的协会不是业内唯一的认证机构。有关认证资格的取得方式（见图 6），大部分（**59%**）的行业协会的认证资

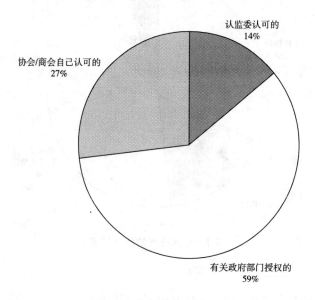

图 6　认证资格的取得方式

格是有关部门授权获得的，只有少数是协会自己认可的（27%）或者认监委认可的（14%），这说明行业协会自身在业内的权威性和影响力还不够高，在相当程度上还在倚靠政府有关部门的授权。

（4）进行价格协调。

从统计结果来看，约有 25% 的行业协会进行过价格协调。进行价格协调的最主要目的是抵制低价恶性竞争，其次是形成保障企业利润的价格同盟；关于价格协调的效果（见图 7），从回答此问题的 23 份问卷的统计结果来看，大部分（70%）行业协会进行的价格协调具有一定的效果，但是完全达到目的的并不多（9%），部分（15%）已经基本失效。

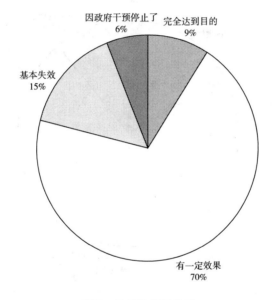

因政府干预停止了
6%
完全达到目的
9%
基本失效
15%
有一定效果
70%

图 7　价格协调的效果

（5）总结。

总体来看，目前中国大部分行业协会的行业治理功能尚停留在初级阶段，在制定行规行约和技术标准、进行价格协调和产品认证等比较高端和关键的职能方面，小部分行业协会已经有所行动并取得了一定成果，但是总体来看效果不够理想。这种状况符合中国行业协会的初期发展特点并带有明显的转型期特征，同时绝大部分（84%）受访者认为，"在过去五年中，行业协会在行业治理中的作用越来越重要了"。

3. 行业协会与政府之间的关系

（1）行业协会的定位。

通过对比行业协会对自己的功能定位（见图8）和当地政府对行业协会的定位（见图9），我们可以发现，不管是行业协会自身还是当地政府，"行业协会是政府与企业和市场的桥梁纽带"这一定位是一种主流论调，然而仍有不少（22%）行业协会反映当地政府"基本忽视了行业协会/商会的存在"，与此同时，只有少数（15%）行业协会将组织定位在"行业治理的主体"这一点上。

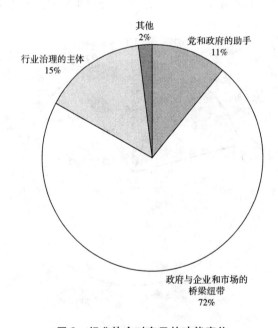

图8　行业协会对自己的功能定位

（2）行业协会和政府之间的沟通途径。

①会员企业与政府沟通的途径。

统计结果显示，当会员企业有问题需要向政府有关部门反映时，通过行业协会进行协调已经成为较多（44%）会员企业的首选途径，其次的途径是企业直接去找政府（见图10），这说明行业协会在反映会员诉求、沟通企业和政府关系方面做出了一定的成就并得到了会员企业的认可。

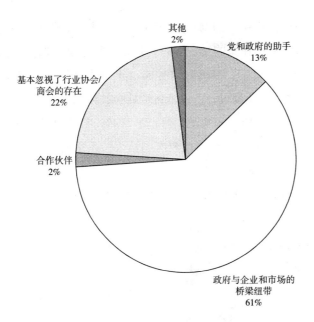

图 9   当地政府对行业协会的定位

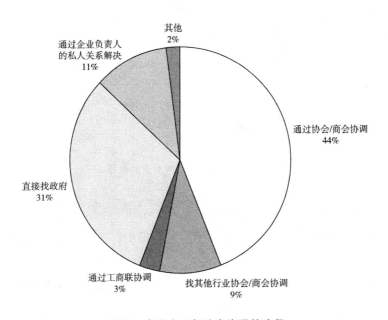

图 10   会员企业与政府沟通的途径

②行业协会与政府沟通的途径。

统计结果显示，当行业协会面临比较重要的问题，需要向政府有关部门反映的时候，主要是由协会的领导或者秘书长出面去找政府有关部门（合计约占70%）。值得注意的是，部分（14%）行业协会选择"通过人大、政协向政府提交议案、提案"这种非常正式的途径解决问题，少数（8%）行业协会选择"通过熟人或者各种社会关系"，以求"尽量私底下解决"问题（见图11）。事实上，约一半（49%）的受访者承认"我们协会/商会的会长和副会长与当地政府的私人关系很密切"，而约1/3（31%）的受访者更承认"我们协会/商会会长和副会长在中央政府也有一定私人关系"，这无疑为非正式的沟通渠道提供了条件和便利。

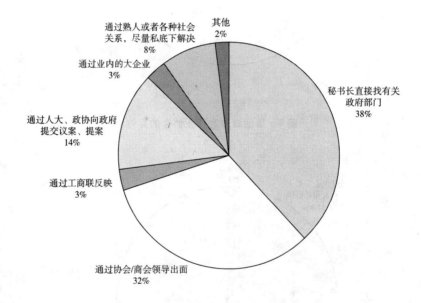

图11　行业协会与政府沟通的途径

③行业协会中的各级人大代表和政协委员。

根据统计结果，约1/3的行业协会的会员中有各级人大代表，其中大部分（70%）行业协会中的各级人大代表不足5人，也有一部分（18%）行业协会的各级人大代表在10人以上，最多的有30个各级人大代表；约1/3的行业协会的会员中有各级政协委员，其中大部分（66%）行业协会中的各级政协委员不足5人，也有一部分（18%）行业协会的各级政协委员在10人以上，最多的有23个各级政协委员。总体来看，大部分（79%）行业协会中的人大代表和政协委员，或多或少都曾就本行业的问题提交过议案、提案，但数量不是很多。大部分受访者都认为这些人大代表和政协委员的身份对自己企业具有重要的意义，其次才是对行业协会的发展具有不同程度的作用，同时，也有不少（19%）的受访者认为这些身份对行业协会没有什么作用。值得注意的是，统计结果显示，会员中的人大代表和政协委员反映本行业问题不积极①的 43 家行业协会中，关于他们的身份对于行业协会发展作用的评价和期许往往也不高②（约占79%）。也就是说，通过人大代表和政协委员提交议案和提案的客观行为、关于人大代表和政协委员对行业协会发展作用的主观评价，这二者之间存在较强的因果关系。

（3）行业协会和政府之间的关系。

①政府委托。

在调查的 145 份样本中，约有 68% 的行业协会表示曾经接受过政府委托的工作。从统计结果来看，接受政府委托的形式③以"无偿服务"形式出现的频率最高，其次才是配备资金（分差额或全额两种）的定向委托，而行业协会参加竞争性项目接受政府委托的形式非常少（见表5）。

表5 行业协会接受政府委托的形式

政府委托形式	频次（次）	政府委托形式	频次（次）
A. 无偿服务	60	C. 带有相应资金的定向委托	24
B. 补偿部分资金的定向委托	31	D. 竞争性项目	2

②政策建议。

约有 50% 的协会表示在 2005～2007 年的三年期间，曾经"以本行业协会/商会的名义向政府提交政策建议"。其中，"产生了一定效果"的概率平均值约有 50%。其中，约有 50% 的协会向政府提出的政策建

---

① 表现为这些人大代表和政协委员，"没有"或者只是"个别有过"就本行业的问题提交过议案、提案。

② 表现为认为这些人大代表和政协委员的身份对行业协会"没什么作用"、"有一点作用"。

③ 此问题为多项选择题。

议频率在 1 次/年以下，约 14% 的协会向政府提出的政策建议频率在 3 次/年以上。

（4）总结。

综上所述，目前行业协会在反映行业诉求、进行政策建议、沟通企业和政府关系方面正在发挥日益重要的作用。但是会员企业有问题时绕开行业协会直接去找政府、行业协会有问题时通过熟人或者各种社会关系去打通政府关节的现象，即使通过问卷结果显示仍然为数不少，在实际生活中就更加大量存在，这种非正式的沟通方式有可能会减少单位组织的成本，然而却可能增加社会整体成本，而且不利于行业协会树立和形成在会员企业中的权威和影响力，也不利于行业协会和政府之间建立常规化的正式沟通渠道。另外，约 1/3 的行业协会的会员中有各级人大代表或者政协委员，然而他们所提交的议案、提案往往与本行业的发展无关，这说明企业家或者行业协会并没有清醒地意识到这些身份对于行业协会乃至整个行业发展的意义，更没有充分有效地付诸实际行动。

五 行业协会的内部治理与管理体制

（一）行业协会的内部治理

1. 行业协会的治理结构

从理论上讲，比较健全的行业协会的内部治理结构主要包括四个主体：①会员大会，由自愿加入行业协会的会员企业组成，是行业协会的最高权力机构。会员数量较多[①]的行业协会，可以由会员选举代表组成会员代表大会，代为行使职权。②理事会，由会员大会推选产生，是会员大会的执行机构，并对会员大会负责。理事较多[②]的理事会可以从理事中选举产生常务理事，组成常务理事会，行使理事会的职权。理事会是行业协会治理结构的核心组成部分，往往掌握着有关组织宗旨、发展方向、

---

① 一般而言，会员超过 200 个的会员大会就视为会员数量较多。

② 一般而言，理事超过 50 个的理事会就视为理事数量较多。

重要活动等重大问题的实际决策权。① 另外，理事长一般也兼任会长。③监事会，由会员大会或者会员代表大会选举产生，会员较少的行业协会可以不设监事会，只设监事。监事会或者监事主要对理事会的决策、秘书处的活动、协会的财务管理以及会员遵守行规行约的情况等进行监督、批评和建议，需要保持相对独立性。② ④秘书处，为行业协会常设办事机构，由秘书长及相应机构组成，负责处理行业协会的日常事务。秘书处除了设立各种办公部门以外，还往往根据行业细分标准设立相应的专业委员会。秘书长一般为行业协会聘任的专职人员，列席理事会或者常务理事会会议。

　　理想的行业协会治理结构应当通过结构安排和功能设置（具体见图 12）实现会员大会、理事会、监事会、秘书处等主体之间的分权制衡和协调配合，激发会员对协会的认同和活动的参与，提高决策的民主和效率，并对执行机构产生有效的约束和激励。换句话说，只有达到治

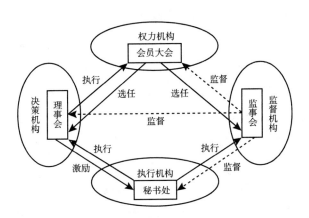

图 12　健全的行业协会内部治理结构*

＊部分参考李丹等《浅议我国行业协会的治理结构》，
《科学与管理》2007 年第 2 期。

---

① 根据"中国行业协会治理功能调查问卷"（清华大学公共管理学院 NGO 研究所，2008 年）的统计数据，对有关"组织宗旨、发展方向、重要活动等重大问题的实质决策权"问题，从对回答此问题的 143 份问卷的统计结果来看，出现频率最高的依次是下列三个选项：理事会或常务理事会民主决定、会员大会或会员代表大会民主决定、理事长或会长决定。

② 行业协会的会长、副会长、秘书长、常务理事、理事一般不得兼任监事。

理结构的动态平衡，行业协会才能优化资源配置，实现会员们的集体行动意志，保障和提升会员的利益。反之，治理结构的失衡则无法实现上述目标，这也是导致行业协会结构性失灵的非常重要的原因。

治理结构是行业协会法人治理的核心机制，行业协会治理结构的目标是：通过结构安排和功能设置，激发会员对协会的认同、对集体行动的参与，提高决策的民主和效率，并对执行机构产生有效的约束和激励，从而保障和提升会员的利益，最终实现行业协会的宗旨。总的来说，应该在完善和贯彻行业协会章程的基本前提下，实现会员大会、理事会、监事会、秘书处等主体之间的分权制衡和协调配合。其中最关键和有效的制度包括：理事会名额的分配、会长的产生和罢免、重大事务的决策、协会财务的管理、监督救济机制等，而最根本的还在于会员的参与。

2. 行业协会治理中的主要问题与对策

（1）行业协会章程的效力问题。

对于享有自治地位的互益性社团法人而言，行业协会章程的目标就是实现行业协会的"自治权"，即根据协会成员之授权制定规则，并将这些规则在其成员授权范围内强制实施的权利。章程可以称之为行业协会的"宪法"，它确立组织的宗旨和使命，规定组织的组成原则、议事原则、行动原则等，统率行业协会内部的各项规章制度。行业协会治理结构失衡的一个重要原因就是章程不够完善或者章程得不到贯彻。

行业协会的章程应当遵循稳定性原则、有效性原则和权威性原则。具体来说，第一，行业协会的章程应当具有稳定性，不能朝令夕改，制定和修改必须尊重会员的意见和争取其参与，并经由会员大会最终表决。第二，行业协会的章程应当做到文本规范、条款明晰，使会员在协会组织的集体行动中能够有章可循。第三，行业协会的章程必须树立在会员中的权威，一方面须构成对会员利益的基本保障；另一方面也必须制定针对会员违规的相关罚则，使章程能够有效约束会员的行动。

（2）大企业控制行业协会的问题。

大企业控制会对中小企业会员的积极性和利益构成一定的抑制，并容易造成行业协会内部的冲突和矛盾，为了避免行业协会沦为大企业谋利的工具，应当坚持以下原则：第一，理事会不能为大企业所垄断，理事会的组成必须合理，必须设立一定比例的中小企业代表席位以增强行业协会的代表性，并保证在重大事务决策中理事会成员享有"一人一票"的平等权利。在大规模的行业协会中，还可以通过设立中小企业专门委员会，以更集中地协调和代表中小企业，并与行业协会中的大企业进行谈判，维护自己的合法权益。第二，行业协会的会长不能固定不变，很多由大企业控制的行业协会存在着到期不换届、会长固定不变的问题，这与会长的个人能力或掌握的资源渠道等有关，然而其他企业成员长期处于组织领导和决策的边缘，容易产生对组织的不满并丧失参与的兴趣。实施会长轮换制有利于打破行业协会内部的大企业垄断僵局，有利于保持对企业的吸引力和组织发展动力。第三，行业协会的主要领导人来自大企业是非常普遍的现象，有其合理性和必然性，并且行业协会对于大企业也确实存在着一定的资源依赖关系。基于现状，防止行业协会的治理异化应当坚持三个原则：其一是"实力和民主的结合"。大企业都必须遵循行业协会章程和民主规则，如会长必须通过合法选举程序产生并接受会员监督；其二是"权利和责任的一致"。大企业从集体行动的效果中往往获益最大，因此大企业应该主动承担其集体行动中更多的责任；其三是"选择性激励"。除了组织集体性行动之外，还向会员提供某些非集体性服务来吸引会员，如为弱势会员维权、提供技术咨询、提供信用担保等。这些选择性激励的提供是中小企业选择留在行业协会、并且配合大企业倡导行动（如行规行约）的重要原因。

（3）执行层控制行业协会的问题。

执行层能够形成对行业协会的控制，主要是由于行业协会内部多重委托－代理关系的存在所造成的"权力真空"。委托－代理理论的中心任务是研究在利益相冲突和信息不对称的环境下，委托人如何设计最优契约激励代理人，使代理人的行为有利于委托人的利益。总体来看，目前学界关于代理问题的解决方法主要有两种：其一是解决代理问题的显性激励方法，① 即在委托人与代理人之间按一定的契约财产剩余索取权的分

---

① 由威尔森（1969）、罗斯（1973）、米尔利斯（1974）、霍姆斯特姆（1979）以及格罗斯曼和哈特（1983）等人开创的委托－代理理论和应用模型分析，该激励措施主要针对解决委托－代理关系中存在的信息不对称问题。

配，将剩余分配与经营绩效挂钩，该方法主要侧重物质激励；其二是解决代理问题的隐性激励方法，[①] 即竞争、声誉等隐性激励机制能够发挥激励代理人的作用，该方法主要侧重精神激励。然而，研究发现，在代理人可以利用信息不对称追求自己的利益时，单纯的分享激励和声誉并不能消除其道德风险，必须采取激励、监管与惩罚一揽子方法约束代理人行为。[②]

（4）健全内部监督救济机制的问题。

根据行业协会的治理结构，内部的监督程序一般是会员（代表）大会监督理事会、理事会监督常务理事会、常务理事会监督秘书长、秘书长监督工作人员。另外，监事或监事会作为独立主体对行业协会的其他机构和主体都享有独立的监督权和敦促权。救济的一般程序是监督程度的逆程序，所谓救济就是监督发现问题后，依照协会章程进行的责任追究、自我纠错以及自我改进的行为方式。[③]

贯彻监督机制、实施治理救济，最关键的有五点：其一是构建理事会的独立决策机制，一方面避免业务主管单位的行政干涉，另一方面避免大企业会员的垄断操纵；其二是保障监事或监事会的独立监督权，理事单位以上的会员[④]和执行层工作人员不得兼任监事。监事应当列席（常务）理事会、会长办公会议等，对协会各级组织会议形成的决议、协会开展的重大活动及财务收支等有质询、监督和建议权，对协会运行中出现的较大问题或偏差有权提出处置意见，并督导相关机构采取有效措施进行纠正或调整；其三是协会内部信息的公开透明，包括财务收支、重大决策和活动、年度工作计划和工作总结、人事更迭等，均应通过各种渠道向会员履行信息公开义务，保障会员对协会事务的知情权；其四是协会内部会员积极参与民主决策和全程监督，保证所有成员企业的参与

---

① 法玛（1980）、伦德纳（1981）、霍姆斯特姆（1982）、鲁宾斯坦（1982）以及克瑞普斯（1982）等经济学家将动态博弈理论引入委托－代理关系的研究之中，论证了在多次重复代理关系情况下，竞争、声誉等隐性激励机制能够发挥激励代理人的作用，充实了长期委托－代理关系中激励理论的内容。

② 张跃平、刘荆敏：《委托－代理激励理论实证研究综述》，《经济学动态》2003 年第 6 期。

③ 包迪鸿：《完善社会团体内部治理的探索》，《社团管理研究》2008 年第 7 期。

④ 包括正副会长、常务理事等。

和意见受尊重，从而构建行业协会全面、动态、有效的内部监管体系；其五是切实有效的惩罚手段，对破坏行业治理和违反协会章程等行为起到预防、警示、追惩等作用。

（二）行业协会的管理体制

1. 现行的行业协会管理体制

行业协会作为行业性、经济类的社会团体，其管理体制内嵌于社团管理体制框架内，即遵循分级、双重管理体制和限制竞争原则。这是目前我国行业协会管理体制的基本特征。所谓分级管理，是指不同层级的社团按照级别分别登记、分级管理；所谓双重管理，指的是在登记注册前，需找到一个业务主管单位审查资格，得到业务主管单位的同意后，才能到登记管理机关申请登记注册，登记注册后，登记管理机关负责监督检查和处罚，业务主管单位负责日常业务的指导；所谓限制竞争原则，是指为了避免社团之间开展竞争，禁止在同一行政区域内设立业务范围相同或者类似的社团。①

目前中国行业协会管理体制最为突出的特征是登记管理机关和业务主管单位对行业协会的双重管理体制。行业协会双重管理体制在一定程度上是对原有的"政府管企业"体制的延续，方便各业务主管单位通过行业协会来保留对所辖地区的行业的干预和控制。由于双重管理体制赋予业务主管单位很大的自由裁量权，管理的主观随意性大，这种体制对行业协会的发展造成了多重不利影响，既影响了体制内生成的行业协会社会合法性的取得，同时也影响了体制外生成的行业协会的行政合法性地位的取得，因而在实践中造成了行业协会发展的滞后，进一步影响了行业的发展和市场经济体系的建设；另外，这种体制在无形中也增加了相关政府管理部门的行政程序和工作成本。主要表现在以下方面。

其一，对于政府推动型的行业协会来讲，作为转型期中国所特有的行业组织类型，通过实际调研以及媒体报道发现，此类行业协会所存在的问题相当普遍。主要体现在：组织定位偏离行业自治的基本属性、行

---

① 贾西津、沈恒超、胡文安等：《转型时期的行业协会》，社会科学文献出版社，2004，第142～144页。

政化和官僚化导致工作能力不足、行业权威性和影响力不高。有的行业协会不仅没有向会员企业提供周到及时的服务，反而借用行政权力寻租，向会员企业进行违规认证、巧立名目乱收费等，造成行业协会和会员企业之间的对立紧张关系，如近年来行业协会进行乱评比、乱排序、乱收费的"三乱"现象。

其二，对于市场内生型行业协会来讲，虽然此类行业协会比较独立自主并具有很强的向心力和行动力，并且与当地政府有了一定程度的互动，然而此类行业协会却无法与政府形成良好互动关系，这也是转型期中国所特有的现象。具体体现为以下几个方面：限于行政体制束缚无法获取法人身份，带来一系列障碍和影响；无法取得与政府推动型行业协会对等的地位，从而无法参与公共资源的有效配置；缺乏与政府沟通交流的制度保障和稳定渠道，信息不畅导致无法有效发挥作用；被政府和企业"架空"，陷于可有可无的境地。

当前中国正从计划经济转向市场经济、从全能政府转向有限政府，在这一制度变迁的过程中，中国在经济、政治和社会等各方面的改革取得了一些成就。然而原来高度集中的计划经济政治体制所造成的路径依赖性仍然存在，表现在中国的政治改革、市场开放以及第三部门发展都是在政府主导下进行的，这一表现具有明显的转型期中国的特征。具体到行业协会领域而言：从政府的角度来看，政府仍然垄断着大部分重要的职能资源（尤其是一些关键的行业治理职能），对行业协会实施基于控制思路的双重管理体制。另外，政府在与行业协会进行沟通的制度方面居于主导地位；从行业协会自身来看，微观产权结构仍以公有制为主体的行业所对应的行业协会，往往成为政府的附庸或权力寻租的介质，而自主民营企业的发展和市场经济的完善还处于起步阶段，市场内生型的行业协会水平参差不齐并经常受到体制的排挤。上述因素造成了转型期中国的行业协会缺乏权威性和影响力，无法独立自主地发挥行业治理作用，从而造成行业协会的"失灵"现象。

2. 行业协会的管理体制创新

近年来，为了进一步推动行业协会的改革和发展，中央政府相继出台了若干专门的政策文件，如 2007 年国务院办公厅颁布的《关于加快推进行业协会商会改革和发展的若干意见》。这些重要文件充分显示了中央政府对于行业协会改革的重视，同时鼓励地方政府结合各自实践进行行业协会管理体制的改革，给予行业协会管理体制改革以较大空间。在中央政府支持和行业协会需求的双重因素推动下，各地政府对于行业协会双重管理体制的改革采用了不同的模式，其共同之处是民政部门始终是行业协会的登记注册部门。具体来看，目前的管理体制创新主要分为三大类。

第一，双重管理体制——新双重管理体制（二元——新二元）。

这一类的做法主要是通过边缘政府部门来承接全部或部分行业协会的业务主管单位职能，根据承接的具体部门又可以分为两大类：①通过人民团体（工商联）来承接，如温州工商联、嘉兴工商联、杭州工商联等。这种新型的双重管理体制打破了原来的部门管理体制，尤其是为民间商会的自我生发和成长提供了一定的空间，是一种比较温和的改进和创新，在市场经济比较发达的地区可推广性比较大；②通过官方发起的社团法人（工经联）来承接，如河北省工经联、鞍山市工经联。鞍山工经联和河北工经联作为社团法人，接管所在地区业务主管单位资格的做法从法律上来说是不合理的，违反了社团法人主体资格一律平等的原则，而且对行业协会也没有发生显著的促进作用。

第二，双重管理体制——三重管理体制（二元——三元）。

这一做法主要是在特定时期成立专门的、临时性的政府机构，负责统筹行业协会发展事宜，新成立的行业协会如果找不到业务主管单位可以找这些政府机构作为自己的业务主管单位，如上海行业协会发展署、北京市行业协会和市场中介发展办公室、深圳行业协会服务署、天津市行业协会脱钩办公室。这种三重管理体制属于一种过渡性的创新，可以在短期内起到一定的集中促进作用，具有一定的积极意义。但是这种新设机构的存续时间不宜过长，否则，对于行业协会来说，增加了新的管理者和行政审批手续，相对于原有的双重管理体制是一种倒退。

第三，双重管理体制——单重管理体制（二元——一元）。

这种做法是一步到位，废除双重管理体制，即取消业务主管单位，

行业协会或商会只需要接受登记管理机关的管理即可。例如，广东省
2006年对行业协会双重管理体制进行了突破性改革，在全国率先取消了
业务主管单位，统一由民政部门对行业协会进行登记和管理。广东省行
业协会改革还提出了"五自四无"的目标，即实现行业协会"自愿发
起、自选会长、自筹经费、自聘人员、自主会务"，"无行政级别、无行
政事业编制、无行政业务主管部门、无现职国家机关工作人员兼职"。
目前广东省的行业协会已经形成了适应市场经济体制需要的发展模式，
现代行业协会管理制度的雏形已经出现，这种比较彻底的改革措施，
走在了中央以及各地的前沿，也是中国行业协会管理体制改革的最终
目标。①

六　行业协会的立法问题

　　市场经济的发展为行业协会提供了物质基础和社会需求动力，国际
竞争（尤其是加入WTO）给行业协会的发展以外在压力，行业协会的健
康发展还有赖于与之相适应的制度环境，包括政治体制、法律环境和实
践操作规则。② 其中，法律尤其具有重要意义，除了宪法和对行业协会产
生直接或间接作用的法律法规外，行业协会的专门立法是其中的关键组
成部分。只有进行有效的法律制度设计并采取相应的政策措施，将二者
进行系统性整合，减少改革过程中的摩擦和能量内耗，才能避免出现顾
此失彼的现象，积极有效地推动行业协会的健康发展。

（一）行业协会单独立法的必要性

1. 行业协会的特殊性质

　　从行业协会自身而言，行业协会是市场经济中不同主体间基于一定
经济关联性和利益共同性而达成的结社，与一般意义上的社会团体有着

---

① 孙春苗：《各地对行业协会双重管理体制的创新之比较》，《学会》2008年第5
期。
② 郁建兴等：《在政府与企业之间——以温州商会为研究对象》，浙江人民出版社，
2004，第270页。

根本性的区别：其一，从组成主体来看，行业协会主要是企业法人之间的联合，本质上体现的是市场资本的聚集；而其他类型的社团主要是自然人之间的联合，本质上体现的社会群体的联合。其二，从活动领域来看，行业协会作为经济领域的一种特殊的市场机制，并在政策游说等政治领域也比较活跃；而其他类型社团的活动一般定位在社区和社会领域。其三，从价值导向来看，行业协会的运行要以经济价值为导向并具有互益性，即维护和增进会员企业的经济利益；而其他类型的社团一般不追求经济价值，除了互益性还具有公益性。例如，兴趣类团体追求的是个体偏好或理念的共鸣，而慈善组织追求的是社会公正和公平。国务院1998年制定的《社会团体登记管理条例》将行业协会和其他社团完全等同，并没有根据行业协会的特点作出区别性规定，非常不利于行业协会的发展和监管。

2. 历史经验和国际比较

从我国的历史经验来看，有关同业公会、商会等行业组织的法律规范在历史上早有先例。清朝末年，清政府出台《商部奏定商会简明章程》(1904)；辛亥革命后，民国政府先后颁布《商会法》(1915)、《工商同业公会规则》(1918)、《工艺同业公会规则》(1927)，并于1929年修订《商会法》和颁布《工商同业公会法》，从而形成了1949年以前行业组织的基本法律体系。[1]

从国际比较来看，法国作为世界上最早进行商会立法的国家，早在1858年就有了关于商会的立法，1898年就制定了《商会法》，至今已经修订了几十次。日本政府于1890年颁布《商业会议所条例》，并于1902年正式颁布《商业会议所法》，此后不断进行修订，到1953年颁布《商工会议所法》并执行至今。德国是行业协会相关立法最完整的国家，除基本法和民法典有关公民结社自由的规定外，1956年还颁布了专门的《关于工商会法的暂行规定法》，该法经多次修订，1994发展为《德国工商会法》并执行至今，这是公法协会的主要法律依据；1964年德国又颁布了《社团法》，这是私法协会最主要的法

---

① 朱英：《中国近代同业工会与当代行业协会》，中国人民大学出版社，2004，第112页。

律依据。

3. 我国行业协会的立法现状

从理论上讲，大陆法系国家有关行业协会的法律规范应该有四个层次：[①] 第一层次是国家有关结社自由的宪法规定；第二层次是有关社会团体的法律规定，如《社团法》以及《社会团体登记管理条例》；第三层次是有关行业协会的专门法律法规，如《行业协会法》或《商会法》；第四层次是有关特定行业协会的法规（如《外国商会管理暂行条例》）或其他法律中涉及相关行业协会的章节或条款（如《反垄断法》对行业协会的规定）。目前，我国的法律体系中行业协会专门立法（位于第三层次）缺失，造成我国行业协会法律体系的不完善（具体见表6），主要表现为两个方面：第一、第二层次中的结社权无法在市场经济领域中得到具体有效的落实；第四层次中的各种法规缺乏统一明确的指导，有的规定之间还存在相互冲突的现象。

表 6 我国行业协会的法律体系

层　次	构成主体	状　态	存在的问题或影响
第一层次	《宪法》对结社自由的规定	存　在	缺乏具体的法律制度来落实
第二层次	《社团法》	不存在	影响法律位阶衔接和体系完善
	《社会团体登记管理条例》	存　在	没有区分行业协会和其他社团，限制了地方政府的行业协会改革
第三层次	行业协会的专门立法	不存在	影响法律位阶衔接和体系完善
第四层次	《外国商会管理暂行条例》	存　在	实际上已经失效
	其他法律中涉及相关行业协会的章节或条款	存　在	杂乱、分散，存在冲突现象，缺乏《行业协会法》的统一指导

在实践中，行业协会立法滞后于行业协会的发展，为促进行业协会发展、规范行业协会行为，地方政府为此相继出台各种文件或颁布地方法规，这种现象在市场经济发展较快的东南沿海等地区表现尤为明显。据不完全统计，从1999年温州市政府发布全国第一个关于行业协会的地方性法规《温州市行业协会管理办法》[②] 以来，截止到2007年5月《国

---

① 黎军：《行业协会立法——一个初步研究》，见浦文昌主编《建设民间商会》，西北大学出版社，2006，第258~259页。

② 温州市政府第30号令，1999年4月15日。

务院办公厅关于加快推进行业协会商会改革和发展的若干意见》的颁布，先后有10多个省级政府和20多个市级政府发布了行业协会的政府文件和地方法规，然而这些地方性法规却无一例外地受到上位法（1998年国务院《社会团体登记管理条例》）中一些规定的限制，这与行业协会专门立法的缺失有很大关系。

总体来看，当前我国有关行业协会的法律制度比较杂乱和分散，迫切需要制定行业协会法进行统一的指导和规范，这已成为学界的普遍共识和实务界亟须解决的问题。2008年3月两会期间，有关行业协会立法的议案和提案①加速了行业协会立法的步伐。2008年10月，行业协会法被列入全国人大常委会五年立法规划，行业协会立法正式进入国家议事日程。

（二）行业协会立法的原则和建议

行业协会立法和社团立法作为行政法规具有同质性，同时又存在着区别：社团立法作为上位法规，应该明确规定社团的主要框架，并为行业协会立法留出必要的弹性空间；行业协会立法作为下位法规，是补充社团立法的专业法规，并具有自己的特殊性和原则性。总体来看，行业协会的立法路径是：在统一的社团立法下，制定全国性的行业协会法以及相关解释性规定；地方则在遵循全国性法律的前提下，结合具体情况制定相应的地方性规定。

1. 行业协会立法的原则

行业协会立法的目的是营造一个允许企业自由结社的环境，并使得行业协会自治的实行后果能够提高协会自治系统乃至整个社会系统的适应力和弹性度，促进社会系统中的各个子系统之间关系的协调、稳定和一致，有助于社会系统的良性运作。② 行业协会立法应该遵循以下基本原则。

---

① 2008年3月，全国政协委员、清华大学NGO研究所所长王名教授在全国政协会议上提交《关于加快行业协会立法的建议案》；十一届全国人大代表、杭州娃哈哈集团有限公司董事长兼总经理宗庆后在全国人民代表大会上提交《关于尽快制订〈行业协会法〉的议案》。

② 鲁篱：《行业协会经济自治权研究》，法律出版社，2003，第126页。

（1）行业协会的基本性质包括自发性、市场性、行业性、非营利性、非政府性和互益性等，应当坚持自治、自律等原则。

（2）行业协会应该尽可能代表整个行业的地域活动利益，而不是组织者或领导人的个人利益，也不是政府部门的政治利益。

（3）行业协会应该尽可能代表整个行业的利益，而不是若干企业的利益，最大程度上兼顾大小企业会员的利益。

（4）行业协会内部运作的理想状态是对会员之间的公平和信息公开，在会员参与和集体行动方面积极有效。

（5）行业协会的运作应当保持独立自主，不应当受到过度的行政干预，在参与有关本行业发展的公共决策时，与政府之间是平等的行业治理主体。

（6）行业协会作为利益集团的先天性格，决定了它的行为必须受政府、社会的监控和调节，并承担相应的社会责任。

（7）行业协会立法应该为行业协会的未来发展预留出一定空间，并鼓励地方政府因地制宜地进行改革和创新。

2. 行业协会法的框架

行业协会法的主要内容应当包括五个方面。

（1）总则。包括行业协会立法的宗旨和目的，行业协会的定义、性质、职能和法律定位以及行业协会的区域分类等。

（2）结社确认、登记备案和法人注册。对企业结社权的程序确认和法律保障；规定必要的行政程序，对行业协会成立进行登记，予以备案；对符合法人条件者给予注册，确认其法人身份，明确其法人责任。

（3）组织规范、治理民主和制度合理。统一规范行业协会的组织体制，确立民主决策机制，规范公正的内部治理结构和权力划分方式，明确协会的基本制度。

（4）监管体制和政策保障。设置监管部门并规定其权限和行使权力的机制，制定激励社会资源进入行业协会以及有利于行业协会开展服务的优惠税收制度，同时鼓励行业协会参与政府采购等。

（5）监管措施和评估制度。规定行政监管和社会监督的原则和具体制度，包括实行较为严格的年度检查及评估制度，对协会的非营利性、民间性、民主性进行定期评估。

行业协会立法应该在以下方面有所突破：改革行业协会的双重管理体制，保证行业协会的经济自治权；允许行业协会的适度竞争，并建立行业协会的进入和退出机制以实现优胜劣汰；对行业协会的行业垄断、限制竞争等行为作出明确规定，并规定相应的法律责任和制裁措施；规定政府应该或必须向行业协会转移的职能，建立行业协会和政府之间的制度化沟通渠道，鼓励行业协会通过竞争的方式获得政府采购和项目委托；提供行业协会法人治理的基本原则，并保证行业协会的独立自主运作。

结　　论

随着政府机构改革和职能转变的推进，以及市场经济体制改革的深化，从目前政府改革以及学界倡导的总体来看，未来行业协会办会模式的主流方向是"职业化队伍、专业化服务、民间化运作、市场化导向、国际化标准"。只有顺应上述时代主流，行业协会才能真正发挥作用，有效表达所代表的社会阶层的利益诉求，形成与会员企业、政府部门等利益相关者的良好互动关系，从而维护市场秩序、增进行业利益、提升行业竞争力，并进一步促进市场经济体系的建立和完善。为此，我们既要大力培育和积极发展行业协会，也不能放松对行业协会的监督和管理，这就需要改革行业协会的管理体制，同时加快专项的行业协会立法等制度建设，并将两者结合起来，以减少改革过程中的摩擦和能量内耗，避免出现顾此失彼的现象，从而最大限度地克服行业协会失灵及不良影响，有效推进行业协会在市场经济体系中的健康发展和在和谐社会建设中积极作用的发挥。

参考文献

《行业发展与管理》编辑部：《行业发展与管理》1987 年第 11 期、12 期（合订本），经济日报出版社。

贾西津、沈恒超、胡文安等：《转型时期的行业协会》，社会科学文献出版社，2004。

孙丽军：《行业协会的制度逻辑》，复旦大学博士学位论文，2004。

朱英：《中国近代同业工会与当代行业协会》，中国人民大学出版社，2004。

彭泽益：《中国工商行会史料集》（上册），中华书局，1995。

余晖等：《行业协会及其在中国的发展：理论与案例》，经济管理出版社，2002。

张军：《对我国行业性社团发展的几点研究》，《社团管理研究》2008 年第 7 期。

孙燕：《优化行业协会发展环境的制度构建》，见《社会组织创新与发展论坛论文选编》，2008。

王名、刘培峰等：《民间组织通论》，时事出版社，2004。

李丹等：《浅议我国行业协会的治理结构》，《科学与管理》2007 年第 2 期。

张跃平、刘荆敏：《委托－代理激励理论实证研究综述》，《经济学动态》2003 年第 6 期。

包迪鸿：《完善社会团体内部治理的探索》，《社团管理研究》2008 年第 7 期。

孙春苗：《各地对行业协会双重管理体制的创新之比较》，《学会》2008 年第 5 期。

郁建兴等：《在政府与企业之间——以温州商会为研究对象》，浙江人民出版社，2004。

黎军：《行业协会立法——一个初步研究》，见浦文昌主编《建设民间商会》，西北大学出版社，2006。

鲁篱：《行业协会经济自治权研究》，法律出版社，2003。

Trade Associations：
A Theoretical Summary

Wang Ming   Sun Chunmiao

【**Abstract**】Trade associations, a form of association within a market economy, are NGOs formed by market-actor enterprises based on commonalities of economy and interests, and which have characteristics of communities（共同体）. Based on definitions of the concept, properties and characteristics of trade associations, this article reviews their development starting from feudal society's guilds （行会） to modern society's trade councils （同业公会） and, finally, to trade associations （行业协会）. Their development is summarized quantitatively, and qualitatively, in terms of systems and structures. The three primary functions of representation, coordination, and service are analyzed, as are their economic, political and social roles. The structure of and improvements to their governance are analyzed, as are the the state of and innovations to their management systems. Finally, legislative aspects are analyzed and policy recommendations presented.

【**Keywords**】 trade associations   governance structures   management systems

（责任编辑　董文琪）

行业协会法人治理机制研究

黎 军　李海平*

【摘要】行业协会的法人治理机制和外部体制环境对行业协会的健康运行和发展具有同等重要的意义。当前行业协会的法人治理存在组织机构不健全、章程虚置、民主化运行程度不高、治理规则供给不足等诸多问题。法人治理机制的完善应当确立自治、法治、制衡、民主的基本原则；政府应当发挥指导作用；应当从行业协会治理结构、运行机制的微观制度建构入手完善行业协会的法人治理机制。

【关键词】行业协会　法人治理

在我国，行业协会的发展既面临外部机制（如体制环境、法律环境等）问题，同时也面临内部治理（如组织机构设置、运行机制确立等）问题。二者对行业协会的健康运行和发展是同等重要的，片面强调任何一面都会使行业协会发展走弯路，甚至使改革脱离正确轨道而走上畸形发展的道路。本文研究内容主要包括：对行业协会法人治理的概念分析；行业协会法人治理的意义所在；国家介入行业协会法人治理机制的必要

---

* 本文系黎军教授主持的深圳市民间组织管理局（原深圳市行业协会服务署）委托课题"深圳市行业协会法人治理机制研究"的部分成果。深圳市民间组织管理局葛明局长、肖葵葵副局长、高金德处长等同志对课题组给予了重要的支持与指导。
黎军，深圳大学法学院教授；李海平，深圳大学法学院副教授。

性及引导性手段；行业协会法人治理的现状及制约行业协会法人治理机制发展的若干因素，以及进一步完善行业协会法人治理机制的对策和建议。

一　研究行业协会法人治理的意义

近年来，人们对行业协会的研究主要集中在其成立和运行的外部机制上，如体制环境、法律环境等，特别是如何处理行业协会与政府之间的关系更是备受关注。当然，在转型时期的中国，行业协会要得到长足发展，在很大程度上取决于其与外界的关系，也离不开良好的体制、法律环境；但是，阻碍行业协会发展的内在因素也同样是不可忽视的，可以说，行业协会的内部法人治理机制也是决定其绩效乃至成败的关键因素。二者如车之两轮、鸟之双翼，缺一不可。在实践中，我们也已经看到，行业协会在其社会功能被广为肯定的同时，也不时暴露出其自身治理上的一些严重问题。因此，对于行业协会的研究，其法人治理机制是我们必须面对的一个重大挑战和课题。

首先，行业协会作为非营利组织，其不仅须实现内部成员的互益性，在一定程度上还承担着公共利益和公共秩序的提供和维护职责。相对于企业组织来说，行业协会的公共责任更显突出，而对公共责任的有效承担必然以建立其完善的内部治理机制为基础。

其次，加强行业协会内部治理机制建设也有利于为其成员提供必要保护。"在市场体制和国家体制中出现的寡头垄断和权力集中的普遍规律，随着许多非营利组织的成长和发展也日益呈现出来。"① 在行业协会内部也可能出现一些大型企业实际掌控协会的现象。例如，美国的全国制造商协会名义上有 8000 多会员，而实际上却由少数大企业资助和控制。大企业占据了 63% 的理事席位，而这些大企业还不到会员数的1%。② 因此，只有通过完善的治理机制才能在制度上避免行业协会为个

---

① 赵黎青：《组织治理与中国非营利组织建设》，载 http：//www. sociology. cass. net. cn/shxw/xstldefault. htm，最后访问日期 2006 年 3 月 23 日。

② 参见贾西津等著《转型时期的行业协会——角色、功能与管理体制》，社会科学文献出版社，2004，第 33 页。

人所把持，并保持其服务行业所有成员的宗旨和目标。

再次，行业协会治理机制的完善也有助于提供协会自身的公信力。亨廷顿说，"制度化是组织和程序获得价值观和稳定性的一种进程"。①目前，我国行业协会还缺乏国外行业协会所具备的公众信服力，其在管理行业事务时还更多地依赖于政府权威的转移，而不是自身规范性的影响。如果缺乏科学的、制度化的组织和运行规则，行业协会良好的社会形象和公信力就无法真正树立。

最后，在外部环境已经得到一定程度改善的基础上，行业协会自身的治理问题自然成为我们下一步工作的重点。随着行业协会的民间化程度逐步提高，政府与行业协会之间的关系日益顺畅，相关立法规范也日趋成熟，我国行业协会的制度建设也应将重心逐渐转移到协会自身治理机制的建设与完善上来，即亟待从行政管理的调整深入到法人治理的构造。②"否则，即使争取到一个好的生存环境、合法地位，如果自己的组织建设搞不好，仍然不可能起到应有的作用。"③

行业协会的有效治理依托于合理的组织结构和有效的运行机制。只有建构行业协会完善的内部法人治理结构，使其决策、执行和监督等各个环节达到善治标准，行业协会才可能在制度框架内健康运行和发展。

二　行业协会法人治理之基本含义

在我国，法人治理通常是指公司治理（corporate governance）。公司治理或公司治理结构，即探讨公司应当如何治理的问题。1994 年经济学家吴敬琏等在研究国有企业改革中率先使用法人治理结构一词，而官方则

---

① 〔美〕亨廷顿：《变化社会中的政治秩序》，王冠华等译，三联书店，1989，第 12 页。

② 陈林：《从"非国有化"到"非营利化"：NPO 的法人治理问题》，载 http//www. ngocn. org/Article/ShowArticle. asp？ArticleID = 725，最后访问日期 2006 年 3 月 10 日。

③ 吴敬琏：《建设民间商会》，载浦文昌主编《建设民间商会——"市场经济与民间商会"理论研讨会论文集》，西北大学出版社，2006，第 6 页。

在 1999 年 9 月中共十五届四中全会通过的《中共中央关于国有企业改革和发展若干重大问题的决定》中提出，"完善公司法人治理结构，是建立现代企业制度的核心"。2002 年 1 月，中国证监会联合国家经贸委发布了《上市公司治理准则》。2003 年，温家宝总理在部署学习贯彻十六届三中全会精神的讲话中又指出："建立规范的法人治理结构，是建立现代企业制度的关键。"很长一段时间以来，无论是学术界还是官方文件，法人治理的概念主要被用来指称公司治理。

不仅营利性组织存在治理问题，非营利组织同样如此。我们从法人概念的历史变迁中可以清楚地看到这一点。法人（corporate）一词最先出现于中世纪，被用于指称行会、教会、自由城市等组织，后来，营利性组织才被授予法人地位，corporate 这个词才被借用来称呼公司。① 近年来，随着非营利组织在我国的大量涌现及其内部治理问题的凸显，非营利性组织内的法人治理问题逐渐被学界关注，已有学者对这一领域进行了较为深入的研究，如北京大学金锦萍博士的《非营利法人治理结构研究》②、中国科技大学陈林博士的博士论文《非营利组织法人治理研究》③，以及中国政法大学齐红博士的博士论文《单位体制下的民办非营利法人——兼谈我国法人分类》④ 等，都对非营利法人的法人治理结构进行了较为深入的探讨。

对于行业协会的法人地位及其治理，我们应当从以下几个方面来理解。

首先，按照我国相关法律的要求，行业协会必须具备法人资格。例如，《社会团体登记管理条例》第 3 条规定："社会团体应当具备法人条件。"因此，作为社会团体的一种，行业协会的设立首先要符合法人的设立条件，同时也应建立法人治理机制以确保其能有效运行。

其次，行业协会属于非营利性法人，这使其区别于营利性法人。营

---

① 参见吴敬琏《建设民间商会》，载浦文昌主编《建设民间商会——"市场经济与民间商会"理论研讨会论文集》，西北大学出版社，2006，第 6 页。
② 金锦萍：《非营利法人治理结构研究》，北京大学出版社，2005。
③ 陈林：《非营利组织法人治理研究》，中国科学技术大学博士论文，2002。
④ 齐红：《单位体制下的民办非营利法人——兼谈我国法人分类》，中国政法大学博士论文，2003。

利性法人和非营利性法人在设立准则、设立程序、法律形式以及行为能力上都有很大不同。① 而两者最本质的区别则在于，是否以营利为目的以及其所获利益能否分配给成员。这些组织性质本身的不同也决定了其在治理机制上的不同模式。② 当然，尽管营利性法人和非营利性法人之间有所区别，但其都为法人，因而在治理结构上也有共同之处。可以说，非营利性法人的治理机制脱胎于营利性法人，但是也有其自身的特质。

再次，行业协会属于非营利性法人中的社团法人，这使其区别于非营利性法人中的财团法人。社团法人与财团法人之间的区别体现在成立基础、设立人数及性质、目的及设立方式、组织、解散原因等几个方面。③ 而两者间的本质区别则在于，社团法人是互益性的、会员制的组织，财团法人是公益性的、非会员制的组织。一般来讲，会员制组织更容易受到来自会员的内部监督，因而对外部监督的依赖相对要小于非会员制组织。因此，相比较而言，社团法人对内部治理机制的需求更重于财团法人。社团法人由会员组成，通过会员的内部制约机制能够在很大程度上自我规范和完善；只有通过内部机制无法解决时，才会引起外部力量（如国家）的介入。而财团法人的公共责任更为重要，更强调通过外部的约束以确保其符合财团法人设立的目的，并真正体现公共利益；而且，财团法人没有会员大会，无法通过内部治理完成自我规范和完善的任务。所以，严格来说，社团法人在性质上为自律法人，而财团法人则为他律法人。④ 因此，行业协会作为一种典型的社团法人，其治理机制与公司企业的治理模式更为接近，对公司治理机制的借鉴意义也更大。

最后，行业协会是具有行业性的经济类社团法人，这使其区别于其

---

① 参见魏振瀛主编《民法》，北京大学出版社、高等教育出版社，2000，第79页。

② 参见金锦萍著《非营利法人治理结构研究》，北京大学出版社，2005，第40~44页。

③ 参见梁慧星著《民法总论》，法律出版社，2004，第129页。

④ 陈林：《从"非国有化"到"非营利化"：NPO 的法人治理问题》，http://www.ngocn.org/Article/ShowArticle.asp? ArticleID = 725，最后访问日期2007年1月31日。

他社会性社团法人。社团法人（即会员制互益型组织）包括经济性社团和社会性社团，前者如行业协会、商会、职业团体等，后者如学会、同学会、联谊会等。[1] 行业协会作为在某一行业领域内的社团组织，不仅要为成员提供服务、福利，更重要的是还要进行行业内的自律性管理，因而其权力性行为远远大于学会、同学会等社会性社团。因而对其内部治理机制的要求更为严格，否则，不规范、不合理的治理机制将直接影响其功能发挥，甚至侵害其成员利益。

通过上述层层抽剥的方式，我们可以对行业协会的法人地位有一个清楚的认识，即法人——非营利性法人——非营利性社团法人——非营利性经济性社团法人。

行业协会法人治理同其他类型法人的治理相比既有相同之处，又有差异。所谓法人治理，其核心内容是明确利益相关人的权利和义务、确立法人的组织机构和运行机制问题。在这一点上，行业协会的法人治理与公司等其他类型的法人治理是相同的。同时，作为法人，行业协会的组织机构与其他类型法人的组织机构设置具有相似性，一般由权力机关、执行机关和监督机关组成。但是，行业协会的非营利性、社团性、非营利性经济性特点决定了行业协会的法人治理有别于公司等其他类型法人治理。例如，行业协会权力机关决议的形成一般按照平等表决制而非按照公司法人的资本多数表决制进行。对于行业协会的法人治理机制问题研究也应注意其与其他法人、其他非营利性法人、其他非营利性社团法人之间的共性和特性。这样，才能建构真正契合行业协会发展需求的治理机制。

三　政府介入行业协会法人治理的必要性和方式

随着行业协会民间化程度的日渐提高以及行业协会外部体制环境得到一定程度改善，行业协会的自身治理问题日益成为当前亟待解决的重点问题。特别是近些年行业协会法人治理中暴露出的严重缺陷和不足更

---

① 参见王名《中国非营利组织：定义、发展与政策建议》，http：//www. chinaelections. org/NewsInfo. asp？NewsID ＝97951，最后访问日期 2007 年 1 月 31 日。

加凸显了寻求有效途径构建行业协会法人治理机制的紧迫性。综观世界各国行业协会法人治理立法和实践，国家对行业协会法人治理的介入一般都通过立法和司法渠道进行，政府则很少介入。毫无疑问，我国应当借鉴其他国家这方面的经验。但是，就我国的政府推进型行业协会发展路径而言，特别是在当前立法不完善、司法未将行业协会法人治理方面的争议纳入受案范围的情况下，政府是否应当介入行业协会的法人治理？如果回答是否定的，那么，政府对行业协会的法人治理不能有任何形式的介入。如果回答是肯定的，那么我们必须进一步追问：政府介入行业协会的理由为何？界限何在？这些都是构建行业协会法人治理机制的关键性问题。

（一）政府介入行业协会法人治理的必要性

自治是一个与国家权力介入的他治相对应的概念，它是行业协会的最本质特征。行业协会的自治意味着，行业协会法人一经依法成立，国家权力对其内部事务一般不得进行任何形式的介入和干预，而应由协会进行自我组织、自我管理、自我协调、自我发展。根据行业协会自治的一般原则，行业协会的法人治理当然属于行业协会自治的范畴，应当由协会自主决定，通过章程或多数表决原则来决定采取何种形式的治理模式。但是，自治不是绝对的，政府对行业协会法人治理机制的有限介入同样是必要的。

1. 行业协会的公共权力地位决定了政府介入行业协会法人治理的必要性

企业依据宪法赋予的结社权经过合意建立行业协会，并由因会员让渡权利而形成的协会公共权力对协会事务进行管理，以维护会员的权利和利益。毫无疑问，保障会员权利是行业协会的根本宗旨和目的。但是，行业协会的公共权力和其他类型的公共权力一样，都有被滥用的可能性。在我国当前立法不完善的情况下，为了保障会员的权利不受行业协会的公共权力的侵犯，政府在一定程度上介入行业协会的法人治理，引导和促进行业协会形成有利于保障会员权利的公共权力结构和运行机制是完全必要的。

2. 提高行业协会法人治理机制的运行绩效要求国家介入行业协会法人治理

行业协会的内部治理具有契约的性质，也存在交易费用问题。如同市场交易一样，环境的确定和信息的完善是行业协会内部治理有效运作的保证。环境的不确定和信息的不完善会导致协会会员间交易费用的增加，降低行业协会法人治理的运行绩效。政府的有效介入可以为协会法人治理提供稳定的环境，促进协会成员间的协商沟通以及获取高质量的充足的信息，降低交易费用，提高行业协会法人治理的运行绩效。而且，行业协会法人治理是有关公共事务的决策和管理的活动，属于典型的集体行动方式，它容易受集体行动逻辑制约而产生集体行动的困境问题。在行业协会内部，如果缺乏良好的法人治理机制，搭便车心理会普遍存在，这难免会在协会运行中出现管理层和决策层不求无功但求无过、会员参与积极性不高、多一事不如少一事等现象，使协会的组织效率大打折扣。对此，政府有必要通过有效的介入，引导协会走出集体行动的困境，从而提高协会的运行绩效。

3. 行业协会法人治理的外部性与国家介入的必要性

外部性，是指市场主体的生产或消费对其他人产生的附带性成本或效益。外部性，简单地说，就是市场主体生产或消费行为为其他主体带来的有害影响。良好的行业协会法人治理机制可以培养、提升公民的宪政民主意识和能力，为我国的宪政民主进程提供动力。反之，则会成为专制、集权的场所，为社会带来负面效果，甚至会影响中国的宪政民主进程。但是，符合宪政民主精神的行业协会法人治理机制并不一定能够自然形成，尤其对于长期生活在专制传统之下的我国更是如此，长期历史积淀形成的青天意识、臣民意识、人治意识已经成为中国社会发展的路径依赖。在这种情况下就必然要求一定外力的推动，才能使其走上一条良性的轨道。司法权的消极被动特性决定了其在克服行业协会治理外部性问题上很难有所作为。由于行业协会法人治理的外部性与公民的意识活动有关，因而立法在这一问题上发挥作用的空间也有限。行政权的积极主动和应变性特点使其更适合于解决行业协会的外部性问题，通过采取激励性、引导性措施推动行业协会法人治理在健康的轨道上运行。

（二）政府介入行业协会法人治理的方式

由于长期受到"捆绑"，行业协会自身的自治能力是极其有限的，官办协会的出身也使其产生了行政化的路径依赖，公民的权利意识、民主意识、协商意识、自治意识比较淡漠。在这种情况下，如果仅仅依靠协会自身的力量去健全和完善其法人治理机制，难度是可想而知的。这就需要发挥政府的作用，采用合适的方式引导行业协会的法人治理走上正确的轨道。

民政部 1998 年颁布的《社会团体章程示范文本》是目前最主要的政府介入法人治理的文件。该文件为社会团体的章程内容和格式提供了范本，其内容主要涉及社团内部的法人治理机制问题。该文本的特点是：一是强制性色彩浓厚。名义上虽为范本，实质上其效力不仅如此。因为章程是民政部门审批协会设立的重要审查项目，而民政部的文本是各地民政部门审查协会章程是否符合规定的主要标准。由于是示范文本，也就没有强制性规范和任意性规范的区分，几乎都是强制性规范，因而过度干预了行业协会法人治理而引导则明显不足。二是可操作性比较差。文本通篇都是原则性抽象性规定，具体操作程序缺乏，操作起来困难。

我们认为，非强制性引导应当成为政府介入行业协会法人治理机制的主要形式。政府通过非强制引导方式介入行业协会法人治理机制具有三重内涵。①从政府角度看，非强制引导意味着政府介入协会治理的规则不具有强制执行的效力，政府不能以行业协会不遵守政府制定的规则为由实施强制制裁。②从行业协会角度看，非强制性引导意味着行业协会对政府的指引规则具有自由决定是否遵守的权利，协会没有遵守政府所制定的指引规则的法定义务。③从具体内容来看，非强制引导意味着政府常常采用包含一整套激励措施的组合性方案。非强制引导不具有强制执行效力，是否遵守由协会自主选择。因此，要实现既定目标，政府就必须在制定指引性行业协会法人治理规则的同时辅助以一定物质的或精神上的激励措施。这是非强制引导发挥作用的重要保证。如果离开它，指引性规则就成了空洞的说教，我们固然不能因此而否认其会发挥作用，但理性人的本性决定了其发挥作用的程度是有限的。因此，与政府的指引规则相配套的鼓励性措施就是必不可少的。

非强制性引导与强制性引导相比具有巨大的优越性。强制性的特征是政府"我命你从、我令你行"，相对人只能被动遵从和接受。这种执法模式容易导致被管理者的抵触心理，引发官民间的摩擦和冲突，无形中增加了执法的难度、影响了其应有效果。相反，非强制性引导意味着政府把行业协会置于与其相互独立和平等的地位上，政府主要通过对话、协商、劝说的方式来引导行业协会的法人治理机制。这种柔性的政府行为方式增加了政府的亲和力和政府行为本身的可接受性，从而能够把政府的目的和意图潜移默化地渗透到行业协会法人治理机制中，内化为行业协会法人完善其治理机制的内在精神资源，其发挥的作用力、影响力更强大更持久。这种管理效果显然是那种高高在上、强硬、僵化的强制性干预所无法企及的。因此政府通过非强制指引规范行业协会法人治理机制应当成为政府培育行业协会法人治理机制主要方式。当然，主要方式并不能等同于唯一方式，在政府执行有关法律、法规依法应当对协会法人治理予以强制干预的情况下，政府必须依法实施强制，这既是政府的权力和职责所在，也是维护法律权威的需要。

需要强调指出的是，通过非强制指引规范行业协会法人治理对政府提出了更高要求，需要政府相关部门工作理念的转变以及政府的制度化、自律性程度大幅度提高。首先，政府及其工作人员在工作理念上要实现从管理、强制到服务、引导的转变。非强制引导意味着政府和行业协会被置于平等的地位，政府管理目标的实现要通过沟通、协商的方式来进行，这无疑是一种理念上的革命。其次，要加强政府自身的制度化建设，特别是加强信息公开、行政程序制度的建设。再次，要求政府加强诚信建设。要达到非强制引导效果很大程度上依赖于政府激励措施的兑现。否则，政府引导行业协会法人治理机制的制度大厦会顷刻间坍塌。

四　我国行业协会法人治理的现状及原因

（一）我国行业协会法人治理中存在的问题

尽管我国行业协会发展的成效显著，但总体上仍处于初级阶段，还远远落后于经济和社会发展的需要，仍然存在诸多亟待解决的问题，特别是在其内部法人治理方面的制度及经验缺失严重。

1. 行业协会组织机构设置不健全

正当有效的治理有赖于设置健全的组织机构。在现代社会，凡涉及公共利益的组织体，一般都应设置权力互相分立制衡的组织机构体系，以控制权力行使者滥用权力损害公共利益，这是现代公共组织治理的合法性基础，也是组织实施有效治理的前提。在这一点上，公司法人、非营利的社会组织概莫能外。一般而言，公共组织的治理至少应设置三种权力机构：决策机构、执行机构、监督机构，三者缺一不可。同时，三者之间应当具有相互制衡的关系结构。不同性质的公共组织或同一性质不同情况的公共组织可以根据具体情况适当变通，但不能违背这种分权制衡的基本制度架构。否则，这一公共组织就丧失了正当性基础，突破了现代文明的制度底线，同时也丧失了组织可持续发展的制度保证。在调研中，我们注意到，几乎全部行业协会都设立了作为决策机构的会员大会或会员代表大会、理事会以及作为执行机构的秘书处，但有相当一部分协会没有设立专门的监督机构。① 例如，《深圳市行业协会暂行办法》对设置监督机构作出了强制性规定，但在实际运行中，并没有得到完全的贯彻。根据我们的调查，深圳只有28.3%的行业协会设置了监事或监事会，做到了监事每次都列席董事会会议的也只有20.7%。这不利于行业协会的内部监督，影响了行业协会实行善治的能力和水平。

2. 行业协会章程被束之高阁

协会章程是协会会员共同意志的体现，在协会中具有"根本法"的地位，是协会治理的重要依据。现实中，协会治理违反章程的现象屡见不鲜。行业协会的章程规定了会员大会、理事会、常务理事会的召开次数以及每届的任期，但是，许多协会并没有严格按照章程规定召开这些会议。行业协会的章程一般规定，行业协会会员大会或会员代表大会每年至少召开一次。据问卷调查显示，深圳有近20%的协会不能达到这一要求，占总数的1/5。其中，甚至有9.4%的协会三年或三年以上才召开

---

① 甚至有些地方性立法中也没有规定设置监督机构的条款，如《温州市行业协会管理办法》；有的则规定行业协会可以自由选择，如《天津市行业协会管理办法》。

一次会员大会（会员代表大会），还有 1.9% 从未召开过。一些协会以工作忙、费用紧张等理由不开或少开；有的甚至以会长办公会来代替常务理事会；还有一部分协会不能按章程规定按期换届，行业协会的章程实际被虚置。

3. 会员权利不平等，内部人控制现象比较严重

按照企业法人治理理论，内部人控制是指，在现代企业制度下由于所有者与经营者的分离以及信息不对称所导致的代理人事实上掌握了公司控制权的现象。行业协会与企业法人在营利性上具有本质区别，但在委托人与代理人分离这一点上二者是相同的。因而，作为非营利组织的行业协会同样会产生内部人控制问题。行业协会的内部人控制主要有两种情况。一是公开的内部人控制，即是指协会成员对协会内权利享有不平等予以明示或默示的认可，由协会少数成员以公开方式对协会进行控制。主要体现为，会员在协会中的权利并不是平等的，而是按照在协会中的职务高低来分配，如按照会长、副会长、理事、秘书长、重要会员、普通会员的顺序分配权利。这种权利享有的不平等主要是由不同会员对协会缴纳的会费和赞助费以及提供办公场所等财物的多少决定的。在深圳市，有 89% 的行业协会按照会长单位、副会长单位、理事单位、会员单位收取，有 42% 的行业协会办公场所由某个会员提供。二是隐蔽的内部人控制，即指会员在形式上权利平等，不以缴纳会费和赞助费的多少决定会员在协会中的地位，协会被少数人特别是协会的管理层以隐蔽的方式控制。隐蔽性内部人控制主要是由制度缺位和信息不对称造成的。

4. 治理模式的精英依赖

在我国目前体制下，行业协会面临权能有限、政府严管、立法缺失和经费不足、人才匮乏的内外双重压力。这就导致行业协会对行业精英的依赖性加大。行业精英凭借其强大的经济实力以及在体制内外的强大影响力、卓越的人格才能魅力，为处于困境中的行业协会发展开拓了一片新天地，从而使协会发展对行业精英的依赖性从制度到意识都日益强化。在各地的调研中，许多政府主管部门工作人员和行业协会的工作人员，多次重复这样一句话："协会好不好，关键看领导。"精英治理本无可厚非，问题的关键是有些地方政府主管部门和行业协会在强调精英治

理时忽视了制度的作用。这种行业协会对精英的过度依赖，致使协会的各种工作制度无法建立，使协会制度化的内部监督制约机制无法有效运转。精英依赖的治理模式短时期可以促进协会的发展，但长期来看却会影响行业发展的可持续性、健康性。当前急需解决的问题是如何在制度的框架下发挥精英的作用，而不是为了发挥精英的作用破坏了制度的构建和实施。毕竟精英依赖的行业协会治理模式不是中国行业协会发展的长久之道。

5. 民主化程度不高

行业协会治理的民主化对于协会的健康发展具有重大意义。一是为会员提供更多的选择空间，使那些有能力、有威望、有热情的会员成为协会的带头人，以促进协会事业的快速健康发展；二是民主化的治理能够强化协会领导者的责任意识；三是增强当选者的权威性，便于协会内部"政令"的畅通；四是增强会员对协会的认同感和归属感。但是，就总体而言，我国行业协会法人治理的民主化程度有待于进一步提高。例如，根据我们的调查，虽然目前大多数行业协会主要负责人是通过选举产生的，但近半数的协会都采用了等额选举的方式，只有一半的协会采用差额选举方式；在选举的计票方式方面，无记名投票和举手表决两种方式几乎平分秋色。在调研中，作为深圳市行业协会民主化运行典范的钟表协会的秘书长对深圳市行业协会法人治理情况的介绍和评价颇耐人寻味。他说，在深圳市行业协会这个圈子中，像钟表协会那样比较规范运作的只能是另类，甚至作为协会的秘书长，他本人感受到了来自业界的无形压力。这从一个方面反映了目前协会民主化运行情况总体不佳的现状。

6. 治理规则供给不足

有效的治理需要发挥人的作用，更要发挥制度的作用，特别是要优先考虑制度，人的作用的发挥应当规范于制度的框架中。健全完善、可操作的治理规则是有效治理的前提。我国行业协会的治理规则供给明显不足，大部分协会缺乏信息公开制度、质询制度、人事罢免制度、协会决策管理层问责制度、激励制度等。由于制度供给不足，制度空白多、可操作性差，行业协会在运作中的不规范现象大量存在，造成行业协会绩效低、公信力缺失。

（二）行业协会法人治理问题之原因分析

为了能够对症下药，切实解决好这些问题，我们还有必要进一步揭示导致这些问题和不足的深层次原因。

1. 政府对行业协会法人治理工作重视不够

近几年，我国十分重视行业协会的培育和发展，行业协会主管部门在培育和发展行业协会方面做了大量工作，取得了巨大成绩。但是，各级各地政府中普遍存在着重外部体制环境建设而疏于内部治理机制建构的倾向。很多地方出台的重大行业协会改革措施、制定的规范性文件，其内容绝大部分都与协会发展的外部环境相关，很少涉及协会内部治理问题。与西方国家的社会选择的行业协会发展路径不同，我国行业协会的发展是政府选择型。因而，政府对协会的态度、工作重点、工作观念会直接影响行业协会的发展方向。政府对协会法人治理的忽视不可避免地会带来协会内部治理不佳的后果。

近几年政府之所以在协会内部治理方面少有作为，既有客观原因，又有主观原因。客观原因是在行业协会民间化改革之前，行业协会对政府存在着紧密的依附关系，具有明显的政府组织属性，并非真正意义上的社会自治组织，对其内部治理的培育还难以提上议事日程。主观原因是对协会的自治存在着认识上的偏差，误以为协会内部的自治就是政府不管协会内部事务，因而政府服务应更着重于资金的提供、职能的授予、场地的提供等方面。我国的行业协会大多是在政府的监护下成长起来的，其不仅在地位上充当"二政府"的角色，其运作模式也带有明显的政府特征。民间化改革以后，行业协会的运行难免不带有政府所特有的集权化痕迹，短时期内难以适应新的角色，从而导致了目前协会内部治理的不规范现象大量出现。

此外，政府对协会法人治理工作的忽视还体现在政府主管部门的执法力度薄弱上。例如，按照《深圳市行业协会暂行办法》规定，超过一年未按照协会章程规定召开会员（会员代表）大会的，市政府行业协会指导监管部门可提请市社团登记管理机关撤销登记，市社团登记管理机关也可直接撤销登记。实践中仍有部分协会一年以上没有召开会员大会，甚至有个别协会从未召开过，但有关部门并没有对这些协会作撤销登记的处理。

2. 行业协会法人治理制度供给不足

目前，我国关于行业协会的立法是滞后的，制度供给是不足的，有关协会法人治理的制度供给不足尤其明显。作为行业协会法人治理主要依据的《社会团体登记管理条例》关于社团法人治理的规定基本上是一片空白。而有些地方立法中有关行业协会的地方法规或规章虽在一定程度上弥补了这一不足，但协会法人治理制度供给不足的问题仍然没有得到根本解决。第一，这些地方立法规定的内容不完备。主要体现在两个方面：一是立法的罚则部分不完备。例如，深圳经济特区行业协会暂行办法中就规定了"行业协会应当设立监事（或监事会）"，并规定了监事的具体职责，但是在罚则中并没有规定协会不按照办法执行的处罚措施。实践中，虽然仅有小部分协会设立了监事（监事会），但由于缺乏相应罚则规定，对未设立监事会的协会，协会主管部门束手无策，从而使办法中关于监事的设立及其职责的规定流于形式，既破坏了办法本身的权威性，又没有起到应有的规范和导向作用。二是立法中缺乏关于协会内部纠纷的裁决机制的规定。协会内部治理纠纷的裁决机制对协会的治理非常关键，它是协会能够有效治理的最终保障。西方国家一般在法律中规定协会治理方面的纠纷由法院来裁决。我国在国家层面目前没有相关立法，办法中对这一问题也没有涉及，致使协会内部产生治理争议投诉无门，这极大地影响了协会的规范运行。第二，这些地方立法的规定内容笼统、概括，缺乏可操作性。这些地方立法规定的内容大多是实体性规范，对关于协会治理的步骤、方式、方法等程序性规定涉及不多，既缺乏程序方面的强行性规范，又缺乏任意性指引。协会也鲜有关于自身运行的具体细致的程序性规定。

3. 协会法人治理的配套措施不到位

协会法人治理从形式上看属于协会的内部问题，但实际上它和协会运行的外部环境以及相关的配套设施紧密相关，并深受它们的影响。目前，协会职能的不到位以及协会的工作人员素质也在一定程度上制约着协会的治理。相关政府业务部门并没有甚至不愿将本应由协会履行的职能授予协会。多年来政府职能转变的改革雷声大、雨点小。由于协会职能不足，其发挥作用的空间有限，部分协会会员入会往往是走形式或者试试看而已，因而其对协会选举、决策、监督等事务的参与积极性不高。另外，协会专职工作人员的素质也成为制约协会治理的一个重要因素。在欧美和日本等市场经济发达国家，行业协会专职人员都具有高学历。如美国行业协会专职人员大多具有本科以上学历，而且相当一部分具有研究生学历，其中云集了一批专业人才。而我国行业协会中的专职人员学历层次明显偏低，这在一定程度上制约了协会的规范运行。

五 完善行业协会法人治理机制的建议

（一）确立法人治理的基本原则

1. 自治性原则

自治性是行业协会的最本质特征。行业协会与其他自治性组织一样，一旦依法成立，就可在法定范围内自主活动，以实现成立该组织的特定目的。行业协会这种自我组织、自我管理的自治权是行业协会能够独立存在所必须享有的权利。自治权主要就是指其内部治理机制，包括自治事务管理权、组织人事权、经费筹集使用权等。因此，完善法人治理机制一定要以尊重会员意思自治为原则。

2. 法治化原则

任何自治都是相对人的。问题的关键是明确科学合理的自治与他治的界限。行业协会的公共性、外部性属性决定了国家应当对行业协会法人实行法律规制。通过设定强制性规则为行业协会确立协会运行的最基本的、底线性要求。通过任意性规则为行业协会的运行提供指引。

3. 制衡性原则

权力制衡是行业协会健康持续发展的内在基础，其核心是权力受到赋予者的规制，这种制衡主要来自内部权力分配结构和权力产生机制的制约。在行业协会内部应设置包括权力机关（意思机关）、执行管理机关以及监督机关三种组织架构及其相互之间的制衡机制。①

4. 民主性原则

健全的组织结构保证了行业协会决策的规范化和理性化；而民主的运行机制有利于动员行业内的企业共同参与治理，提升行业协会的代表性和公信力。因此，行业协会的内部运行必须建立在民主的基础上，防止少数人垄断。

（二）完善行业协会法人治理的主要措施

1. 进一步健全协会治理结构

根据各行业协会的实际情况，确立"会员大会（或会员代表大会）——理事会（常务理事会）——监事会——秘书处"的组织体系，明确会长、副会长、理事、常务理事以及秘书长等各领导人员的法律地位、权责。

特别要注意完善权力制衡机制，增强协会的自律机制，重视完善监事会制度，建立监事会对行业协会的业务活动和财务进行监督的各项规则。为切实保证监事会能够真正代表会员利益并实施有效监督，协会理事以上人员不得担任监事会主席、副主席和监事，监事会可列席协会理事会、常务理事会、会长办公会及秘书处办公会等会议，监事会对协会各级组织会议形成的决议具有建议和督导执行权，对协会开展的重大活动及财务收支等具有指导与监督权，对协会在运行过程中出现的较大问题或偏差应及时召开监事会议研究处置意见，并督导相关执行机构采取有效措施进行纠正或调整。通过有效的监督与指导，有力促进协会坚持办会宗旨，切实做到民主办会，在长效的运行机制框架内开展工作。

另外，还要加强对秘书处工作的监管，尤其是加强对秘书处工作的规范管理。由于目前许多协会秘书长不是通过聘请方式产生的，他们或是政府工作人员，或与政府部门有着千丝万缕的联系，或是某会员企业委派而来，加之一些协会很少召开理事会和会员大会，又缺乏监事会，所以由他们主持原本是办事机构的秘书处却在一定程度上成了协会的决

---

① 金锦萍：《非营利法人治理结构研究》，北京大学出版社，2005，第53页。

策机构。加大对秘书处的监督是非常必要的。

2. 进一步完善协会运行机制

（1）必须建立民主的选举制度。

行业协会领导人员的产生机制不同，决定了其功能和作用不同。采用民主的选举方式将大大促进行业协会领导机构的合法性及民主基础，也有利于督促协会领导机构对全体会员负责。

因此，行业协会应当充分体现公开、公平、公正的原则，形成从会长、副会长、理事、常务理事等多层次、多形式的选举机制。应明确选举的程序及具体规则，如民主提名候选人、候选人发表竞选演说、差额选举、无记名投票的方式表决等。

（2）必须建立详尽的会议制度。

应进一步明确各种会议召开的程序与次数。特别是会员大会（会员代表大会）、理事会、常务理事会等，应当在会议召开之前告知召开会议的时间、地点以及会议议程、讨论事项，以确保各会员及理事充分行使其民主权利。①

（3）必须建立健全各项管理制度。②

要加强行业协会制度建设，行业协会必须加强内部管理，遵纪守法，严格按照各项管理制度办事。要建立规范的，真正体现自主和自治原则的各项规章制度和内部管理制度，如重大事项报告制度、会员登记管理办法、会费收缴管理办法、财务管理制度、秘书处工作制度等，强化内部管理；并通过会员企业共同制定行约行规，使协会的各项工作都有章可循，在规范行业内企业行为的同时有效保障行业协会的规范运作。这些管理制度的颁布和实施将有利于提升行业协会的整体运作能力，增强

---

① 如《温州市眼镜商会会议制度》就明确规定，会员大会一年一次，理事会半年一次，常务理事会一季度一次，会长办公会一月一次。

② 一套科学规范的管理制度能够使行业协会有序高效地开展各项工作。因此，国内一些组织机构完善、运作良好的行业协会，如温州服装商会，不仅制定了详细的章程和行规约，还制定了会长办公会议制度、理事（常务理事）会议制度、办公工作制度、财务管理制度等各种自律制度，走上了整体运作制度化和规范化的轨道。这些异地经验很值得深圳借鉴。参见武汉现代商会建设课题组 2004 年调研报告：《武汉行业协会的发展——现状、问题及对策》第六部分"异地行业协会的发展及启示"之"温州行业协会的发展概况"。

行业协会的凝聚力。

（4）必须建立完善的财务制度。

行业协会要根据《民间非营利组织会计制度》建立健全财务管理、会计核算制度，重点落实会员大会或会员代表大会、监事会等机构对行业协会资产管理和资金使用的决定权和监督权。健全行业协会会费收取和使用制度，会费收取标准由行业协会章程规定，经过会员大会或会员代表大会讨论通过后施行，会费的收支情况要定期向会员或会员代表大会报告并接受其审查，行业协会的资产属于财政拨款、政府资助或社会捐赠的，要接受审计部门的监督并向社会公开。

总之，各行业协会应完善协会内部治理机制。严格按照协会章程，加强制度化建设，建立健全选举、会员代表大会、理事会、监事会、财务管理以及分支机构、代表机构管理、重大活动报告和信息披露等内部治理制度，形成民主选举、民主决策、民主管理、民主监督，独立自主、依法办会、规范有序的运作机制，激发行业协会的活力。

3. 发挥政府的引导作用

我国行业协会发展不是属于自然演进型，而是属于政府推动型。我国行业协会法人治理的完善离不开政府的推动和理性设计，政府有效的制度供给是行业协会自主治理不可或缺的制度资源。

行业协会法人治理必须在一定的规则基础上运行。在西方国家，法人治理规则的来源主要有两种渠道：国家立法和协会自己制定。国家立法中的规则一般分为强制性规则和任意性规则。强制性规则主要是为行业协会确立协会运行的最基本的、底线性要求。在西方国家行业协会立法中，除了用应当、必须、不得、禁止等字眼体现出强制性规范以外，还有大量的"除非章程另有规定"、"章程另有规定的除外"、"……由章程确定"等字眼表现的任意性规范。任意性规则就体现为国家对行业协会运行的指引，协会有决定是否适用以及如何适用的自主权。除了国家立法提供治理规则外，协会自身制定的规则在治理中也发挥重要作用。一般而言，政府的协会工作主要集中在登记、政府与协会间以及协会之间的对话、斡旋等外部管理和服务方面，对协会内部运行基本不予介入，包括制定指引性规则。协会内部治理方面的纠纷解决主要是通过法院进行的，如在美国，协会的会议召开、协会选举、协会内部的惩戒等都属于法院的受案范围。

正如前述，我国存在协会治理规则供给不足问题。国家无详尽的、可操作的关于行业协会治理的立法。协会内部也缺乏规范协会合理有序运行的规则。一方面制定规则的协会比例较低，另一方面，有关选举规则、信息公开规则、制衡方面的规则近乎为零。就法院方面而言，无论行政诉讼还是民事诉讼立法都没有将协会内部治理问题纳入受案范围，实践中也未曾有过相关判例。在很多情况下，并不是协会不想治理好，而是协会和会员不知道怎么治理。在我国当前"立法不顾、司法不管、协会不能"的基本国情下，政府特别是地方政府具有发挥作用的巨大空间。政府可以制定有关协会治理的指引性规则，告知协会规范的协会治理应当是怎样的，使协会和会员在对比中找到自身的差距，从而不断改进完善，最终走上健康规范运行的道路。

4. 加强协会治理的配套制度建设

从形式上看，协会治理仅涉及协会的组织机构、运行机制问题，但事实上并没有如此简单。行业协会工作是纵横交错的网络系统，牵一发而动全身。政府对协会治理的培育除了制定指引性规则以外，还应当注重相关配套制度的建设。

（1）制定配套的激励措施。

协会本身是一个利益共同体，趋利避害是其本性，必须辅助以一定的激励性措施才能真正实现政府对行业协会完善治理机制的引导作用。如果没有一定的激励，指引就成了空洞的说教，没有任何实际意义，也无法达到预期效果。所以，我们认为，政府在出台指引规则的同时，还应当将指引的实施情况与政府的奖励（包括精神奖励和物质奖励）、政府授权和委托资格的取得等项目联系起来，激励协会朝政府预期的方向发展，从而真正将指引规则落到实处。

（2）加快政府职能向行业协会转移的配套制度建设。

目前，制约协会治理的因素，除了内部自身问题以外，外部的体制环境仍然是制约协会治理不可忽视的重要因素，主要有两个方面：民间化地位的确立和政府职能的转移。在一些发达地区，协会的民间化地位问题已经解决，而职能的转移问题还没有实质性进步，本应由协会履行的职能仍然没有归还给协会，政府业务部门总是以各种各样的理由拒绝或推脱。这客观上也影响到协会内部的治理。有"位"才能有为。职能的缺位使协会缺乏对本行业企业的影响力，从而导致企业对加入协会缺乏动力，即使加入也对协会民主选举、民主决策、民主监督的参与积极性不高。因此，协会法人治理的培育是一项综合性工程，要实行内外兼治。

（3）加强行业协会人财物方面的配套制度建设。

协会治理需要具备一定物质基础，也要有一定人才支撑。巧妇难为无米之炊。设想一个整日为经费问题而忙碌的协会怎么可能会有良好的治理呢？有一流的统帅还需有良将精兵之配。设想一个工作人员素质普遍较低的协会怎么可能具备良好的治理水平呢？正如前述，目前部分协会面临"粮草"不足困境，几乎所有协会都存在"精兵良将"不足问题。这些都是当前制约行业协会法人治理的重要因素。因此，政府应当出台如税务、户籍、政府补贴等有关人财物方面的配套措施，切实使协会能够粮草充足，精兵良将云集，为协会规范运行提供有力的支持。

（4）建立政府购买行业协会服务制度。

针对当前政府主管部门视行业协会为其下属部门、经常要求行业协会无偿提供行业调查数据信息的状况，需要建立政府购买行业协会服务的制度。明确政府及其工作部门不得要求行业协会无偿提供服务，政府及其工作部门应当通过购买服务的方式获得行业协会的服务，政府购买行业协会服务应当遵守政府采购方面的有关法律、法规。

综上所述，在完善行业协会法人治理机制的问题上，政府应发挥引导性作用，制定相关指引性文件，对行业协会法人治理机制提出规范；协会应贯彻自治、制衡和民主的基本原则，建立健全的组织建构和民主的运行机制；全社会也应提高对协会工作的认知水平，进一步解放思想、变革观念，合力推动行业协会法人治理的发展和完善。

参考文献

王名、刘国翰、何建宇：《中国社团改革——从政府选择到社会选择》，社会科学文献出版社，2001。

金锦萍:《非营利法人组织结构研究》,北京大学出版社,2005。

余晖等著《行业协会及其在中国的发展:理论与案例》,经济管理出版社,2002。

郁建兴等著《在政府与企业之间——以温州商会为研究对象》,浙江人民出版社,2004。

黎军:《行业自治与国家监督——行业协会实证研究》,法律出版社,2006。

苏力、葛云松等:《规制与发展——第三部门的法律环境》,浙江人民出版社,1999。

浦文昌主编《建设民间商会——"市场经济与民间商会"理论研讨会论文集》,西北大学出版社,2006。

彭南生:《行会制度的近代命运》,人民出版社,2003。

A Study of the Legal Person Governance Structure as It Pertains to Trade Associations

Li Jun   Li Haiping

【**Abstract**】 The legal person governance structure and the external system-environment are of equal importance for the healthy operation and development of trade associations. Legal person governance, in its current state, causes trade associations numerous problems, including shortcomings in their organizational structures, weaknesses in their articles of incorporation, low degrees of operational democratization, and insufficient supply of governance regulations. The government should take leadership and, by intervening in minute aspects like governance structures and operating systems, perfect the legal person governance mechanism of trade associations.

【**Keywords**】 trade associations   legal person governance

（责任编辑　陈洪涛）

行业协会法人治理机制研究

透析我国官办型公益基金会
体制特性及其改革的现实选择

——制度变迁与路径依赖的理论视角[*]

李　莉　陈秀峰[**]

【摘要】在当代中国社会转型和政府体制改革中，非营利组织得到了长足的发展。官办型公益基金会是其中的一个新生事物和特殊代表，它一方面昭示了非营利组织的社会公益性，另一方面可以说在很大程度上是我国政府体制转型的衍生物。作为一种制度变迁过程，中国的改革呈现报酬递增和路径依赖的性质，因此制度变迁及路径依赖理论不仅可以对公益基金会的产生与改革作系统的回应和分析，还可以为中国基金会的健康发展以及组织体制完善提供有益的思路。

【关键词】官办基金会　制度变迁　路径依赖

我国社会转型目前正处在一个关键时期，作为转型产物的中国非营利组织代表着来自社会的力量，对政治领域、经济领域的变革具有巨大的相互推动作用，而其中有一个特殊代表和典型组织——官办型公益基

* 项目来源：国家社会科学基金项目"当代中国大学教育基金会研究"（批准号：06CSH015）。

** 李莉（1974.8～），女，湖北荆州人，武汉科技大学文法与经济学院副教授，博士，研究方向：非营利组织。陈秀峰（1969.10～），男，湖北安陆人，武汉科技大学文法与经济学院基金会研究所常务副所长，副教授，博士，研究方向：社会组织与社会建设。

金会。它一方面昭示了非营利组织的社会公益性，另一方面可以说在很大程度上是我国政府体制转型的衍生物。而两者的关联必然性可以在制度变迁与路径依赖视野中寻找到合理的解答。可以说，"官民二重性"长期共存于我国非营利组织之中，既是中国非营利组织的最大特点，也是任何一个非营利组织发展都必须面对和寻求突破的新问题。

一 强制性制度变迁下的中国政府体制变革

按照诺斯的制度变迁理论，制度变迁是制度的替代、转换与交易过程。一般来说，制度是均衡稳定的，即在现有条件下没有任何一个行为者会发现将资源用于再建立一套制度是有利可图的。当然，这并不意味着每个人对现存的制度都满意，保持现状只是由于改革所需的成本大于变革的收益。同时，这也说明，当系列条件变化导致变革的成本与收益发生改变的时候，就可能使得变革是合算的。这就具备了制度变迁的基本条件。一旦这些条件变化到一定程度，按照诺斯的说法，"如果预期的净收益超过预期的成本，一项制度安排就会被创新。只有当这一条件得到满足时，我们才可望发现在一个社会内改变现有制度和产权结构的企图"。① 制度主体预期收益大于预期成本，也就是"潜在利润"出现的时候，制度变迁就可能发生。因此，"非均衡的制度结构必然导致制度变迁，从非均衡到均衡的制度演变过程也就是制度变迁的过程"。② 虽然新制度经济学家们对制度变迁理论有着各自不同的解释，但对制度变迁模型的认识比较趋同，即都倾向于把制度变迁分为诱致性制度变迁（或需求诱致型制度变迁）和强制性制度变迁（或供给主导型制度变迁）两种模型。对上述两种模型，林毅夫（1989）的解释是"诱致性制度变迁指的是现行制度安排的变更或替代，或者是新制度安排的创造，它由个人或一群（个）人，在响应获利机会时自发倡导、组织和实行。与此相反，

---

① 〔美〕道格拉斯·诺斯著《制度、制度变迁与经济绩效》，刘守英译，上海三联书店，1994，第226页。

② 〔美〕R. 科斯、A. 阿尔钦、诺斯等著《财产权利与制度变迁》，上海三联书店，1994，第110页。

强制性制度变迁由政府命令和法律引入和实行"。①

路径依赖（path-dependence）是道格拉斯·诺斯将人类技术演进过程中的自我强化现象的论证推广到制度变迁方面的新解释。他认为"制度变迁和技术变迁一样存在报酬递增和自我强化机制。这种机制使制度变迁一旦走上某一条路径，它的既定方向会在以后的发展中得到自我强化"。② 制度变迁之所以有路径依赖惯性是因为任何制度变迁的规模和方向都不是随机的，而是受初始条件的严格制约，受原有制度的影响；为了减少阻力，沿着原有制度变迁的路径和既定方向前进总比另辟路径来得方便，还可以避免不必要的失误。所以人们过去作出的选择决定了他们现在可能的选择，沿着既定的路径，经济和政治制度的变迁可能进入良性循环的轨道，迅速优化经济，称之为诺斯路径依赖 I；也可能顺着错误路径往下滑，甚至锁定（lock-in）在某种无效率的状态下而导致停滞，称之为诺斯路径依赖 II。③ 一旦进入锁定状态，要摆脱出来就变得十分困难。"路径依赖"在很大程度上是与强制性制度变迁紧密相连的。强制性制度变迁一开始更是依赖不断自我强化的路径惯性和意识统一来降低制度变迁的成本，提高制度变迁的效率。一旦进入报酬递增的阶段，这些与现有制度共存共荣的利益集团就不会进一步进行投资，而只会更加加强现有制度，从而使这种制度变迁沿着既定的轨迹永远持续下去，哪怕现有制度不断出现缺点和不足，哪怕更有效率的新的制度已经出现，原有的利益集团都不会轻易改变既定的制度变迁轨迹，直到有新的利益集团出现来打破既定的利益格局，实施强制制度变迁才能改变既定的路径惯性。④ 在此意义上看，路径依赖就意味着"无效率"。一旦我们选择了某种路径，就意味着我们将会被长久地锁定在这条路径上，即使在路径之外存在其他更有效的路径，因为存在转换成本，我们只好锁定在这

---

① 林毅夫：《诱致性制度变迁与强制性制度变迁》，上海三联书店，1994，第21页。梁木生、彭伟：《论强制性制度变迁的弊端及其应对》，《湖北经济学院学报》2005年第6期。

② 〔美〕道格拉斯·诺斯著《制度、制度变迁与经济绩效》，刘守英译，上海三联书店，1994，第126页。

③ Douglass North & Robert Paul Thomas, *The Rise of the Western World: A New Economic History*, Crawfordsville, Indiana R. R. Donnelly &Sons Company, 1976.

④ 卢现祥：《新制度经济学》，武汉大学出版社，2004，第32页。

条已经被历史上的"小概率事件"或者是"无关紧要的事件"所引导的路径上。①

诺思的制度变迁与路径依赖理论对于分析中国非营利组织发展和政府体制改革具有重要的启示。作为一种制度变迁过程，中国的改革呈现报酬递增和路径依赖的特性，因此制度变迁理论可以对中国政府体制改革的现状及公益基金会的产生作系统的回应和分析。

中国的政府体制与中国政治制度的设计和选择有关。在中国政治制度的设计中，国家对制度变迁发挥着独特的、举足轻重乃至决定性的作用，形成了明显的强制性制度变迁的特征。在这一过程中，国家的决定性作用表现在：一是凭借自己垄断的强制力，国家能以最短的时间和最快的速度推进制度变迁。二是国家可以通过制定强制性规则、意识形态控制、税收等手段减少或抑制搭便车现象，从而降低制度变迁的成本，加速制度变迁的进程。三是凭借自己的暴力潜能和规模经济的优势，国家可以在强制性制度变迁中降低组织成本和实施成本。四是供应作为纯公共物品的制度。有些制度是属于纯公共物品性质的，个人无意、无法也无须创造，这就需要国家来组织供给。② 事实上，正是国家的这种天然优势，中国的政府体制变革才具有不同的特性。

中国政府体制改革经历了一个不断调整、深化和发展的过程。其改革的要义在于，创造一个有机和有效的治理结构，以实现政府职能的优化为核心，促进国家的全面、协调与可持续发展。新中国成立以来，中国政府的职能形态经历了两次转换，形成了三种形态：第一种形态出现在改革开放前，它以政治职能为轴心整合经济与社会职能。第二种形态来自改革的推动。为了适应改革开放提出的经济建设和发展的需求，政府的工作重心从阶级斗争转向经济建设，而政府的职能形态也从以政治职能为轴心整合经济与社会职能向以经济职能为轴心整合政治与社会管理职能转变，从而完成了政府职能形态的第一次转换。第三种形态出现在市场经济发展孕育的现代社会。为了构建和谐社会，保障现代社会的

---

① North，Douglass，The process of economic change，*China Economic Quarterly*，1981，1（4）．

② 王海龙：《制度变迁中国家作用的再思考》，《北京行政学院学报》2005 年第 5 期。

有效成长，政府的职能形态开始从以经济职能为轴心整合政治与社会管理职能，转变为以社会管理职能为轴心整合政治与经济职能。这是中国政府职能形态的第二次转换。不同的国家战略意识进路，决定了不同的政府建设取向：在第一种形态下，政府建设的取向是全能型政府，强调政府权力对经济与社会的全面渗透；在第二种形态下，政府建设的取向是经济建设型政府，强调政府是经济建设的主体，是经济增长的直接提供者、第一介入人，而非合作者与制度的供给者。在第三种形态下，政府建设的取向是公共服务型政府，强调政府在两个维度上承担国家发展的使命：一是在经济发展维度上，政府是市场规则与制度的制定者与执行者；二是在社会发展维度上，政府是公共服务的规划者、组织者和引导者。① 2004 年初，国务院总理温家宝明确指出："强化公共服务的职能就是提供公共产品和服务，包括加强城乡公共设施建设，发展社会就业、社会保障服务和教育、科技、文化、卫生、体育等公共事业，发布公共信息等，为社会公众生活和参与社会经济政治、文化活动提供保障和创造条件，努力建设服务型政府。"正是在这种改革背景和改革思想下，在中国政府模式与体制改革中衍生出了第一批独具特色的官办型公益基金会。比如，成立最早的中国儿童少年基金会是 1981 年由全国妇联、总工会、共青团等 17 个国家正式组织联合发起的；中国青少年发展基金会（以下简称"青基会"）是 1989 年由共青团、全国青联、全国学联和全国青年工作委员会创办的；中国妇女发展基金会是由全国妇联创办的；中国人口福利基金会脱胎于国家计划生育委员会；等等。真正来自民间的大规模基金会在 2004 年颁布《基金会管理条例》之前，除了爱德基金会之外非常少见。

二　中国官办型公益基金会形成的
路径依赖及其特性

事实上，中国最早的一批公益基金会的产生及其发展具有强烈的

---

① 林尚立、王华：《创造治理：民间组织与公共服务型政府》，《学术月刊》2006 年第 5 期。

"官办"性色彩，是与政府体制改革在以国家起主导作用的自上而下的强制性制度变迁分不开的。首先，国家主体（政府）借助行政命令、法律规范及经济刺激在一个金字塔式的行政系统内自上而下地规划、组织实施和监督政府体制改革；其次，尽管潜在制度收益的出现会诱发微观主体（市场）的制度需求，但只有当国家的制度创新收益大于成本时，实际的制度变迁才能发生；再次，国家（政府）为政府内组织的社会化设置了相对的进入壁垒，即其他利益主体只有得到国家授权才能进行制度创新。正是在这种改革背景下，中国公益基金会的产生与发展带有强烈的路径依赖性。其深层原因在于：首先，制度改革的历史初始条件会提供强大的制度惯性，沿着初始的改革路径和既定的方向运行。其次，意识形态和认知能力对制度的稳定和变革具有重要作用，人们总希望按以往的经验继续下去。再次，已成型的制度所产生的既得利益使组织本身会出于自身利益的考虑极力维护现行的制度，阻碍制度创新。因此，纵观中国官办型公益基金会，其共性表现在以下方面。

（一）管理模式行政化

从本源上说，公益基金会作为非营利组织不是权力的运作机制，而是一种网络式、扁平式的组织结构，管理模式也应是相对灵活、平等与高效的。但事实上长期以来，中国官办型公益基金会的管理模式基本上是政府主导式的，"社会"淹没在了"国家"之中。由于中国官办型公益基金会成立时大多是政府组织某种职能的延伸或分化，实际承担了一部分属于政府的功能，使中国官办型公益基金会难以建立起一套行之有效的社会化的管理方法，无论在制度规范还是在运作模式上都以政府部门为标准，形成了一套适合行政游戏规则的管理模式。

（二）所有权"国有"化

作为非营利组织，公益基金会的主要财产应当来源于社会捐赠和其他公益性的资源，它们的产权基础既不是私人产权也不会是国家产权，而应当是基于捐赠等公益资源的公益产权。在中国，官办型公益基金会的规模尚小，大者莫过于五六十个专职人员，小者仅三五个专职人员，一般没有自己的分支机构，且多是运作型基金会，兼具筹款和运作的双重职能，以如此的规模运作大型的社会公益项目，没有政府的支持是不可想象的。事实上，在基金会的"设计——构建——运转——评价"整个过程中，政府部门举足轻重，政府部门从自身利益需要出发确定官办型公益基金会的定位与目标，基金会相当于政府的"秘书处"。因此，刚开始的很多官办型公益基金会的费用特别是启动经费需要借助政府行政部门的拨款或其他资源支持。因而中国的官办型公益基金会刚开始时所使用的资源（包括有形资产、无形资产和市场准入）基本上都是国有的，即使改革之后绝大多数组织的情况也是如此。例如，中国青基会在成立之初，作为主管部门的团中央自始至终给予了全面支持，团中央不仅对基金会的筹备、注册资金、办公用房、工作网络提供了支持，还帮助协调中国青基会与政府有关部门的关系、与媒体的关系、与地方团委的关系，为青基会举办大型公益活动筹集开展希望工程的资金铺平道路等。由于其"人员配备、经费来源、组织结构的设置都受政府的控制"，这就使得它们"具有了不同程度的官方特征，被纳入了官方组织的网络之中。比如中华慈善总会和民政部的关系、中国青少年发展基金会和团中央的关系等。而且这种关系得到了法律的认可"。这就造成了特定时期基金会"官方性与民间性并存的二重性特征"。①

（三）人员等级化

公益基金会应具有自治性，在决策机制上不依赖于政府，在组织上独立于政府，即使是由政府出资兴办，政府与非营利组织之间也不应存在控制与被控制的关系。而在中国，由于有行政部门和主管单位的制约，官办型公益基金会没有能力成为独立的管理与运作主体，因此，官办型公益基金会在刚开始确立自己的社会地位时，努力以对应的政府行政级别来为自己定位。长期操作的结果使官办型公益基金会总能在政府级别中找到对应的职级，进而在权力分享、权利占有与待遇上寻求到政府的支持。官办型公益基金会过度受制于行政部门和主管单位，成为官方组

---

① 周志忍等著《自律与他律》，浙江人民出版社，1999，第71~78页。

织网络中的一部分，在政府与企业、市场、社会之间的关系中，成了政府下面一个新的管理层次，甚至成了政府精兵简政的缓冲区，从而缺乏相应的自主决策能力，丧失了组织的灵活性。例如，宋庆龄基金会的成立基本上是政府行为，它是由中央书记处直接下达命令成立，属副部级单位，直到今天其工作人员的工资仍由政府发放，工作人员的录用和考核是按国家公务员标准，它虽是独立的社团法人，但又兼具人民团体的性质。再如，中华农业科教基金会，基本是农业部下属的一个事业单位，其"本身没有自主决策的权利"。[1] 此外，如1985年成立的中国绿化基金会、1998年成立的中国戒毒基金会、1994年成立的北京青基会等也有类似的特点。这在很大程度上造成中国官办型公益基金会独立性的缺乏，使其在一定程度上成为业务主管单位的附属物。而过分依赖行政部门和主管单位，又导致官办型公益基金会的独立性与能力的日益萎缩。

（四）领导官员化

领导者来源通常是反映非营利组织治理机制的一个重要指标。中国官办型公益基金会的理事长、副理事长和秘书长很多都是政府官员，有的是由原党政部门或人民团体退下来的老同志担任，有的是由党政部门、人民团体的现任领导兼任，如第一届中国儿童少年基金会会长由时任全国妇联主席康克清兼任，7位副会长分别是朱学范（全国总工会副主席）、华罗庚（中国科协副主席）、荣高棠（中华全国体育总会副主席）、胡子婴（全国工商联副主席、全国妇联常委）、谢冰心（中国文联副主席）、高登榜（中央办公厅副主任、中直管理局局长）、袁晋修（国务院副秘书长、国务院机关事务管理局局长）。第四届中国青少年发展基金会会长是团中央第一书记周强，理事长是全国青联主席巴音朝鲁，常务副理事长是原团中央组织部部长徐永光，两位副理事长分别是教育部基础教育司司长李连宁和国家外国专家局局长张宇杰。[2] 这一方面说明中国官办型公益基金会的建立得到了国家领导的高度重视与大力支持；另一方面也说明了中国官办型公益基金会影响力还十分微弱，在人力资源、物

---

① 刘琳琳等：《林卫国（宋庆龄基金会办公室主任）访谈录》，2001年12月8日。

② 参见国内各基金会的相关网站介绍。

力资源以及资金募集等方面严重依靠领导官员的个人影响力，制约了其制度化的发展。

三 中国官办型公益基金会发展的桎梏与问题

通过以上四个维度显现的特征，基本勾画了中国官办型公益基金会特殊的路径依赖轨迹。根据诺斯的制度变迁理论，国家政权作为一种具备暴力比较优势的力量，能比民间组织以更低的成本规定和实施产权，促进经济增长。[①] 因此，在改革之初，国家通过在体制内以强制性制度变迁的方式改革政府和组建官办型公益基金会，具有其必要性与合理性。但同时强制性制度变迁也面临着统治者的有限理性、意识形态刚性、官僚政治、利益集团压力和社会科学知识局限等方面的限制和困扰。[②] 除此之外，强制性制度变迁带来的路径惯性依赖和意识统一又会不自觉地自我强化改革前原有的观念和意识，进而阻碍改革的进程。正由于强制性制度变迁固有的缺陷，产生于强制性制度变迁下的"官办型"公益基金会在发展过程中形成了许多问题。

其一，官办型公益基金会与政府之间模糊的委托－代理问题。在政府与基金会的委托－代理关系中，由于目标不一致和信息不对称，就会产生委托－代理问题，即政府体制中的约束机制和监督机制的完善性和健全性问题。如果政府的监管机制和激励机制没有有效建立则不利于组织的发展。模糊的委托－代理关系使目前的官办型公益基金会通常容易产生两个问题：一是由于激励机制缺乏，使得从业人员积极性不高，因而官办型公益基金会发展举步维艰；另一个问题则是，由于政府在支持中会将有关国有资源投入到官办型公益基金会中，但监管缺失或经营不善，会造成国有资产流失。因此，只有解决好了委托－代理问题，才能解决激励和约束问题。一个好的制度应该对委托人和代理人都具有最大的效用。

---

① 〔美〕道格拉斯·诺斯著《制度、制度变迁与经济绩效》，刘守英译，上海三联书店，1994，第 226 页。

② 程虹著《制度变迁的周期》，人民出版社，2000，第 89 页。

其二，政府创租与公益基金会的寻租问题。制度变迁实质上是一个"非帕累托改变"的过程，"一部分人的利益增加总要以另一部分人利益的损失为代价"。① 在强制性制度变迁中，产生的制度收益往往被转化成官僚机构的利益，各官僚机构、利益集团之间在权力和利益的争夺中，为了维护自己的利益就可能故意恶化制度变迁的意图，无形中增加了制度变迁实施的成本。如果制度安排所带来的额外利润被官僚机构的自利行为所滥用，制度变迁的成本将是高昂的。依据寻租理论，政府和利益集团是制度变迁中典型的两种组织，政府创租和利益集团寻租是不同的两种公共政策政治交易过程。解决寻租这一问题的根本办法是，通过对政府体制的调整尽可能缩小政府干预和管制的范围，加快市场化改革的步伐，促进市场平等竞争。

其三，官办型公益基金会的次级制度安排问题。官办型公益基金会的出现是一种有别于基础性制度变迁的次级制度安排，这种制度安排没有触及根本制度，甚至连配套的措施如免税、捐赠等激励机制也没有考虑到这种制度安排中去。这种改革成本虽然远远低于基础性制度变革，但只是形式化的改革很难使组织具有持续运行的动力。根据诺斯的观点，如果这种次级制度安排成为利益集团牟取利益的工具，则容易激化社会矛盾，无助于社会的和谐发展和稳定运行。② 因此，从这种意义上说，官办型公益基金会亟须通过改革完善制度安排。

四 制度创新与中国官办型公益基金会的转型

制度变迁与组织转型是紧密相连的。在制度与组织的关系方面，制度学派塞尔兹尼克（PhilipSelznick）的观点认为，组织是一个制度化的组织，是处于社会环境、历史影响之中的机体。③ 因此，组织的发展演变是一个自然过程，是和周围的环境不断地相互作用下不断变化、不断适应

---

① North, Douglass, The process of economic change, *China Economic Quarterly*, 1981, 1
（4）.

② 〔美〕道格拉斯·诺思著《制度变迁与经济增长》，北京大学出版社，2003，第78页。

③ 周雪光著《组织社会学十讲》，社会科学文献出版社，2003，第12页。

周围社会环境的自然产物。由此可见，虽然组织的成立是人为的结果，但组织的演变则不以人的意志为转移。组织的利益偏好也并不是固定的，而是一个持续的适应变化的过程。

（一）制度创新：交互式制度变迁模式

制度变迁包含两个含义：一是制度创新问题，即新的制度安排如何产生的问题；二是如何从旧制度安排过渡到新制度安排，即新旧制度如何转换的问题。当一种制度陷入了路径依赖时，创新是必需的。新制度经济学认为，在社会系统中，路径依赖的形成来自每项改革措施最初的正效应、既得利益势力的支持、个体和集体学习以及后续政策的强化等，要促进制度的良性循环而避免陷入"锁定"，就必须建立（或生成）一种灵活的、鼓励社会成员反复"试错"的制度，通过一个适应性学习的过程，鼓励社会成员在各个方向或方面的创新。① 制度创新是用一种效益更高的制度来取代另一种制度，具体地说：①制度创新是一种特定行为的变化；②这一组织与其环境之间的相互关系的变化；③在一种组织的环境中支配行为与相互关系的规则的变化。换言之，制度创新就是要突破原来的制度变迁下的路径依赖，找到适合公益基金会发展的新路径。② 在当前，就是要通过强制性制度变迁与诱致性制度变迁的互补，形成交互式或互动式制度变迁模式。

从表面上看，强制性的制度变迁是最广泛、最普遍的"人为设计"的制度变迁方式。但是从制度的起源看，制度源于人类交往的需要，换言之，制度之所以产生，源于制度在设计过程中，得到了广泛认同，或者说社会主流的广泛认同，那么，制度变迁就不应该只是强制性的。我们实行强制性制度变迁是一种偏重于效率趋向的"非帕累托改善"型的非均衡渐进性改革，忽视了体制改革的公平导向并忽视了与市场主体和社会力量的有机结合与相互统一，致使我们在政府体制改革和公益基金会发展中遇到了较严重的矛盾与冲突障碍。因此，在中国进行政府体制

---

① 刘和旺：《诺思制度变迁的路径依赖理论新发展》，《经济评论》，http：//www.gjmy.com/gjmywz/paper，2007 年 4 月 27 日访问。

② 许永兵、崔华刚：《制度与经济增长》，《河北经贸大学学报》2002 年第 6 期。

改革和公益基金会的转型中，需要强制性制度变迁方式和诱致性制度变迁方式进行互补，形成交互式或互动式制度变迁模式。

在这一制度创新中，需要推动以市场为主体的诱致性制度变迁。在中国社会转型和公民社会初步成长的时期，个人或团体等市场主体具有进行制度创新的内在动力和能力。根据新制度经济学的观点，"要发生诱致性制度变迁必须要有某些来自制度不均衡的获利机会"，① 也就是说，制度创新是否发生将取决于个别创新者的预期收益和费用。而在任何情况下，个人总是在寻找使他自己获得好处的机会，作为一个整体而言，"社会将从抓住获利机会的制度安排创新中得到好处"。② 在政府的社会化改革过程中，由于制度选择集合、技术和要素产品相对价格的长期变动，新的获利机会和外部利润会不断产生，这使个人或合作团体等市场主体就有了进行制度创新的内在动力。而以市场为主体的诱致性制度变迁的产生，必然会打破原先整个制度环境的格局，能实现与强制性制度变迁方式的并存和渐进转换，调节改革的激进程度与摩擦成本之间的关系，能使低效率产权结构存在的所谓"诺斯悖论"尽快消除或降到最小范围内，使改革走向渐进式改革的路径。

与此同时，我们也需要改变强制性制度变迁中国家的作用。市场主体力量的强大要求国家在制度变迁过程中逐步减少控制，把更多权力归还社会，同时国家也有责任激活个人和团体等市场主体进行制度创新的积极性和创造力，以形成多元主体的制度创新和供给体系，即国家作为宏观制度创新主体与市场作为微观制度创新主体之间形成协调合作机制，各主体间相互配合，实现预期的制度目标。国家的作用更多地表现在：为个人和群体提供外在制度环境的支持和约束，确立秩序以规范个人和群体制度创新的方向和范围；制度变迁中个人和群体无法将外部性内在化时，国家可主导制度变迁克服搭便车问题；制度变迁面临巨大的政治阻力和组织成本的情况下，国家需要适当介入；充当仲裁者帮助个人、

---

① M. Dietrich, *Transaction Cost Economics and Beyond*, Londonand York, Rouledge& Thoemmes PRE. 1994.

② M. Dietrich, *Transaction Cost Economics and Beyond*, Londonand York, Rouledge& Thoemmes PRE, 1994.

群体等市场主体获取收入进行制度安排；为制度变迁提供相应的意识形态支持，减小制度变迁成本。① 因此，在交互式制度变迁中也不能忽视国家的优势与有效作用。

由上可见，交互式或互动式制度变迁模式实际上是制度适用主体之间经过反复多重互动式博弈达到均衡的选择和认同过程。制度的设计、选择、学习是一个过程，制度对各方面利益的调整更是一个过程，需要对制度适用对象主体——至少是具有话语权和影响力的各方进行互动式、反复的磨合、协调、认同的博弈选择。根据青木昌彦的说法，外在制度的形成过程，实际上是不同利益集团多重博弈的结果。利益集团各方不仅要争取制度的话语权，还要在不同利益集团中寻求到可以接受的制度均衡点，或者说利益的均衡点。② 因此可以说，在中国政府体制改革和公益基金会的转型中，交互式制度变迁方式是国家与市场、社会各主体力量相互作用的结果。在官办型公益基金会的改革中，至少有来自政府、政府的代理人——主管机构、挂靠单位以及坚持不同意识形态的群体等，都是影响制度变迁的力量。除此之外，由于制度变迁过程中客观存在"路径依赖"现象，新制度的生成要受到原制度或"初始条件"实质上就是原制度的利益格局的约束，也需要以交互式的方式进行反复调整、协调或者缓解。当博弈各方在这样一种状态即争取制度变迁收益大于制度设计和选择过程的成本，均衡就会出现，制度设计和选择过程就结束，制度进入实施执行阶段。从这一点来说，中国官办公益基金会的转型需要选择"渐进式"的改革方式。

（二）官办型公益基金会的转型目标与走向

在市场经济发展和政府职能转换的背景下，随着政府与市场关系的重新确立，中国官办型公益基金会也需要重新定位自己的职能与作用，走向真正的非营利组织发展之路。要实现这一目标，需要在以下方面实现转变。

---

① 林毅夫：《诱致性制度变迁与强制性制度变迁》，上海三联书店，1994，第 23 页。
② 〔日〕青木昌彦、奥野正宽著《经济体制的比较制度分析》，中国发展出版社，1999，第 254 页。

一是实现职能剥离。如果中国的官办型公益基金会不能从政府的束缚中真正"独立"出来，那么中国官办型公益基金会改革为非营利组织的目标就不会获得真正意义上的"解放"，只不过是换了个新瓶而已。因此，切实实现"政事分离"的职能转变是首要前提。要做到这一点，最关键之处就是政府主管职能部门与官办型公益基金会的行政领导关系剥离。中国官办型公益基金会要走向社会化的非营利组织模式，必须先要打破这种旧格局，改变这种隶属关系，才能使中国官办型公益基金会获得可能的活动空间。实现了这种"剥离"，使政府不必再为"自己的部门"搞政策倾斜，同时也使官办型公益基金会不再为其主管职能部门提供"灰色"服务。这样一来，政府不再背包袱走路，官办型公益基金会也获得独立发展，实现其非政府性。同时也为其他领域进入公益基金会的团体或个人享受国民待遇提供了制度保障。

二是建立产权规制。财产是组织的物质基础，产权制度不健全是制约官办型公益基金会向非营利组织转化的重要因素。当前亟须解决官办型公益基金会作为非营利组织的产权制度缺失问题。目前有关公益基金会作为非营利组织的产权制度的法律规范还基本为空白，公益基金会作为非营利组织财产的归属、非营利性质及财务管理等规定要么缺失，要么临时性参照体制内组织执行，导致现实中公益基金会的财产成为非公非私、营利又非营利的难以认定的财产。我们认为，应该借鉴国外公益信托、财团法人等制度，以"社会公益产权"模式①建立公益基金会作为非营利组织的财产制度。另外，还要完善国有资产特别是国有非经营性资产相关制度，健全国家非经营性资产监督管理体制，防止事业单位向公益基金会改制过程中国有资产流失的问题。

① 王名、贾西津在《公益基金会的产权结构与治理》中指出：基金会的设立存在着委托权、所有权、使用权、受益权等的多元关系，使得基金会的产权具有如下特征：剩余控制权与剩余索取权分离，受托人拥有规定范围内的剩余控制权，剩余索取权的主体是由信托涉及范围内的所有可能受益者构成的虚拟主体。这种产权形式既不同于所有权明晰的私有产权，也不同于所有权主体为国家、由代理人行使使用权的国有产权，为更有效地讨论基金会的管理，保证其公益责任的实现，他们提出"公益产权"的概念，指代具有上述独特产权特征的产权形式。见王名主编《中国非政府公共部门》，清华大学出版社，2004，第27页。

三是转变人事规制。长期以来，中国的劳动人事制度体系是机关事业单位人事制度与企业劳动人事制度二元分立，前者属于人事关系范畴的制度，后者属于劳动关系范畴的制度，分别适用不同的法律法规并各自独立运行，造成机关事业单位的"国家人"与民营组织的"社会人"在法律地位、工资分配、社会保障方面制度不衔接、水平相差悬殊等问题。中国官办型公益基金会的设立、职员的编制、职务标准、工资福利计划制定与政策管理等均由政府相关职能部门直接管理，打上的还是计划经济的烙印。官办型公益基金会的非营利组织化意味着工作人员要由公职人员转变为民营组织雇员、由"国家人"转变为"社会人"。即要建立和推行聘用制，在官办型公益基金会中按照"平等自愿，协商一致"的原则，以契约形式建立以劳动关系为基础的人事任用制度，取消其行政级别，进一步引入竞争激励机制，从绩效和能力而不是行政级别上调动各类人员的积极性，实现人员的能上能下、能进能出、合理流动。另外还要建立公开、规范、民主化的公共部门工资决策机制，打破社会保障二元分立，建立健全能沟通体制内外、与市场经济相适应的统一的社会保障体系。总之，要实现人事制度由传统的身份管理为主转变为岗位管理为主，由行政管理转变为法制管理，由国家用人转变为单位用人。

四是建立统一的非营利组织制度框架。建立统一的非营利组织制度，有助于区隔非营利和营利部门，为公益基金会等众多的非营利组织理顺关系，为其独立发展铺平道路，也为政府发挥其监管职能提供合法性依据，保障政府在非营利组织的发展中发挥能促型的作用。实际上，只有在这样一个规范的制度框架中，国家才有可能针对不同的部门，制定切实可行的计划，将依附在政府的公益基金会，转变为具有更强社会性的、正式的社会组织，实现官办型公益基金会的真正转型。或许有人会认为，超越部门主义，建立一个统一的非营利组织制度框架，会冲垮现有的管理体制，是过于激进的改革方式，缺乏现实的可行性和可操作性；实际上，这正是一种渐进式的改革，而且是改革的第一步。在新的制度框架中，所有那些原来隶属于各个部门作为单位下属的基金会，无非变成了新的非营利组织。这些改换门庭了的公益基金会，在相当一段时期内，其收入来源仍有来自政府的财政拨款，其资产还是有国有资产，当然，许多拨款不再以事业费和人头费的方式下拨，而是以政府购买服务和项目捐赠实施的方式下拨。公益基金会作为非营利组织必须通过竞争来争取国家的项目。在这一过程中，国家实际上扮演了一种能促型的角色，即通过财政手段帮助这些公益基金会强化自身的能力。① 事实上，在新的体制下，许多现有的基金会基本上还是在维持现有格局下逐步转变的。

最后值得一提的是，中国公益基金会的官办性及其非营利性并不是一个单纯的彼此抑制、敌对的关系，事实证明，不少中国官办型公益基金会的成功正是得益于其很好地利用了与政府、与社会的关系。中国社会处于转型时期，作为转型产物的中国公益基金会的"官民二重性"长期共存于组织之中，既是中国公益基金会的最大特点，也是其优势所在。中国公益基金会的发展要协调"官"与"民"的关系，决不是"二选一"式的发展。对于这一关系的把握，要结合社会转型的发展程度，特别是政府与社会之间的变化来确定。现阶段，中国政府的职能仍在调整中，公益基金会是在带有浓厚的政府选择色彩的模式下产生的，这种带有"政府情怀"的社会环境构成了中国公益基金会发展环境的最大特点。这对于公益基金会来说具有的意义在于，社会对政府的支持与信任可以在公益基金会接替政府发挥职能的过程中，转向对公益基金会的支持，这对于相当多的官办公益基金会而言，也是一个难得的先天优势。因此，如何把这一优势充分利用起来，才是中国公益基金会急需解决的问题。从一定意义上说，"官民二重性"是中国公益基金会特殊性的集中体现，"官方性"与"民间性"比例不合理才是其发展的障碍。解决的方法不是盲目地呼吁减少官方控制，而是尽可能地结合政府的资源优势来发展自己，实现政府的职能转变与中国公益基金会发展的"正和博弈"。如果现在完全没有了政府的投入和扶持，中国的公益基金会很可能还要经过一个相当漫长的时期才能发展壮大起来。

---

① 顾昕：《能促型国家的角色：事业单位的改革与非营利部门的转型》，《河北学刊》2005 年第 1 期。

An Analysis of the Nation's State-Run Public Welfare Foundation System and Realistic Choices for Its Reform

—With Theoretical Perspectives from System Change and Method Dependency

Li Li   Chen Xiufeng

【**Abstract**】 Amidst the social transformations and government reforms of modern China, NPOs have achieved considerable progress. Among these, state-run public welfare foundations are a new and specially-representative type. On the one hand, they spread awareness of the public benefits of non-profits. On the other hand, they could be said to be a product of the government system's transformation. An example of system change, China's reforms have also increased rewards and method dependency. As such, system change and method dependency theory can offer a systematic response to and analysis of state-run public welfare foundations' birth and development, as well as offering new perspectives for Chinese foundations' healthy development and for the improvement of their organizational systems.

【**Keywords**】 state-run foundations   system change   method dependency

（责任编辑　陈洪涛）

试论我国非营利部门的
法制环境指数

蓝煜昕[*]

【摘要】 法制环境是影响非营利部门培育和发展的重要因素，约翰·霍普金斯大学非营利部门国际比较项目中的法制环境指标体系为解读我国非营利部门法制环境提供了一个有益的分析框架。文章运用这一框架对我国非营利部门的法制环境指数进行测量，并对测量结果进行了系统分析，以挖掘我国在民间组织管理领域法规政策中存在的重要问题，针对已有的这一定量分析指标体系以及我国在民间组织管理领域的法规政策提出若干观点和建议。

【关键词】 民间组织　法律　指数

引　言

法制环境是影响非营利部门发展的一个非常重要的因素。早在近两百年前，法国作家托克维尔就在其名著《论美国的民主》中谈到法律不明确性对结社自由的危害。

如果立法部门制定法律，规定哪些结社为非法，违者将受到法

---

* 蓝煜昕，清华大学公共管理学院博士生。

律制裁，则弊端可以少得多，因为在有法律明文规定的条件下，每个公民在行动之前可以知道自己行为的后果，即自己可以像一个法官那样事先进行判决，避免参加被禁止的结社，而努力去进行法律所准许的结社活动……如果立法机构指定由某人负责事先判断哪些结社是危险的或有益的，并允许此人可以任意将一切结社消灭于萌芽状态或让它们继续生成，那么任何人都无法事先知道在什么情况下可以结社和在什么情况下应当敬而远之，而结社的精神亦将完全枯萎。前一种法制只禁止某些结社，而后一种法制则针对整个社会，使全社会受害。①

后来的学者对非营利部门发展的法制环境又有了更为深入的研究，约翰·霍普金斯大学公民社会研究中心的萨拉蒙（Lester M. Salamon）等人在其开展的非营利部门国际比较研究（The Comparative Nonprofit Sector Project，CNP）中，将法制环境作为非营利部门发展指数的一个重要指标。在这一指标中，研究者认为法制环境可在两个方面影响公民社会组织的可持续性，进而影响非营利部门发展指数。这两个方面首先是影响公民对这些组织的需求（demand），其次是影响公民社会组织的供给（supply）。针对这两个方面研究者又进一步设置了多项细化的、具有操作性的分项指标，由这些指标所获得的法制环境指数最后再用该国家的治理指标（governance indicator，反映的是基于理论的法律规定与基于事实运作的法律体系之间的差异）加以修正，则可以得到一个标准的法制环境指数（以下简写为 CNPLEI）。② 笔者根据该研究团队所得到的数据对34 个国家的标准化法制环境指数与公民社会综合指数之间的相关性进行了分析，③ 结果见图1。

---

① 托克维尔：《论美国的民主》（下册），董果良译，商务印书馆，1988，第647页。
② 指标意义及计算方法详见 Lester M. Salamon and Stefan Toepler，The influence of the legal environment on the development of the nonprofit sector，Working Paper Series，*Johns Hopkins Center for Civil Society Studies*. No. 17（2000）。
③ 萨拉蒙等：《全球公民社会：非营利部门国际指数》，陈一梅等译，北京大学出版社，2007，第 80 ~ 100 页。

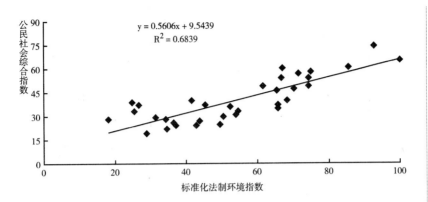

图1　34国标准化法制环境指数与公民社会综合指数的关系

由图1可见，一国的非营利部门发展与法制环境存在较高的相关关系，法制环境有可能是影响非营利部门发展的重要因素。本研究面临的问题则是，按照萨拉蒙研究团队构建的 CNPLEI 指标体系，我国的非营利部门法制环境指数处在一个什么样的位置？我国的法制环境是在哪些方面影响了非营利部门发展？在这些方面究竟是起了约束作用还是促进作用？本文在内容安排上则先在 CNPLEI 的指标框架下测量我国的非营利部门法制环境指数，然后在同一框架下对这一指数结果所体现的内涵进行解读，并挖掘我国在民间组织管理领域法规政策中存在的问题。文章的最后针对 CNPLEI 这一定量分析指标体系以及我国在民间组织管理领域的法规政策提出若干观点和建议。

一　我国非营利部门法制环境指数

用 CNPLEI 测量我国非营利部门法制环境的指标体系见表1和表2。目前国内关于非营利组织或 NGO 法制环境的文献通常是从非营利组织的法律地位、内部治理、财产归属、税收优惠和监督等方面进行零散地分析和评价，缺乏一个完整的框架，而 CNP 项目中的指标体系则借鉴了新制度经济学中交易成本理论的思想，从降低交易成本的角度非常系统地考虑法制环境对非营利组织的产生和维持的影响，从而便于我们更深入地认识法制环境的作用过程。

正如制度经济学家诺斯所述，制度的重要功能之一就是通过创造能在

表1　需求维度指标

法制特征	标准与分数		
	0	1	2
非利润分配约束	未在法律中体现	在税法中体现	在一般法律中体现
个人利益限制	对任何NPOs均没有限制	对至少某些类型的NPOs有限制，或有对大部分NPOs适用的、有限的一般性限定	对所有或大部分类型的NPOs有限定
定期报告要求	对任何NPOs均没有要求	对至少某些类型的NPOs有要求，或有对大部分NPOs适用的、有限的一般性要求	对所有或大部分类型的NPOs有要求
公众获得信息的可能性	无	公众对大部分NPOs有有限的信息可得性，或对某些类型的NPOs有广泛的信息可得性	公众对大部分NPOs或所有NPOs都有信息可得性
治理	无要求	仅要求对责任机构（如我国的业务主管部门）有详细说明，或对某些NPOs要求有详细说明和决策方式条款	对所有或大部分NPOs要求有责任机构详细说明和决策方式条款
筹资规定	没有或在很小范围内有少量规定，或仅仅对某些NPOs有基本的要求	对所有或大多数类型的NPOs集资、筹款活动有基本的登记或许可要求，或对某些类型的NPOs有较多限制	对所有或大多数NPOs有较多限制（如筹资成本、活动类型和法律顾问等方面）

表2　供给维度指标

法制特征	标准与分数		
	0	1	2
1. 总体法制姿态			
组织的权利	没有保障	法律和法制传统体现的保障	宪法中体现的保障
允许的组织目的	范围狭窄，即有超出一般合法性、道德或公共秩序要求的重大限制	对不道德目的或与公共秩序冲突的活动普遍禁止	范围宽松，即在一般合法性和非利润分配之外没有其他限制
允许的政治活动	范围狭窄，如对游说和倡导都有限制	对政治运动有限制	范围宽松，即没有限制
2. 组织的创立			
未获得法人资格的组织的存在许可	禁止	合法	一定程度的法律保护
会员（规模）要求	未明确规定	明确规定，且负担较重	没有要求，或明确规定但没有不适当的负担
（最低）资金要求	未明确规定或有高负担的资金要求	有明确规定，且为中等程度的负担	明确规定，并没有不适当的负担

法制特征	标准与分数		
	0	1	2
政府指定理事会成员的权利	对大部分或所有类型的NPOs，政府机关可指定理事成员以作为授予法人地位的条件	对某些类型的NPOs，政府机关可指定理事成员以作为授予法人地位的条件	政府机关对任何类型的NPOs均不得指定理事成员
政府在授予法人地位中的裁量权	在已满足最低要求情况下仍对所有或大部分NPOs有裁量权	在已满足最低要求情况下仍对一定类型的NPOs有裁量权	如果NPOs已满足最低法定要求，必须授予法人地位
救济程序	不能对注册决定提出复议或上诉	对注册决定可向注册机构提出复议	对注册决定可向司法机关提出上诉
3. 财务（financing）			
组织免税范围	仅对有限的有资格组织有免税规定	有免税资格的组织目的定义得相对狭窄	有免税资格的组织目的定义得相对宽松
所得税免税	无企业所得税免税	在税收范围或税率上部分免除	几乎全免或全免企业所得税
不动产和财产税免税	无不动产和财产税免税	在税收范围或税率上部分免除	几乎全免或全免不动产和财产税
印花税和其他税	无印花税和其他税免税	在税收范围或税率上部分免除	几乎全免或全免印花税和其他税
间接税免税（如销售税、增值税）	无间接税免税	在税收范围或税率上部分免除	几乎全免或全免间接税
不相关的商业活动	不许可	许可但征收完全税	部分或全部免税，或降低税率
捐赠活动中组织的税务优惠	没有赠与税或遗产税免税等优惠	在税收范围或税率上部分免除	对捐助或遗赠几乎全免或全免征税
个体捐赠者的税收优惠	没有或很少有减税或税收抵免	仅针对有限的目的或组织类型有减税或税收抵免	针对较大范围内的目的有减税或税收抵免
法人捐赠者的税收优惠	没有或很少有减税或税收抵免	针对有限的目的或组织类型有减税或税收抵免	针对较大范围内的目的有减税或税收抵免

其中发生交互作用的永久性结构而减少了交易成本，[①] 在某种意义上法律制度也能影响非营利组织产生和发挥作用过程中的交易成本，从而也就

---

① North, D. , "Economic performance through time", in Brinton, M. and Nee, V. (eds.), *The New Institutionalism in Sociology*. New York：Russell Sage Foundation, 1998, pp. 247 – 257.

影响了非营利组织的存在和持续。更进一步，法律制度可在两方面产生影响：一方面通过影响那些企图依靠非营利组织的人所遇到的成本而影响对这些组织的需求；另一方面通过影响组织的创立和运作所遇到的成本而影响社会中这些组织的供给。前一方面即 CNPLEI 指标体系中的需求维度，主要由鼓励公众对非营利组织信任的法制特征组成；后一方面即供给维度，主要由可能影响公民创办和运营非营利组织的意愿或能力的法制特征组成。

结合收集法规资料进行的识别和专家判断，指标体系中需求维度的得分为 7，供给维度得分为 16。再引入世界银行对世界各国编制的治理指标，[①] 结合 CNP 项目的结果数据可估算我国在"政府效率"（用来度量政府执行法律的能力）和"法治"（用来度量法律实施的程度）两个指标上的得分分别约为 2.40 和 2.45，从而可计算出我国非营利部门法制环境指数为 34.4。若将该指数列入已有的 34 国中比较，则我国的非营利部门法制环境指数排名第 28 位，位于印度和罗马尼亚之后。[②] 显然，我国非营利部门法制环境指数偏低，以下便以指标体系所提供的这一分析框架来考察我国非营利部门法制环境中存在的现象和问题。

二　法制环境指数的解读

（一）需求维度

如表 1 所示，需求维度的指标包括与非营利组织非营利性、信息的公开透明程度、内部治理结构和决策方式以及筹款相关的法律规定，这些指标对于增强公众的信任和降低公众的交易成本至关重要。同公众与

[①] Daniel Kaufmann, Aart Kraay and Massimo Mastruzzi, Governance Matters VI: Aggregate and Individual Governance Indicators for 1996 – 2006, *World Bank Policy Research Working Paper*, No. 4280 (2007).

[②] 34 国按得分排序为：挪威、荷兰、美国、英国、以色列、澳大利亚、比利时、芬兰、西班牙、瑞典、爱尔兰、奥地利、韩国、法国、德国、意大利、捷克、日本、匈牙利、波兰、南非、菲律宾、墨西哥、阿根廷、斯洛伐克、印度、罗马尼亚、秘鲁、巴西、巴基斯坦、乌干达、肯尼亚、坦桑尼亚、哥伦比亚。

追求利润最大化的企业之间的关系相比，建立在信任之上的公众与非营利组织之间的关系显然能够降低公众获取可靠信息的成本。比如，非利润分配的法律条款能够向公众保证非营利组织的公益目的，从而使公众更为放心地转向非营利组织提供的产品或服务。

笔者在此需要强调需求维度法律和制度的重要性。长期以来，出于政治的考虑，我国政府对非营利部门的基本政策出发点是限制发展，因此大多数学者将主要关注点放在法制环境的供给维度，即如何通过提供宽松和支持性的法制环境以促进第三部门的发展壮大，甚至有人提出"先发展再规范"的做法。这种历史背景下的过度反应忽略了需求维度的重要性。需求比供给更为根本，正是因为第三部门下的互助和信任关系能够克服市场和政府的缺陷才使得公众有意愿支持第三部门，否则无论提供多宽松的结社环境也无所作为。

目前我国在需求维度的几个法制环境指标上均有相关法律规范，但不是很全面。关于禁止利润分配和牟取个人自身利益方面，我国1998年颁布的《社会团体登记管理条例》和《民办非企业单位登记管理暂行条例》有简单的规定。两个条例都规定了任何单位和个人不得侵占、私分或挪用社会团体或民办非企业单位的资产（《社会团体登记管理条例》第29条、《民办非企业单位登记管理暂行条例》第21条），并规定了违反这一规定的行政或刑事责任。此外《社会团体登记管理条例》还规定：社会团体经费和所取得的合法收入必须用于章程规定的业务活动，不得在会员中分配（第29条）；并规定社会团体专职工作人员的工资和保险福利待遇参照国家对事业单位的有关规定执行。2004年颁布的《基金会管理条例》在这方面的规定则更为详细。

在保证非营利组织信息公开透明方面，《社会团体登记管理条例》规定了社会团体应当向业务主管单位报告接受、使用捐赠、资助的有关情况，并应将有关情况以适当的方式向社会公布（第29条）。同时，社会团体必须执行国家规定的财务管理制度，接受财政部门的监督；资产来源属于国家拨款或者社会捐赠、资助的，还应当接受审计机关的监督。社会团体在换届或者更换法定代表人之前，登记管理机关、业务主管单位应当组织对其进行财务审核（第30条）。此外，条例还规定了年审制度，即社会团体应向业务主管单位报送年度工作报告，经业务主管单位初审同意后报送登记管理机关接受年度检查。工作报告的内容包括：本社会团体遵守法律法规和国家政策的情况、依照本条例履行登记手续的情况、按照章程开展活动的情况、人员和机构变动的情况以及财产管理的情况（第31条）。在《民办非企业单位登记管理暂行条例》中对上述问题也分别作了类似的规定。2004年的《基金会管理条例》在这方面有更严格的规定，基金会必须接受登记机关、业务主管单位、税务会计等专门机关、社会公众以及捐赠人的监督。财政部于2004年底发布的《民间非营利组织会计制度》也对基金会的财务活动的规范化、透明化有一定要求。

在非营利组织的治理方面，所有组织都要求挂靠业务主管单位，但在其内部治理结构和决策方式方面，除对基金会管理有所要求以外，对社会团体和民办非企业没有具体的条款规定。在筹款方面，如上所述，我国对所有类型的民间组织集资、筹款活动有基本的登记或许可要求，对基金会则有较多限制和要求。

总体而言，如果仅分析法律文本，我国在需求维度法制环境指标上的主要问题是不够全面，此外还存在以下几个方面的重要问题：一是有大量未登记注册的组织游离于体制之外，无法受到法律和制度的规范。二是部分法律条款不合理。比如，民办非企业的注册登记中可根据不同情况给予法人、合伙和个体登记证书，然而从法理上讲，个体户的财产就是个人所有的财产，个人拥有对其财产的占有、使用、收益、处分等相关权利，从而造成与非利润分配原则的冲突。[1] 而事实上，也正是民办非企业单位出现了大量个人牟利现象，严重损害了非营利组织在公众中的诚信和形象。[2] 三是法律规范缺乏可实施性，这是最重要的一方面，以下单独说明。

---

[1] 杨正喜、唐鸣：《论我国NGO（非政府组织）发展面临的法律障碍及解决途径》，载《北京交通大学学报》（社会科学版）2007年第6卷第3期，第88～92页。

[2] 在此，法规之间本身也可能存在矛盾规定。例如，《中华人民共和国民办非企业单位登记管理暂行条例》与《民办教育促进法》存在矛盾之处，按前者规定，民办非企业单位不得从事营利性活动和分红，而后者却允许民办教育的投资者获得合理回报。

可实施性对于一项法律规范非常重要，制度经济学家赫尔维茨将制度定义为一种博弈规则，并侧重于博弈规则的实施问题。根据他的观点，博弈规则可以由参与人能够选择的行动（"决策集"）以及参与人决策的每个行动组合（profile）所对应的物质结果（"后果函数"）来描述。因此他认为规则必须是可实施的，或者用他的话来说是"可执行的"，唯有人类行动的一组人为可实施的限定才构成一项制度。① 进一步，赫尔维茨探讨了非常有启发的制度自我实施问题。例如，立法者也许希望价格限制有助于实现价格的稳定和分配公平的社会目标，但总是有销售商会发现将产品以高于限定价卖给黑市更有利可图，因此价格限制这一制度是无法自我实施的。如果一项制度被设计出来而无法自我实施，则需要附加一种额外的实施机制，比如添加具备特定行动集合（如将犯人投入监狱等）的实施者（如法庭、警察、调查员等）。而这种实施机制的添加面临的困境是：一方面，实施者必须给予适当的激励，使其忠于职守；另一方面，实施机制的运作消耗社会资源，使得最初的社会目标的实现程度大打折扣。②

回到我们的问题上，需求维度的法律规范实际上体现的是对非营利部门的监督，可以从两个方面来看我国在这一维度上的法律规范存在的实施性问题。一方面是法律条款本身缺乏可实施性。很多法律条款仅仅是原则性规定，没有具体的配套措施和评价标准。比如，法律中规定基金会处理剩余财产应当向社会公告，而如何让公众以尽可能方便的方式获取这些信息？法律中没有具体的规定和要求。第二方面则是机制上缺乏可实施性。我国目前的非营利部门监督主要停留在行政和税务两个方面，而同行监督和社会监督处于法律真空、实践缺失的状态。根据上述赫尔维茨的分析，显然行政和税务监督的自我实施性非常低，因为需求维度的法规需要政府代表公众主动作为，其责任和利益不一致。比如，政府的行政监督主要是执行定期的年检制度，每年的年检工作面对成百

---

① 转引自青木昌彦《比较制度分析》，周黎安译，上海远东出版社，2001，第 6 ~ 8 页。

② 转引自青木昌彦《比较制度分析》，周黎安译，上海远东出版社，2001，第 6 ~ 8 页。

上千各式各样的非营利组织，有限的管理人员很难细致地进行有效的监督，而"多一事不如少一事"的心态也使他们没有动力去挖掘除了年检报告以外的信息。而作为与非营利组织密切相关的利益方——同行和社会公众，法律提供给他们的监督途径却远远不够。

（二）供给维度

新制度经济学中一个重要的原则就是当创立组织后的运营成本低于没有组织时的运营成本时，组织就有了产生的理由。这些成本主要包括资金、人员动员过程中的交易成本，供给维度的法制环境正是通过影响这些交易成本而影响了社会中这类组织的供给。如表 2 所示，这一维度上的指标包括总体法律姿态、组织法律地位的获取和组织财务税收三个方面。

1. 总体法律姿态

我国《宪法》第 35 条规定：中华人民共和国公民有言论、出版、集会、结社、游行、示威的自由。可见结社自由是作为一项公民的基本政治权利而被列入了我国的宪法。结社自由包括积极自由和消极自由两个方面，其中积极自由表明公民有权为了实现自己的利益或实现某种利益建立一定的组织，政府不应当干涉。① 但因集会、结社的目的十分广泛，有经济的、文化的、政治的，特别是政治性的集会、结社，容易导致社会动乱，加以必要的限制是各国的共识。托克维尔也表达了他对此的看法，认为"政治方面结社的无限自由，是一切自由当中最后获得人民支持的自由"。② 此外，我国是一个典型的政府主导型国家，在民间组织的管理上政府具有很大的自由裁量权，政府的意志能够很大程度上在法律的实施过程中体现。我国政府对结社的总体思想经历了一个从限制发展、清理整顿到培育发展、监督管理的过程，尽管越来越认识到第三部门的重要性，但在具体法律上的总体姿态仍然比较保守。

在民间组织的活动范围上，对于得到行政认可的三类民间组织，相关条例仅对该类型组织的性质作了界定而无明确的活动范围限定。《社会

---

① 转引自王名、刘培峰等《民间组织通论》，时事出版社，2004，第 59 页。
② 托克维尔：《论美国的民主》，董果良译，商务印书馆，1988。

团体登记管理条例》第 2 条规定：本条例所称社会团体，是指中国公民自愿组成，为实现会员共同意愿，按照其章程开展活动的非营利性社会组织；《民办非企业单位登记管理暂行条例》第 2 条规定：本条例所称民办非企业单位，是指企业事业单位、社会团体和其他社会力量以及公民个人利用非国有资产举办的、从事非营利性社会服务活动的社会组织；《基金会管理条例》第 2 条规定：本条例所称基金会，是指利用自然人、法人或者其他组织捐赠的财产，以从事公益事业为目的，按照本条例的规定成立的非营利性法人。而事实上这种登记注册的分类本身就是对民间组织活动范围的一种限制。根据 2000 年颁布的《取缔非法民间组织暂行办法》第 2 条的规定，未经批准、擅自开展社会团体筹备活动的，未经登记、擅自以社会团体或者民办非企业单位名义进行活动的，被撤销登记后继续以社会团体或者民办非企业单位名义进行活动的民间组织均为非法。因此真正得到法律认可的组织主要包括行业中介组织、社会公益和服务性的民间组织。至于政治性社团，除比较特殊的民主党派和参加中国人民政治协商会议的人民团体外，则缺乏合法的存在途径。

2. 组织的创立

组织创立过程主要涉及组织合法性确立的相关法规，这也是当前我国第三部门研究领域探讨得最多的一个方面。正如前文所述《取缔非法民间组织暂行办法》中的规定，表明目前我国确立组织合法性的唯一标准便是登记注册，而我国民间组织登记注册制度的特点又是门槛高、限制多。

门槛高体现在双重管理体制以及较高的会员规模等要求。双重管理体制要求民间组织首先要经过业务主管单位的审查，审查同意之后再经过登记管理机关的核准登记。由于业务主管单位要对所属民间组织的活动负责，却并不能从中受益，加之条例中并没有对业务主管单位作明确指定或者必须审批的义务规定，这使得其拥有较为自由的裁量权，从而导致各业务主管单位缺乏积极性，对申请的民间组织，尤其是民间自发成立的组织，大多采取推脱的态度，使得独立申请的民间组织很难被批准。①

---

① 王名、贾西津：《关于中国 NGO 法律政策的若干问题》，载《清华大学学报》（哲学社会科学版）2003 年第 18 卷（S1），第 100 ~ 106 页。

此外，民间组织若要申请免税或减税的优惠待遇，还需要得到税务部门的批准。在成立的条件上，对民间组织的会员规模、资金、场所要求也偏高。以成立社会团体为例，《社会团体登记管理条例》第 10 条规定，成立社会团体要有 50 个以上的个人会员或者 30 个以上的单位会员，若个人会员、单位会员混合组成，则会员总数不得少于 30 个；全国性的社会团体要有 10 万元以上的活动资金，地方性的社会团体和跨行政区域的社会团体要有 3 万元以上的活动资金。此外，教育类民办非企业需在其业务主管部门——教育部门按《社会力量办学条例》的规定审批，而某些组织如特教机构往往因无法达到场所要求而无法登记注册。

限制多则体现在非竞争性、限制分支等原则上。以非竞争性原则为例，《社会团体登记管理条例》第 13 条和《民办非企业单位登记管理暂行条例》第 11 条都规定，在同一行政区域内已有业务范围相同或者相似的非营利组织的，没有必要成立的，登记管理机关对于非营利组织的成立申请不予批准。不仅如此，有的地方民政部门还主动将其认为业务有重复或者没有必要存在的社团予以撤销或者合并。这种防止非营利组织之间竞争的做法虽然减轻了管理单位的负担，却阻碍了非营利组织系统的优胜劣汰，降低了公众获得更好的非营利组织公共服务的可能性，增加了公众的交易成本。

最后，在合法结社权遭到行政机关侵犯时，我们缺乏有力的权利救济途径。从行政法的角度说，登记是一种依申请的行政行为，行政机关不依法登记亦属违法，会侵犯行政相对人的合法权益。对登记管理机关拒绝登记的行为能否提起行政诉讼的问题比较复杂，说法不一。有学者认为，根据我国《行政复议法》总则，凡是行政机关的具体行政行为侵犯公民的"合法权益"的，相对人都可以申请行政复议，因此可认为有关行政机关拒绝、拖延登记的行为侵犯自己的结社自由权时，可以申请行政复议。[①] 不过事实上也很少见到类似的行政复议案例，人们遇到这样的问题也还总是力图通过人际关系的渠道来解决，谁都不愿意走"得罪"管理部门这条路。

---

① 林莉红：《民间组织登记之法律问题研究》，载《湖北社会科学》2005 年第 2 期，第 127～131 页。

可以看出，我国的非营利部门法制环境实际上为组织的合法创立设置了严格的障碍。不过法制环境在这一环节的指标是否能够真正反映公民社会的发展水平呢？事实上我们可以预见，一国第三部门的规模（如果按组织数量计算）并不随法制环境的严格而单调递减，其真实的关系可能呈倒"U"形，也即当法制环境的严格程度超过一定限度、法律可实施性发生重大损失时，第三部门的规模反而会有增大的趋势。而从我国的现实中我们也可以观察到这一迹象：许多草根组织和境外在华组织寻求其他途径获得合法性，如工商注册；更多的组织放弃登记注册，游离于体制之外，反而避免了政府监督管理所带来的一些交易成本。根据民政部提供的数据，截至2005年底，在我国各级民政部门登记注册的合法民间组织总计近32.5万家，而根据相关学者多年来在实证调研中的观察分析和估算，在我国境内开展种种社会活动的各种形式的非政府组织其总体规模在300多万家，其中境外在华非政府组织大约有1万家。① 因此，过于严格的登记制度其问题在于违反了"市场规律"，忽视了社会对第三部门的巨大需求，其结果反而是导致群体的违法行为，损害了法律的权威。

3. 组织的财务与税收

这方面几乎所有的指标都是涉及税收问题，仅有一项还涉及第三部门的营利活动规范。非营利部门税收优惠方面的法律制度包括两个方面：一方面是非营利组织本身可以得到的优惠政策，一方面是鼓励企业和个人向非营利组织提供捐赠的税收优惠政策。与企业组织相比，投资非营利部门不能为投资者带来股权和利润，而上述这两方面的税收优惠制度则可以部分弥补非营利组织的这一缺陷，提高非营利部门的筹资能力，同时降低非营利部门在运营过程中的交易成本。

目前我国与非营利组织有关的税种大致有13个，包括企业所得税、营业税、增值税、关税、房产税、车船使用税、城镇土地使用税、土地增值税、耕地占用税、契税、车辆购置税、城市维护建设税和印花税，但一般来说非营利组织在日常活动中真正需要经常缴纳的税种大概只有

① 王名、刘求实：《中国非政府组织发展的制度分析》，载《中国非营利评论》第1卷，社会科学文献出版社，2007，第102页。

5~6个，如所得税、营业税、房产税、土地使用税、城市维护建设税。我国税法规定了比较丰富的税收优惠政策，基本上涵盖了向非营利组织征收的各个税种，其中针对企业税有专门的《事业单位、社会团体、民办非企业单位企业所得税征收管理办法》。这些税种中，非营利组织本身可以得到优惠政策的包括上述13种税中增值税、土地增值税、城市维护建设税、印花税之外的9种；企业和个人向非营利组织捐赠的税收优惠政策包括土地增值税和企业所得税两种。[①] 可见在法制环境税收相关的指标中，我国仅在印花税上没有税收优惠政策，只是优惠的范围和额度有具体的限制。

我国关于非营利组织的这些税收优惠政策除了本身内容上的不完善外，最关键的问题还是在于可实施性。首先，我国缺少针对非营利组织的单独而系统的税收管理办法。上述的各种税收优惠政策零散地见于各种税法中；而且其基础、对象也不明确，其标准有的是按主体、有的按客体、有的按收入、有的按对象。如此混乱的局面导致许多非营利机构都不知道应该享受哪些税收政策上的优惠。而税收优惠是依申请的授益性行政行为，非营利组织自己不知道该享受哪些权利就自然得不到优惠。其次，我国对非营利组织实行比较严格的税收管理，手续很繁杂，这也是优惠政策得不到真正落实的障碍。

关于非营利组织的经营活动，我国不同类型的非营利组织有不同的规定。《社会团体登记管理办法》规定社会团体不得进行营利性经营活动，但民政部、国家工商行政管理局1995年联合颁布的《关于社会团体开展经营活动有关问题的通知》却指出，社会团体开展经营活动，可以投资设立企业法人，也可以设立非法人的经营机构，但不得以社会团体自身的名义进行经营活动。《民办非企业单位登记管理暂行条例》规定"民办非企业单位不得从事营利性经营活动"。2004年颁布的《基金会管理条例》放宽了对基金会从事经营活动的条件，只是一般性地要求基金会应当按照合法、安全、有效的原则实现基金的保值、增值，对于实现保值、增值的方式不作任何具体限定，投资决策由基金会理事会决定。

---

① 此部分内容主要参考里昂·艾里什、靳东升、卡拉·西蒙《中国非营利组织适用税法研究》，世界银行委托研究报告，2004年12月。

可见我国现行法律制度对非营利组织经营活动的规制没有统一的原则，总体倾向是允许非营利组织投资企业从事经营活动，不允许非营利组织自身从事经营活动。[1] 因此，在现行的法制环境下，我国非营利组织缺乏自我造血、自己维持自己的机会。随着我国非营利组织数量的增多，有限的慈善资金来源可能因无法满足过快增长的需求而使得越来越多的组织面临生存危机，不允许经营活动的法律制度就可能成为非营利组织未来发展的限制性因素。

三 若干结论与建议

（一） 非营利部门法制环境指标体系

CNPLEI 作为一个国际比较项目中的法制环境指标体系，其概念框架新颖、清晰、简洁，对于定量测量具有很好的可操作性。但广泛的可操作性往往是以牺牲测量的可靠性为基础的，笔者认为其存在如下两方面问题。

一是在供给维度的指标中，税收相关指标所占分数过多，而遗漏了其他可能很重要的指标。这一点很可能反映了研究者以美国的法律制度作为参考来设计指标体系的取向，因为税法在美国的非营利组织管理中扮演了异常重要的角色。而从"到底哪些因素是对非营利部门发展有利的"这个问题来更为全面地考虑，可以发现供给维度中可能遗漏的指标还包括在吸引人才和政府资金支持方面的法律制度。优秀人才是保证组织良好、高效运转，节约组织成本的重要基础，因此是否有相关法律制度保证优秀人才能够向非营利组织流动并稳定下来应纳入指标体系设计的考虑范围中。以中国为例，人才问题是当前我国非营利部门所遇到的重要"瓶颈"，很多来自草根的组织因为缺少专业性人才和高层次管理人才而得不到公众的信任。而法律制度也未能在人事、社会保障和福利等方面为非营利组织支持性地创造吸引优秀人才的条件。另一个可能的指

---

① 吕来明、刘娜：《非营利组织经营活动的法律调整》，载《环球法律评论》2005 年第 6 期，第 730 ~ 736 页。

标涉及政府对非营利组织的支持。正是 CNP 项目的结果表明，42 个国家 NGO 的平均收入来源结构为：服务收费 49%、政府资助 40% 和慈善所得 11%，其中保健（55%）、教育（47%）和社会服务（45%）领域政府的资助尤其显著。这表明政府对非营利组织的资金支持发挥了重要的作用，因此相关法律制度也应纳入指标体系，如有学者提出的针对非营利组织的政府采购政策。①

二是指标体系着重考虑了正式规范而不是事实的规范。在新制度经济学领域，诺斯将制度定义为博弈规则，并区别了正式规则和非正式规则，事实的规则是正式规则和非正式规则综合的结果，而肖特等人更是进一步把制度定义为均衡的博弈。② 当我们在探讨法制环境对非营利部门发展水平的影响时，我们考虑的应该是事实的法制环境而不是文本上的法制环境。在 CNPLEI 指数的计算中，尽管最终通过附加一个治理指标对指标体系得分进行了修正，但将一个代表整体水平的治理指标用在非营利部门法律上并不合适。以本文第二部分分析的组织创立部分指标为例，我国的登记制度本来目的就是严格限制，而此时恰好是法律的不可实施性（表现为治理指标得分低）反而为非营利组织留下了发展的空间，这与治理指标得分越高 CNPLEI 指数就越高的假设是不一致的。因此从这个角度来看，根据规范法律文本来给指标评分的方式并不适用，而设计更主观一些的、适合专家评价的评分方式可能更利于反映实际法制环境状况。在此可借鉴或结合另一个公民社会国际比较项目 CIVICUS – CSI 的评分方式，后者的指数不是从客观的指标中得出的，而是从公民社会的参与者、研究人员、政府官员等相关方的主观感受指标中得到的。③

（二）我国的非营利部门法制环境

结合 CNPLEI 指标体系计算出的我国非营利部门法制环境指数表明，

---

① 王名、贾西津：《关于中国 NGO 法律政策的若干问题》，载《清华大学学报》（哲学社会科学版）2003 年第 18 卷（S1），第 100～106 页。

② 转引自青木昌彦《比较制度分析》，周黎安译，上海远东出版社，2001，第 6～8 页。

③ CIVICUS – CSI 为"全球公民参与联盟"发起的一项国际比较研究，指数内容及评分方式可参考 Anheier, K. Helmut, *Civil Society*：*Measurement*，*Evaluation*，*Policy* [M]，CIV ICUS，2004。

在认同第三部门重要性的前提下，我国在非营利组织的相关立法上还有很多工作要做。文章前述内容按照指标体系的框架对指数进行了较为全面的解读，并揭示了当前我国非营利部门法制环境中存在的诸多问题，以下仅在此基础上着重提出笔者认为尤其重要的三方面建议。

第一，在非营利组织的监督管理上，设计自我实施性强的法律制度，充分发挥社会和同行的监督功能。非营利组织接受了社会的捐赠和政府的税收优惠，因而有责任向公众交代其关于非营利性宗旨的承诺的实现情况。公众作为捐赠方和服务对象，是相关的利益方，有动力对组织的行为进行监督；而且真正的非营利组织本身为了维护信任和声誉，往往也是愿意信息透明和工作公开的。因此社会监督是有自我实施性的，只需要在信息公开方式方面进行引导、对违反信息公开相关规定的组织给予严厉的惩罚，则社会监督机制会逐渐达到一个良性的博弈均衡。同行监督也类似，需要有鼓励同行竞争和评估的机制。

第二，在促进非营利部门发展的立法进程中，设定"非营利部门促进法——统一的非营利部门税收法——完善各类非营利组织的单独立法——统一的非营利法"这样一个优先顺序。非营利部门促进法主要阐述非营利组织的基本权利、地位、分类以及政府对待非营利组织的基本立场和管理原则。促进法中要确立非营利组织获得合法性的原则，可借鉴日本许可、认可、认证的分级批准方式，[1] 放宽合法性标准，仅对要求税收和其他优惠的组织才实施更为严格的审核登记和管理监督。统一的税收法仍可借鉴日本原则上非课税的基础上根据是否从事特定营利活动而征收法人税的设计，对非营利组织的税收进行统一管理。随各部分法规比较完备后再制定统一的、位阶较高的非营利法。

第三，在增强非营利组织可持续能力方面，适度放开关于非营利组织不得进行经营活动的限制。生存问题是我国相当一部分非营利组织面对的现实压力，而事实上也已经有一些来自草根的组织开始尝试通过经营活动培养自我造血功能，这种现实情况宜疏不宜堵。可以通过区分相关经营活动与不相关经营活动来对非营利组织的经营行为进行规范管理。

---

[1]　详见文国锋《日本民间非营利组织：法律框架、制度改革和发展趋势——"日本NPO法律制度研修"考察报告》，载《学会》2006年第10期，第3~13页。

只要其经营活动是与非营利组织的宗旨紧密联系的，或者只要其经营活动获得的收入是用于非营利目的的，那么这种活动就可以被认为是相关经营活动，开展此类活动可以享受一定的税收优惠。相反，不相关经营活动则不允许或不能享受税收优惠。当然，非营利组织的相关经营活动也要有一定限制，限于不消耗太多精力而影响到其宗旨的实现，并综合考量这样的经营活动是否严重影响到市场的公平竞争。

China's NPO Sector Legislative Environmental Index: A Preliminary Discussion

Lan Yuxin

【**Abstract**】 The legislative environment is crucial to the growth and development of the NPO sector. Johns Hopkins University's Comparative Nonprofit Sector Project's legal environment index system provides a useful framework for interpreting China's non profit legislative environment. This article uses that framework to perform an evaluation of China's nonprofit legislative environment index, and, further, systematically analyzes the evaluation results. The article's purpose is to uncover central problems in regulations and policies concerning China's civil organization management, and to present several views and recommendations both for this quantitative, analytic, indicator-based system and also for China's regulations and policies concerning civil organization management.

【**Keywords**】 civil organizations　law　index

（责任编辑　陈洪涛）

新兴工业化中的混合型统合主义

——考察新加坡工会运动与劳资政三方代表协商机制

郑振清[*]

【摘要】 新加坡全国职工总会（NTUC）作为新加坡工运中心，不仅为人民行动党长期执政巩固了社会基础，还积极参与推动工业化及产业升级。20世纪70年代以来，一方面，NTUC确定"工运现代化"路线，积极参与劳资政三方代表协商机制（tripartism），协调新加坡劳方利益与国家利益，推动新加坡政治经济稳定发展。另一方面，NTUC改革工会体制，反映劳工雇员的利益需求，积极参与法定部门的决策。由此，以NTUC为中心，新加坡形成一种独特的混合型统合主义（mixed corporatism）政治－社会关系形态。[①]

---

[*] 本文初稿完成于2006～2007年（新加坡、北京），改定于2008年9月（北京），感谢北京大学世界现代化进程研究中心主任董正华教授、北京大学亚太研究院梁志明教授、清华大学公共管理学院巫永平教授以及多位匿名审稿专家的宝贵修改意见。郑振清，清华大学公共管理学院博士后。主要从事政治社会学与东亚发展研究以及比较政治经济制度研究。

[①] 本文"统合主义"的英文原词为corporatism，有些中文文献也译为"法团主义"、"职团主义"、"社团主义"或"阶级合作主义"。笔者认为"统合"二字可以更生动地表达出英文原词所涵盖的控制、合作与利益代表三层意义，故采"统合主义"译法。统合主义的理论渊源可以追溯到涂尔干论劳动分工后的社会整合问题，历史经验则可以追溯到19世纪后期西班牙等国对社会力量的整合。20世纪70年代，对威权主义－统合主义政治发展的研究兴起，统合主义理论成为研究国家－社会关系的一种重要的中层政治理论。参见〔美〕霍华德·威亚尔达（Howard Wiarda）著《非西方发展理论：地区模式与全球趋势》，董正华、昝涛、郑振清译，北京大学出版社，2006，第4章。

本文在对新加坡工会调研的基础上，重点分析职总推行"工运现代化"路线以后在新加坡"全国工资理事会"和"国家生产力中心"两个三方代表协商机构中的作用，探讨源自欧洲工业化经验的统合主义在新加坡的发展形态。

【关键词】统合主义　新加坡全国职工总会　工会运动　劳资政三方代表协商

20 世纪 70 年代以来，韩国、新加坡和中国台湾地区的工会组织在工业化进程中不断壮大，虽然承受着来自政府/政权（state）和市场（market）的双重压力，但也推动着政治经济发生变化。这些变化不断累积，到 20 世纪 90 年代形成发展道路的大分叉：韩国和台湾地区工业化以后走向竞争性多党制民主政治——这看起来符合西方政治发展理论的预期；但是，新加坡却同时保持长期快速经济增长与人民行动党长期稳定执政。[①] 究竟工会组织如何影响东亚政治经济发展道路？对这个问题的探讨在以往东亚发展研究文献中比较薄弱，但在社会力量迅速崛起的今天，理应得到更多关注。[②]

新加坡全国职工总会（National Trades Union Congress，NTUC，新加坡华文界简称"职总"）领导的工会运动，不仅是人民行动党长期执政的社会基础，也是推动工业化及产业升级的重要力量，同时不断增强自身的经济实力和劳方利益代表能力。职总之所以能够发挥重要的政治经济影响力，与人民行动党的支持和劳资政三方代表协商机制（tripartism）的运作密切相关。1980 年，美国社会学家戴约（Frederic Deyo）把新加坡当

[①] 李普塞特（Seymour Lipset）曾在台北就"'中华民国'民主化"发表演讲，根据台湾经验重申经济增长与政治民主的正相关性。参见张京育主编《"中华民国"民主化——过程、制度与影响》，台北，政治大学国际关系研究中心，1992，第 19～27 页。

[②] 对于泛东亚地区工运与发展的国别实证性学术研究为数不多，关于日本的研究参见 Sheldon Garon, *The State and Labor in Modern Japan*, Berkeley：University of California Press, 1987. 关于韩国的研究参见 Jang Jip Choi, *Labor and the Authoritarian State：Labor Unions in South Korean Manufacturing Industries, 1961 - 1980*. Seoul：Korea University Press, 1989；以及具海根（Hagen Koo）著《韩国工人：阶级形成的文化与政治》，社会科学文献出版社，2004。关于印尼的研究参见 Vedi R. Hadiz, *Workers and the State in New Order Indonesia*, London：Routledge, 1997。

做边缘国家依附发展（dependent development）的典型案例，研究新加坡统合主义体制与世界市场导向工业化战略之间的关系，发现新加坡工会运动同时存在"政治化"（politization）与"去政治化"（de-politization）现象——人民行动党政府通过扶持职总来保证经济政策的有效推行，职总则引导劳工雇员支持人民行动党政府（政治化过程）；同时，职总成为政府的附属机构，造成一部分劳工雇员对职总和政府产生疏离感和冷漠症（去政治化过程）。① 不过，戴约的著作对劳资政三方代表协商机制的实际运作缺乏足够的分析，对职总参与劳资政三方代表协商机制所产生的长期政治经济效应重视不够。另一方面，近年来东亚很多国家和地区的社会组织迅速发展，特别是中国的社会建设得到前所未有的重视。因此，新加坡有利于政治经济稳定发展的工会运动经验，特别是职总与三方代表协商机制的关系，值得重点研究。

本文根据笔者在新加坡国立大学新马特藏（Singapore-Malaysia Collection）和新加坡全国职工总会的调研，分析职总在新加坡劳资政三方代表协商机制建立与运作中的作用，探讨新加坡工会运动与经济发展的关系，概括源自欧洲工业化经验的统合主义模式在新加坡的发展形态。

一 全国职工总会的工运路线

全国职工总会是 1961 年新加坡职工总会（Singapore Trades Union Congress，STUC）分裂后成立的，主张劳资集体谈判而非阶级对抗。1963年以后，人民行动党政府支持职总发展成新加坡最大的工会联合组织。目前，职总拥有 63 个下属工会，总会员数约 47 万人，占新加坡工会会员总数的 90%，超过新加坡总人口的 10%。

1. 劳资政合作与威权统合主义

1960 年初，职总的工运路线是"民主工运"，要求自由劳资集体谈

---

① 参见 Frederic Deyo, *Dependent Development and Industrial Order：An Asian Case Study*, New York：Praeger Publishers，1981；Frederic Deyo, *Beneath the Miracle：Labor Subordination in the New Asian Industrialization*, Berkeley：University of California Press，1989。

判，充分保障劳工权益。1965 年新加坡脱离马来西亚独立后，面临严峻的生存危机，急需发展劳动力密集型工业以解决迫在眉睫的失业问题。因此人民行动党政府要求职总约束下属工会的集体谈判行动，保证劳资政三方合作发展生产力，推进工业化。在此背景下，职总中央调整了工运路线，职总秘书长蒂凡那（Devan Nair）提出职总的宗旨固然是保护劳工基本权益，但是"（由于）新加坡经济停滞或衰落将首先给民主工运带来灾难性影响，职总全力支持新加坡（人民行动党政府的）工业化计划"。①

1965 年，在新加坡内阁总理李光耀的主导下，职总与新加坡制造商协会及新加坡雇主联合会协商签署《工业进步宪章》（*The Charter for Industrial Progress*）。根据该宪章，职总赞成"通过劳资合作、公正与和谐达成工业进步"，并与新加坡制造商协会、新加坡雇主联合会支持政府成立"国家经济咨询委员会"（State Economic Consultative Council）。在此委员会中，劳资政三方各有平等的代表权，在制定与推行经济社会政策方面密切沟通、团结协作。职总从此被人民行动党拉入劳资政三方合作促进经济发展的产业关系框架中。

1968 年，在人民行动党垄断新加坡国会席位的背景下，②新加坡国会通过《雇佣法》和《工业关系（修正）法》进一步约束工会的集体谈判功能，保障资方的管理权限，以便规训劳动力队伍和稳定劳动力成本。由此，职总的劳方利益代表职能（主要是集体谈判）遭到实质性削弱，而人民行动党政府对庞大劳工/雇员队伍的控制能力得到加强。同时，原来以集体谈判为基础、工业仲裁为纠纷处理机制的新加坡产业关系体系出现变化——新加坡工业仲裁法庭不再裁决雇主管理越权问题和劳资谈判争议问题，而由新加坡劳工部加强对劳资关系的干预。

整个20 世纪60 年代，新加坡人民行动党政府与职总工会体系的关系具有明显的威权统合主义（authoritarian corporatism）色彩，体现在当时

---

① National Trades Union Congress, *Secretary-General's Report and Annual Delegate Conference*, Singapore：NTUC, 1965, p. 13.
② 1968 年 2 月，人民行动党在新加坡国会选举中一举包揽全部 58 个议席，新任人民行动党内阁成员全部兼任国会议员。40 年来，人民行动党一直稳居新加坡国会议席的绝对多数。

一党独大的人民行动党与职总保持着密切的政治联系和人事关系，职总发展成等级体制严格的排他性工运中心，辅助人民行动党政府推行产业政策和劳工政策。

2. "工运现代化"路线

20世纪60年代末到70年代初是新加坡工会运动适应快速工业化的调整期。在出口导向工业化成为新加坡城市国家生存和发展战略的时候，人民行动党主张的民主社会主义路线，实质是实用主义的混合型经济政策——在尊重自由贸易和自由企业制度的基础上，认为政府应驾驭市场和干预经济发展，为此需要工会的合作。[①] 与此相适应，1969年，职总提出"工运现代化"新路线，不再提原来政治色彩较浓的"民主工运"。

"工运现代化"主要指，劳方集体利益应服从国家经济利益，加强劳资政合作，同时发展工会合作社事业，增加工人福利。职总对"工运现代化"有一系列论述，可以概括为三点：① "现代化"意味着必须先有国家财富的稳定增长，才可能有工人份额的增加；② "现代化"要求建立劳资政三方合作机制；③ "现代化"是劳工运动奠定自身经济基础、扩大社会影响的过程。同时，在职总工会体系之外还存在少数左翼激进工会，它们则提出针锋相对的三个观点：① "现代化"是人民行动党控制力渗透到工会与工人的阴谋；② "现代化"逃避资产阶级与工人阶级之间真正的对抗；③ "现代化"是一种进一步奴役新加坡工人的图谋，只会把新加坡工人置于反动派和帝国主义者的怜悯之下。[②] 1971~1972年，新加坡社会学学者诺琳·海泽（Noeleen Heyzer）和魏玉心（Wee Gek Sim）以此六项为访问内容，调查新加坡各类工会对职总"工运现代化"的认同程度。根据调查统计结果制成如下量表（见表1）。

---

① 曾任新加坡财政部长的吴庆瑞（Goh Keng Swee）说明："（在经济发展问题上）我们不得不实行一种更加积极的干预措施（a more activist and interventionist approach）。民主社会主义经济政策涉及的范围很广，从直接参与产业到通过法定机构提供基础设施，再到为私营部门制定清楚的指导原则。这些政策能否成功推行，取决于人民的接受程度，特别是有组织劳工能否积极合作。"参见 Goh Keng Swee, "A Socialist Economy that Works", in Devan Nair, ed., *Socialism That Works: The Singapore Way*, Singapore: Federal Publications, 1976, p. 84。

② Noeleen Heyzer and Wee Gek Sim, *Trade Union Leaders in Singapore*, Department of Sociology University of Singapore, 1972, p. 68.

表 1   关于职总"工运现代化"理念的分析量表

评　分	6~9	10~13	14~17	18	19~22	23~26	27~30
职总决策者(7 个)	0	0	0	0	0	43%	57%
职总中央代表工会(13 个)	0	0	0	0	15%	31%	54%
职总一般附属工会(22)	0	0	0	9%	23%	27%	41%
有意加入职总的工会(20)	5%	0	0	10%	55%	20%	10%
无意加入职总的工会(31)	9%	3%	37%	7%	36%	8%	0

资料来源: Noeleen Heyzer and Wee Gek Sim, *Trade Union Leaders in Singapore*, Department of Sociology University of Singapore, 1972, p. 69。注: 该表各档评分由六项评分相加而成。对于职总主张的正面项目而言,评分标准分为 5 级,按正序排列,即"强烈同意"(5 分)、"同意"(4 分)、"无意见"(3 分)、"不同意"(2 分)、"强烈不同意"(1 分);对于左翼激进工会的负面项目而言,评分标准则反过来,即"强烈不同意"(5 分)、"不同意"(4 分),以此类推,"强烈同意"(1 分)。这种访问调查和评分统计方法可以了解新加坡各类工会对职总工运路线的大致认同程度。本表分为 7 个评分档,表中"评分"为正反 6 项的得分总和,最高为 27~30 分数档(最高分 30),最低为 6~9 分数档(最低分 6 分),中间档是 18 分。

　　本表是对职总"现代化"工运理念认同程度的调查。表中显示 100% 的职总中央委员会(决策者)和职总中央代表所在的工会得分在 19~30 分之间的分数档上,91% 的职总一般附属工会也在此得分档上,可见职总工会体系自身对"现代化"概念有极高的认同感。在有意加入职总的工会中,有 95% 得分在 18 分中间档以上(含中间档),而在无意加入职总的工会中,也有 51% 得分在中间档以上,可见在当时新加坡工业化快速推进的大背景下,后两者对职总提出的"工运现代化"也有相当广泛的认同,而有意加入职总的工会认同度甚至接近于职总附属工会。由于此前人民行动党政府和职总高层一直在宣导"现代化"思想,因此可以说到了 20 世纪 70 年代初,新加坡各类工会在"工运现代化"问题上开始趋同,"现代化"成了新加坡工运的主流概念。

　　在"工运现代化"的口号下,职总大力发展工会合作社。[①] 1980 年,

---

　　① 作为互助型经济合作组织,现代社会的"合作社"(co-operative)源自 19 世纪中期的英国。1844 年 10 月,受英国空想社会主义者罗伯特·欧文合作思想的影响,英格兰纺织工业重镇曼彻斯特市的小镇罗斯代尔 28 名失业纺织工人创立了世界上第一个成功的工人合作社"罗斯代尔公平先锋社"(The Rochdale Society of Equitable Pioneers),其办社准则后被称为国际合作社的基本原则——"罗斯代尔原则"。第二次世界大战以后,各种生产、消费、金融合作得到了广泛的发展。

职总属下的职总英康保险合作社（NTUC Income）、职总康福出租车公司（原职总康福交通工友合作社）（NTUC Comfort）、职总平价合作超市（NTUC Fairprice）、职总牙科保健合作社（NTUC Denticare），成为新加坡经济发展中闪亮的经济组织。1990 年，职总合作社由 4 个扩展到 9 个，涉及消费、交通、保险、保健、托儿、老龄服务、教材文具、住房、娱乐等领域，且发展成为各领域的重要企业。目前，职总平价合作超市已经发展成为新加坡最大的超市连锁店，职总英康保险则发展成为新加坡保险业排行第三、投保人数第一的保险企业，职总康福属下则有 1200 多辆出租车穿行在新加坡大街小巷。这些合作社在创建阶段虽然享有政府免税和场地使用优惠，但都依照现代企业制度进行管理，职总中央只在合作社的董事层进行决策。各家合作社为工会会员提供各种优惠措施和福利待遇，职总也可从合作社企业中获得利润分红、股息以及赞助费等收入。

总的来说，"工运现代化"是职总在威权统合主义结构下扭转工会发展困境的努力，其效果是增强了工会的财政自主能力，改变了过分注重劳资谈判的工会形象，扩大了职总的规模和社会影响力。

二　职总与劳资政三方代表制

职总的"工运现代化"与人民行动党的"民主社会主义"路线在新加坡互相配合，为新加坡劳资政三方代表协商机制的建立奠定了政治基础。

1976 年 6 月，国际劳工组织通过《三方协商促进履行国际劳工标准公约》（又称"第 144 号公约"），规定批准该公约的国际劳工组织会员国应执行劳资政三方代表平等协商制度。① 三方平等协商制度（我国又称"劳动关系三方机制"，本文简称"三方代表制"）一般有两种类型：一类是设立全面覆盖劳动关系各个方面所有议题的综合性三方代表协商机构；另一类是针对重要专门事项，设立专业性的三方代表协商机构。新

---

① 国际劳工组织（ILO）：《三方协商促进履行国际劳工标准公约》，国际劳工组织 1976 年日内瓦大会通过并公布。

加坡按照后一类发展三方代表制，有关的机构设置甚至早于第 144 号公约，主要有 1966 年成立的国家生产力中心（National Productivity Centre）、1972 年成立的全国工资理事会（National Wage Council）以及 1979 年成立的技能发展委员会（Skills Development Council）等。在劳资政三方代表机构中，职总在政府支持下担任唯一劳方代表，一方面与雇主代表及政府代表协商，争取加薪、福利、车间管理等权益，另一方面也通过职总工会体系促成劳资政三方达成共识，维持劳资关系稳定和社会稳定。

1973 年，新加坡财政部长韩瑞生在政府年度预算报告中提出了促进高附加值工业的十点计划，其中包括：中高等技术工业的工资必须具有国际竞争力；推进工业培训、开发人力资源、开放吸引外国技术人才、熟练工人、高精尖企业；对达到理想技术水平的工业给予特别税收优惠等。① 这些政府计划和随之完善的政策重点体现了技术进步和工资增长两大主题，与此相关的三方代表协商机构——国家生产力中心与全国工资理事会，值得我们重点考察。

1. 职总与国家生产力中心

根据《工业进步宪章》和《生产力规则》规定的促进生产力增长的原则，新加坡政府于 1966 年成立了国家生产力中心，目的是协调劳资双方意见，规划提高生产力。1966 年 12 月，职总代表大会提名职总研究所（NTUC Research Unit）主席担任国家生产力中心咨询委员会主席。该咨询委员会的新加坡政府代表来自经济发展局和劳工部，劳方代表来自职总，资方代表来自新加坡雇主联合会（SEF）。国家生产力中心名义上是一个专门研究和规划促进生产力发展的独立的三方代表协商机构，但由经济发展局和劳工部提供运作经费、配备秘书处并任命咨询委员会成员。

20 世纪 60 年代后期，人民行动党政府注重发展纺织、电子元件装配、食品和原料加工等劳动密集型工业，重视劳动力投入而非技术革新。在这种形势下，国家生产力中心工作陷于停顿，咨询委员会连续两

---

① Hon Sui Sen, *Economic Pattern in the Seventies*（budget speech），Singapore：Ministry of Culture, 1972. 参见莫齐（Mauzy, D. K.）主编《东盟国家政治》，中国社会科学出版社，1990，第 260～261 页。

年（1967～1969）没有举行一次会议，职总中央委员会对此提出正式批评。①

1972年以后，新加坡失业率保持在3%～5%，甚至出现劳工短缺，新加坡政府开始重视发展生产力以促进产业升级到技术和资本密集型，并于1972年设立更有职权的法定部门"国家生产力局"（National Productivity Board，NPB），取代国家生产力中心的部分职能。在职总的配合和帮助下，国家生产力局大力推广"全面生产力"（total productivity）观念——包括生产管理、技术引进、产品质量、弹性工资制、工人培训、援助中小企业发展等有关企业层次技术进步和国家层次生产力发展的综合概念。② 此外，国家生产力局推动各企业建立"生产力委员会"（Productivity Committees），并与另外一个三方代表协商机构"全国工业关系委员会"（NIRC）联合制定生产力委员会的章程模板，为各企业的生产力委员会提供工作范围和程序的指导方针，试图促进劳资双方合作提高生产技能和工作效率，提高新加坡出口产品的国际竞争力。

职总中央为配合国家生产力中心和国家生产力局的工作，专门成立"职总生产力服务处"（NTUC Productivity Services Department），通过开办劳工培训课程、研讨会和展览会提高劳工的生产技术水平和工作效率。1975年，新加坡国家生产力局启动"全国生产力运动"（National Productivity Campaign）后，职总秘书长蒂凡那和职总主席兼新加坡工业职工联合会（SILO）和新兴工业工友联合会（PIEU）秘书长彭由国声明职总及其附属工会将全力支持生产力运动。③ 这种支持主要体现在，职总帮助降低制造业的劳动力流动率，1978年以后还支持实行按技能评分的工资制度（merit-demerit wage scheme）。④

此外，与发展生产力相关的劳资政三方代表协商机构还有根据1979年《新加坡技能发展课税条例》（*Skills Development Levy Act*）设立的技能发展委员会。该委员会负责管理"技能发展基金"，资助企业和工会开展

---

① *The Secretary General's Report*，NTUC Annual Delegates' Conference，April 1970，p. 10.
② http：//www. country – data. com/cgi – bin/query/r – 11833. html.
③ *The Straits Times*，April 12，1975.
④ Frederic C. Deyo，*Dependent Development and Industrial Order：An Asian Case*，New York：Praeger Publishers，1981，p. 47.

各类劳工培训。职总同样作为唯一的劳方代表直接参与技能发展委员会，管理技能发展基金。

2. 职总与全国工资理事会

（1）全国工资理事会的组成。

在 1960 年《工业关系法令》、1968 年《工业关系（修正）法》和《雇佣法》的法律框架中，新加坡的劳动力价格更多是在劳动力市场中自然形成和调整，主要由企业层次的劳资集体谈判来决定。

随着 1969 年以后外国直接投资大量涌入，新加坡实现了充分就业，工资上涨成为必然趋势。职总秘书长蒂凡那意识到推行新工资政策的必要性，呼吁劳资政三方合作成立一个专门规划工资增长原则的三方代表协商机构。[1] 1971 年，财政部长韩瑞生响应并提出成立一个体现三方代表制的工资论坛来规划工资政策，其目的是既要让工资水平有秩序地提升，也要让工资增长水平适应生产力发展水平，确保新加坡出口商品的国际竞争力。[2] 1972 年 2 月成立的全国工资理事会（NWC）就是这样一种工资论坛，主要工作就是研究每年加薪原则和幅度。如此，新加坡虽然没有正式的收入政策（income policy）[3] 以调节社会再分配，但是全国工资理事会每年一度的加薪建议实际上起到了准收入政策的作用。

1970 年全国工资理事会有 9 名理事会成员，1980 年增加到 12 名，1981 年又增加到 15 名，劳资政三方人数相同。1983 年以来，资方代表和劳方代表分别保持为 5 名，政府代表则为 4 名，此外还有 1 名独立于三方的理事会主席。资方和劳方代表的具体人选由各自组织决定，并经劳工部长任命。

①资方代表。

全国工资理事会的资方代表来源比较复杂，既要代表美、日、英、德等流动性强的外资，又要代表新加坡本地企业，很难形成完全一致的利益共同体。资方代表最早由代表大型外资企业和合资企业的新加坡雇

---

[1]　*The Secretary General's Report*, NTUC Annual Delegates' Conference, April 1970, p. 10.

[2]　"Alert on rising wage costs", *The Straits Times*, 19 June 1971.

[3]　"收入政策" 一般指政府推行的旨在影响工资或物价变化，最终实现对收入分配进行有效调节的宏观性强制或非强制政策。

主联合会（Singapore Employers' Federation，SEF）、代表本地企业的全国雇主理事会（National Employers' Council，NEC）和新加坡制造商协会（Singapore Manufacturers' Association，SMA）的高层领导担任。1980年，SMA的代表由新加坡工商联合会（Singapore Federation of Chambers of Commerce and Industry，SFCCI）的两名代表取代。1981年，SEF和NEC合并成新加坡全国雇主联合会（Singapore National Employers' Federation，SNEF）。SNEF包括了新加坡内外资商业机构，具有广泛的代表性，因此1981年以后全国工资理事会的雇主代表就由SNEF和SFCCI的5名高层领导组成。

根据职总在20世纪70年代中期的调查发现，来自不同国家的企业对劳资关系、工资福利等问题看法往往不一致。例如，德国企业习惯通过"劳资联合委员会"（Work Councils）和劳方直接谈判处理劳资关系，而英、美企业则对劳资联合委员会持怀疑态度而不愿尝试，日本雇主则对新加坡雇员过多的要求和不顺从的态度很不满，至于新加坡本地企业则缺少现代劳资关系的观念，企业中的家长制作风浓厚。[1]

②劳方代表——全国职总。

劳方代表的组成则充分体现职总作为唯一工运中心的权威和集权体制。自1972年起，劳方代表一直由职总秘书长、主席、职总研究所执行主任组成。1977年，职总工业事务委员会（NTUC Industrial Affairs Council）主席取代职总研究所执行主任的代表名额。1980年，职总最大的合作社"职总英康"（NTUC Income）保险合作社的总经理加入劳方代表。1982年，职总工业关系处（NTUC Industrial Relations）主任助理加入劳方代表，此后经由职总秘书长任命的劳方代表一直保持在5名。值得注意的是，全国工资理事会中的劳方代表都来自职总，而职总只代表职总附属工会工人的利益，不代表未加入工会的工人和非职总附属工会的工人的利益。[2] 这种情况不仅在全国工资理事会中是这样，在新加坡的其

---

① 参见 C. V. Devan Nair，*Inlook and Outlook*：*Secretary General's Report to the Ordinary Delegates Conference of the NTUC*，Singapore：NTUC，October 1977，pp. 12 – 13。

② Chew Soon Beng and Rosalind Chew："Tripartism in Singapore：The National Wages Council"，in Lim Chong Yah and Rosalind，eds.，*Wages and Wages Policies*：*Tripartism in Singapore*，Singapore：World Scientific Publishing，1998，p. 98.

他三方代表机构中也是如此。例如，职总在经济发展局、建屋发展局等法定部门以及国家生产力委员会等三方代表制的咨询机构中都只代表职总工会体系成员的利益。至于到20世纪70年代中期还没有参加职总附属工会的大约5000名工人（主要分布在传统行业的独立职业工会），只能靠自己的力量和雇主谈判，或者寄希望于能分享职总对雇主施压所带来的好处。由于职总体系到20世纪60年代末已发展成政策执行能力很强的集权组织，而且参加全国工资理事会的劳方代表都是职总中央委员会高层，都要经职总秘书长提名和劳工部长任命，职总在全国工资理事会中的代表具有高度的凝聚力和政策一致性。这与雇主代表的分散性和异质性刚好形成反差，有利于提高职总的谈判能力，增强对雇主的有效压力。这样，在与职总高层关系稳定且密切的政府代表的支持下，全国工资理事会可以在不影响国家经济发展的前提下更多地考虑如何对经济增长成果进行适当、渐进的分配。

③政府代表。

新加坡政府在全国工资理事会的代表有三重身份：既是公务员的最大雇主，也是劳工事务管理者，还是国家发展计划的制定者。政府代表起先是财务部和劳工部的常任秘书（permanent secretary）以及经济发展局主席。这种安排体现了新加坡政府对全国工资理事会工作范围的设定：与国家财政问题相关的工资增长水平、劳工集体谈判事务以及外来直接投资事务。1979年，贸工部常任秘书加入政府代表，1981年和1982年，建屋发展局常任秘书也加入政府代表，这反映出当时住房建设和中央公积金在与工资增长相关的经济问题中的重要性。1983年以后，政府在全国工资理事会的4名代表固定为劳工部、财政部、贸工部的3名常任秘书再加上经济发展局主席。在包括全国工资理事会在内的三方代表制中，新加坡政府代表虽然从理论上保持客观中立，但由于要承担政治责任，所以尽量从国家整体利益和宏观经济发展的角度参与三方协商，促成三方共识。①

---

① Chew Soon Beng and Rosalind Chew, "Tripartism in Singapore: The National Wages Council", in Lim Chong Yah and Rosalind, eds., *Wages and Wages Policies: Tripartism in Singapore*, Singapore: World Scientific Publishing, 1998, pp. 98 – 99.

（2）全国工资理事会的运作。

全国工资理事会得到人民行动党政府的重视与支持，规定劳资政三方权责平等，每个理事会成员都有平等的发言权。每年7月1日到次年6月30日为"NWC年"，理事会就加薪问题（1980年以后还涉及提高生产率、工作绩效、人力资源开发、年终花红福利等问题）进行一系列闭门会议，通过三方平等协商形成共识，并将协商结果形成年度"加薪指南"（wage increase guidelines）等相关议题建议书提交新加坡总理办公室。总理办公室无权更改加薪建议，但可以暂存不议。一旦总理接受这些建议，内阁即为这些建议背书并向全国公布，使之成为各行各业开展劳资集体谈判的重要参考。[①]

由于拥有政府的背书和支持，全国工资理事会规划出的加薪指导原则虽然不具有法律效力，但具备相当的权威性。大多数雇主同意根据这些共识和建议与工会开展集体谈判，而下属工会也听从职总中央的号召，在NWC的建议框架内争取有序的工资增长。如此，自1960年新加坡颁布《工业关系法令》以来形成的以劳资集体谈判为基础的产业关系虽然得到维护，但同时受限于政府主导的三方合作框架。

全国工资理事会对稳定劳资关系和促进经济发展的作用体现在NWC加薪指导原则的应用上。图1显示，劳资关系集体谈判、调解、裁决和认证（图中加星号处）这四个关键环节都可以利用NWC加薪指导原则作为重要的参考。这就保证了自由集体谈判不至于漫无边际，而且在协议失败的情况下劳工部调解和法庭裁决都有据可依。或者，在达成集体协议之后，工业仲裁法庭也能依据加薪指导原则审查和认证协议。

3. 职总的作用

职总在工资增长规划中扮演了关键角色，保证全国工资理事会的运作和加薪政策的实行，不过在国家利益和劳方利益发生冲突时常常倾向前者。

1974～1975年，新加坡制造业出现外来投资减少、产量下降、失业率上升的问题，并且在出口贸易上面临与台湾、韩国、香港等经济体的激烈竞争。为此，人民行动党呼吁职总带头与政府合作，在劳资集体谈

---

① Lim Chong Yah："The NWC as I see it"，S. Jayakumar，ed.，*Our Heritage and Beyond*，Singapore：National Trades Union Congress，1982.

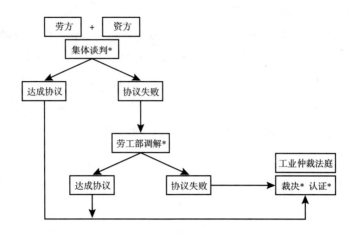

图1 NWC 加薪指导原则在新加坡劳资关系中的应用

资料来源：Tan Wee Liang, "A legal perspective of the National Wages Council", in Lim Chong Yah and Rosalind Chew, eds., *Wages and Wages Policies*: *Tripartism in Singapore*, Singapore: World Scientific Publishing, 2001, p. 79。加 " * "（星号）的地方为 NWC 加薪指导原则发生作用之处。

判中控制工资增长幅度。1976 年 2 月，职总秘书长蒂凡那响应政府要求，号召广大劳工"勒紧裤腰带"："我们新战略的一个基本要素更严格地约束工资增长……如果我们不愿意迅速调整好自己，降低工资水平，只会吓跑投资者，造成失业问题进一步恶化。"[①] 职总下属的新加坡工业职工联合会（SILO）和新兴工业工友联合会（PIEU）等大型产业工会行动起来，赞同职总中央约束加薪的建议，号召工会会员不要要求过多的花红福利，[②] 由此保证了全国工资理事会有限加薪建议的有效实施。1985～1986 年，受新一轮国际石油危机的影响，新加坡经济陷入衰退，全国工资理事会建议全面冻结 1986 年的工资增长，大幅削减雇主对雇员的公积金负担。这次冻结建议得到了政府的支持。职总内部虽然对此存在意见分歧，但是在工运路线和政治路线一致的背景下，只好配合政府安抚劳工，承诺危机过后会要求加薪和恢复公积金额度。新加坡因此确保各项投资稳定和生产发展，平稳度过了衰退期，到 1988 年以后才逐步恢复加

[①] *The Straits Times*, Feb. 29, 1976.

[②] *The Straits Times*, April 30, 1976.

薪和雇主的公积金额度。这些说明，全国工资理事会虽然实行三方代表制，也重视劳方要求工资增长的要求，但在人民行动党政府主导的政治经济发展中，更重视经济发展和政治稳定的国家利益。

纵观 1972~1986 年全国工资理事会的加薪指导原则（见表2），并结合同时期新加坡通货膨胀率（20 世纪 70 年代平均为 5.8%）分析，雇员得到的实际加薪幅度其实并不大。人民行动党政府承认 1973~1978 年的工资年均只提高 1.7%，远远落后于新加坡经济增长率。[1]

表2　1972~1986 年新加坡全国工资理事会加薪指导原则

年份	私人部门	公营部门
1972	①13 个月给薪 + 花红（奖金） ②13 个月给薪 + 每年薪金调整 6%（不抵消常年加薪）	
1973	9%（不同薪金有不同的抵消率）	9%（不抵消常年加薪）
1974	40 新元 +6%（不抵消常年加薪） 40 新元 +10%（未获常年加薪者）	40 新元 +6%（薪金在 1000 新元以下者） 40 新元 +10%（薪金在 1000 新元以上者）
1975	6%（群体抵消各种加薪）	
1976	7%（抵消各种加薪）	
1977	6%（抵消各种加薪）	
1978	12 新元 +6%（抵消各种加薪）	
1979	32 新元 +7%（抵消各种形式加薪），另中央公积金（CPF）增加 4%，技能发展基金（SDF）增加 2%~5%	
1980	①33 新元 +7.5%　②另加 3%（只限工作表现中等以上者）	
1981	①32 新元 +6%~10%　②另加 2%（工作表现优越者）	
1982	15 新元 +2.5%~6.5%	
1983	10 新元 +2%~6%	
1984	27 新元 +4%~8%	
1985	3%~7%（抵消各种形式加薪）	
1986	因 1985~1986 年经济衰退全面冻结工资增长，削减 15% 的雇主公积金份额	

王勤：《新加坡经济发展研究》，厦门大学出版社，1995，第 46~47 页。

职总一味支持政府主导的工资政策，逐渐脱离劳工的实际需求，工会内部不满的声音一直存在。到 1980 年，得到李光耀支持的职总新秘书

---

[1]　W. G. Huff, "What is the Singapore model of economic development?" *Cambridge Journal of Economics*, 1995, Vol. 19. p. 737.

长林子安没有意识到基层工运的不满，支持全国工资理事会"区别性双层花红"加薪建议（见表 2）。但实践证明这种双层花红制并不可行，一年以后即遭放弃。

1987 年以后，全国工资理事会觉察到 1972～1984 年加薪指导原则和 1985～1986 年冻结加薪指导原则中存在刚性的量化指标，导致劳资双方的矛盾不断积累。因此从 1988 年起，全国工资理事会不再确定普遍适用的工资指导原则，只提出非量化的加薪建议，以保证各行各业工资制度的灵活性。近几年来，新加坡已有 80% 的企业实行了灵活工资制度。

尽管 1980 年以来职总和全国工资理事会重视政府的要求甚于劳方利益，但新加坡并未形成新的劳资对抗问题。这是因为，全国工资理事会达成的有序工资增长建议，既部分满足了劳方的期待，也得到政府的肯定。1995 年，李光耀评价说："全国工资理事会是新加坡发展的一项关键性制度，没有它，我们不可能走到今天的地位。"[①] 同时，1980 年以后，对于新加坡劳资关系新矛盾，《工业关系（修正）法》和《雇佣法》修正条款、劳工部的调解以及工业仲裁法庭的裁决已形成一整套行之有效的处理程序，和加薪问题结合起来没有产生更大的问题。

三 劳资关系新问题与职总体制改革

随着工业化的推进，新加坡劳资合作面临不少新问题，基层劳工雇员要求职总实施改革，有效保障劳方利益。首先，人民行动党政府为促进出口而实施的劳工法规和政策对雇主比对雇员有利，同时雇主组织往往以重视发展生产力和加强工作纪律为由限制雇员的合理权益，引起雇员反弹。其次，作为 1960 年工业关系稳定之法律保障的工业仲裁法庭出现运转障碍，工业仲裁案件屡屡悬而未决（见表 3），基层工会不愿意把劳资争议问题提交法庭仲裁。

职总高层逐渐认识到劳资和解与合作无法自发产生，因此一方面需要在政府主导下建立稳定的劳资互动关系，另一方面应重视基层劳工雇

---

① E. B. Lee and W. S. Loh, "NWC: A unique Singapore mechanism", in *NTUC News*（《职总新闻》），1995，No. 23, 16 June.

表3　工业仲裁法庭悬决案件（1969～1976）

年　份	新兴工业工　联（PIEU）	新加坡工业工联（SILO）	CATEX公　司	食品饮料联合工会（FDAWU）	新加坡手工业工人工会（SMMWU）	总　计	超　过6个月的悬决案件
1969					2	2	2
1970				1	1	2	2
1971							
1972				1	2	3	3
1973			1		4	5	5
1974	1	1	1		1	4	4
1975	4	6		6	1	17	12
1976	2	4		1	2	9	
总　计	7	11	2	9	13	42	28

　　资料来源：新加坡工业仲裁法庭，转引自 Devan Nair, *Tomorrow：the Peril and the Promise*, *Secretary General's Report to the 2ⁿᵈ Triennial Delegates' Conference of the NTUC*, Singapore：NTUC, 1976, xxii – xxiii. PIEU、SILO 等为申请法庭仲裁的职总附属工会。

员的意见，建立新的机制促进劳资关系稳定发展。[1] 基于此，20 世纪 70 年代中后期，职总进行大规模的组织调整。

1. 组织结构上的内部整合

　　1975 年 2 月，职总秘书长蒂凡那改组职总秘书处，新设工业事务委员会（Industrial Affairs Council）取代工业纠纷理事会（Industrial Disputes Committee），以处理更广泛的劳资关系事务，包括：向雇主提出利润分配的指导原则；培训工会谈判专家，帮助基层工会参与工业仲裁法庭；在工作场所推广生产力委员会、安全委员会等工业民主制。[2] 职总主席、职总中央委员会成员担任各委员会主席和秘书等要职，[3] 职总秘书长、副秘书长依职权为委员会当然委员（ex-officio）。此外，职总研究处、职总组

① Kenneth Mok, "Education for tripartism", in *Tomorrow：The Peril and the Promise by C. V. Devan Nair, Secretary General's Report to the 2ⁿᵈ Triennial Delegates' Conference of the NTUC*, Singapore：NTUC, 1976. pp. 122 – 123.

② G. Kandasamy, "Report of the Industrial Affairs Council", in *Tomorrow：The Peril and the Promise*, *Secretary General's Report to the 2ⁿᵈ Triennial Delegates' Conference of the NTUC*, Singapore：NTUC, 1976, p. 29.

③ 1975 年 2 月工业事务委员会执行主席由彭由国担任，当年 8 月该委员会人事调整后改由甘达三美担任，彭由国转任执行秘书。——参见 G. Kandasamy, "Report of the Industrial Affairs Council", in *Tomorrow：The Peril and the Promise*, *Secretary General's Report to the 2ⁿᵈ Triennial Delegates' Conference of the NTUC*, Singapore：NTUC, 1976, pp. 30 – 31。

织理事会、职业卫生与安全理事会的主要执行人员均加入工业事务委员会，使得该委员会足以全面有效地代表职总处理劳资关系的多方面内容。1975 年 9 月起，工业事务委员会招募和培训了大批拥有大学学士学位或工商管理硕士（MBA）学位的工业关系专员（Industrial Relations Officers，IRO），再分派到职总附属工会的基层支部，协助基层工会官员开展劳资谈判、申请劳工部调解和工业仲裁。这种机制很好地利用专业人才带动工会工作，克服了大部分出身草根的基层工会干部学历低、专业能力不足的缺陷，对新加坡工业关系体系的顺利运作起了很大的作用。

2. 加强对法定部门的决策参与

自 1964 年起，每年由职总中央派出的工会代表都成为新加坡各法定部门（statutory boards）和公共机构的唯一劳方代表，参与决策和执行监督。各公共部门在社会经济发展中地位越重要，职总代表的级别也越高。1965 年，职总代表参与的法定部门和公共机构只有 11 个，包括经济发展局（蒂凡那为劳方代表）、成人教育局（佘美国为劳方代表）、公共设施管理局（佘美国）、中央公积金管理局（Aziz Karim）、新加坡海港局（甘达三美），工业仲裁法庭（A. Ramanujan、佘美国等 7 人）以及国家经济咨询委员会（何思明、蒂凡那、甘达三美等 8 人）等。1969 年，"工运现代化"研讨会以后的十年，拥有职总代表的法定部门逐年增加到 24 个。1973 ~ 1976 年的这一届职总中央委员会 26 名成员中的 24 名（另 2 名去世）担任上述法定部门的劳方代表。职总秘书长蒂凡那一个人就兼任经济发展局、中央公积金管理局、住屋发展局、工业关系委员会国家生产力局、全国工资理事会以及新加坡航空有限公司等 6 个重要机构的劳方代表，职总主席彭由国则兼任裕廊镇管理局、工业关系委员会国家生产力局、全国工资理事会等 3 个重要机构的劳方代表。通过这些重量级的劳方代表，职总在法定部门关于人力资源开发、工资增长、工业培训、技能与生产力发展等方面的决策过程中扮演关键角色。①

3. 改组职总工会体系，改善对基层工会的管理

自 1967 年新加坡劳工部第一次改组工会体系以来，综合工会和产业

---

① "NTUC Representation at Statutory Boards and other organisation", in *Tomorrow*: *The Peril and the Promise*, *Secretary General's Report to the 2nd Triennial Delegates' Conference of the NTUC*, Singapore: NTUC, 1976, pp. 107 – 108.

工会迅速发展，在会员数目方面占职总乃至全部新加坡工会的主体，综合工会更是实力强大到职总中央难以控制的地步。1976 年，新加坡规模最大的前 3 家附属于职总的综合工会——新加坡工业职工联合会（SILO）、公共雇员联合工会（AUPE）和新兴工业工友联合会（PIEU）——会员总数达到 120000 人，约占同期新加坡工人和雇员总数的 15%，占职总会员总数的 60%，可谓盛极一时。[①] 职总附属综合工会的强盛势力既威胁到资方的利益，也不利于政府和职总中央的管理。1979 年，身兼 SILO 和 PIEU 秘书长等职于一身的职总主席彭由国由于滥用职权和财务问题遭到起诉并逃离新加坡，李光耀趁机扶持年轻的国会议员林子安当选职总秘书长，以便改组工会体系，改变综合工会尾大不掉的状况。

　　林子安在秘书长任内（1979～1983）成立专门的任务小组，将 SILO 和 PIEU 这两家巨无霸型的综合工会拆解为 9 家中型产业工会，制定加快发展公司工会的政策，安排兼具人民行动党和职总双重干部身份的官员担任新工会的执行秘书，并且直接委任各附属工会的劳资关系谈判专员。这些措施改组了新加坡工会体系，逐步实现一个工厂、一个公司、一个产业只能有一个代表性工会组织的目标，提高了劳资谈判的效率和集体协议的合理性。不过，林子安这些大刀阔斧的改革举措也招致了老一辈工运人士的强硬抵抗，职总内部出现基层工运出身的老一辈领袖和高学历技术官僚之间的矛盾。在这种情况下，李光耀为稳妥起见不得不安排换将。1984 年，新加坡国会议员、内阁第二副总理王鼎昌接替林子安担任职总秘书长。王鼎昌善于协调，得到新加坡工运界的普遍接受，主要功绩是大力推动各类职总合作社蓬勃发展，使职总作为超级合作社企业集团名扬国际。

　　表 4 显示新加坡各类工会数目随着工业化的推进而不断发生变化。20 世纪 70 年代以来不断有新的公司工会注册，到 80 年代末，公司工会发展成为新加坡工会体系中数目最多的工会类型；职业工会（Craft Union）作为新加坡传统的工会类型，在 20 世纪 60 年代以后的 30 年中新注册 3 家，基本保持稳定；产业工会（Industry Union）则随着工业化的推进由 1959 年之前的 5 家增加到

---

①　根据职总 1980 年常年代表大会秘书长报告中的数字进行比例估算。参见 NTUC 1980 Ordinary Delegates Conference, Work and Excel for an Even Better Quality of Life, Singapore：NTUC, p. 85。

1989 年的 20 家，发展比较快；至于综合工会或一般工会（General Union），1970 年以来只新注册一家，即成立于 1970 年的新加坡工业职工联合会（SILO），但于 1980 年被拆解。这些变化既是新加坡工运适应工业化深入发展的结果——各类新兴产业工会的扩展和传统职业工会的相对萎缩，也是政府和职总重组工会体系的结果——公司工会的迅速发展和综合工会的拆解。

表 4　新加坡工会类别的变化（1946～1989）

注册年份	公司工会	职业工会	产业工会	综合工会	总　计
1946～1959	6	17	5	2	30
1960～1969	8	2	3	1	14
1970～1979	7	3	4	1	15
1980～1989	16	1	8	0	25
总　计	37	23	20	4	84

资料来源：新加坡劳工部历年劳工统计资料，转引自 Chris Leggett，"Corporatist trade unionism in Singapore"，in Stephen Frenkel，ed.，*Organized Labor in the Asia-Pacific Region：A Comparative Study of Trade Unionism in Nine Countries*，Ithaca，New York：ILR Press，1993，p. 227。

总的来说，20 世纪 70 年代后期职总的组织调整与决策参与是与 "工运现代化" 同步发展的，是在劳工雇员利益代表问题上的改进。其结果是提高了工会处理劳资关系争议的能力，并提升了决策参与地位，建立了小而灵活的公司工会。在新加坡经济发展局、建屋发展局、中央公积金管理局等重要法定部门中，职总扮演唯一合法劳方代表的身份，参与和监督外资引进、房屋建设与分配、公积金政策等经济社会政策的制定与实行。这时候，新加坡原有的威权统合主义政治社会关系出现新变化：职总经济实力和制度内政治影响力都大为增强，能够有效汇聚劳方利益并参与重要劳资事务决策，在促进经济发展的同时保障广大劳工雇员群体的利益。这些工运新特征与新加坡国家主导的混合型经济政策相适应，和很多发展中国家/地区威权体制下的 "花瓶式" 工会有相当大的区别。①

---

① 在同时期的东亚，中国台湾地区的 "'全国'总工会" 完全受制于国民党的组织策组和经费支持，韩国工会联合机构 "大韩劳总"（FKTU）完全由国家政权通过情报和安全机关进行控制。在同时期的非洲，加纳总统恩克鲁玛指出执政党是 "大树的根"，工会和其他社会组织则只是 "枝和叶"，形象地说明了 20 世纪 60～80 年代工会在非洲政治发展中的附属地位。

四 新加坡经验的理论透视：
一种混合型统合主义

新加坡促进产业升级和经济社会稳定发展的成功经验，从政治－社会关系理论类型上看是一种独特的混合型统合主义政治社会关系：一方面，职总作为新加坡工运中心，坚持"工运现代化"路线，主张劳资合作协商而非竞争对抗；另一方面，职总参与各种专业性劳资政三方代表协商机构，同时建立起灵活、有效的劳资关系处理机制，积极参与政府决策咨询与监督。在这种混合型统合主义体制下，以职总为代表的工会与政府和资方在工资增长、生产力发展、教育培训、工作安全与卫生等方面达成共识，兼顾劳方利益和新加坡国家发展利益。

一般认为，统合主义政治社会结构背后存在着强大的国家政权和有序的社会组织。20世纪30年代，意大利法西斯主义国家曾建立起对各类社会部门的垂直控制，一般视为早期统合主义的典型。第二次世界大战后，亚非拉第三世界地区盛行统合主义政治－社会结构，最常见的特征是资方和劳工两大社会部门被包容进一个精英主导的、国家控制的政治过程之中，推行由上至下组织严密、有机整合的集权政治体系。20世纪中后期，统合主义盛行于第三世界现代化进程，成为堪与北美的自由民主主义、苏联东欧地区的马克思－列宁主义相争衡的政治意识形态，施密特（Phillipe Schmitter）、威亚尔达（Howard Wiarda）等学者对此有过系统阐述。[1] 威廉姆森（Peter Williamson）进一步将统合主义分为"共识－授权型"（consensual-licenced）和"威权－授权型"（authoritarian-licenced）。[2] 前者特点是社会组织由下到上整合社会力量、营造社会共识并得到国家政权的授权和承认，后者接近于"威权统合主义"，特点是国

---

① Phillipe Schmitter, "Still the century of corporatism?" in Schmitter P. C. and Lehmbruch, G. , eds. , *Trends toward Corporatist Intermediation*, Beverly Hills: Sage Publications, 1974. 又见〔美〕霍华德·威亚尔达（Howard Wiarda）著《非西方发展理论：地区模式与全球趋势》，董正华、昝涛、郑振清译，北京大学出版社，2006，第四章。

② Peter J. Williamson, *Varities of Corporatism: A Conceptual Discussion*, London: Cambridge University Press, 1985, pp. 11 – 12.

家政权通过特定领域内的垄断性社会组织，控制社会力量。

1960 年以来，职总作为新加坡政府认可的劳方利益代表体系，其体制具有非竞争性和等级秩序特点，很大程度上乃是一党独大体制在工运事务上的反映，具有统合主义的一般特征。1970 年以后，职总通过劳资政三方代表协商机制广泛参与工资增长、生产力发展、劳资关系等方面的决策，同时，职总下属工会组织的活力增强，工会合作社经济实力也不断增强。由此，职总的劳方利益代表职能在产业层次和企业层次上都得到发展，有能力与资方组织在劳动力市场中谈判，并在与人民行动党政府的合作中争取劳方利益。

因此，1970 年以后，新加坡的统合主义其实混合兼具威廉姆森所划分的两种类型：在产业政策上，职总工会体系受到政府压力，由上而下控制劳工雇员并动员他们支持产业升级所需的政策；在劳方利益代表过程中，职总汇集基层劳方利益并通过三方代表协商机构和法定部门表达出来。

这样的混合型统合主义形态虽然超越了 20 世纪 60 年代新加坡一党独大和严刑峻法体制下的威权统合主义（这也是 20 世纪 60~80 年代东亚新兴工业化经济体的普遍特点），但也不同于西欧国家以完全自主的社会组织为基础的社会统合主义形态，它反映了新加坡人民行动党政府积极整合多方面社会力量、推进混合型经济政策的治理方式，乃是新加坡政治经济发展的重要环节。

参考文献

霍华德·威亚尔达（Howard Wiarda）著《非西方发展理论：地区模式与全球趋势》，董正华、昝涛、郑振清译，北京大学出版社，2006。

具海根（Hagen Koo）著《韩国工人：阶级形成的文化与政治》，社会科学文献出版社，2004。

王勤：《新加坡经济发展研究》，厦门大学出版社，1995。

Deyo, Frederic, *Dependent Development and Industrial Order: An Asian Case Study*, New York: Praeger Publishers, 1981.

Deyo, Frederic, *Beneath the Miracle: Labor Subordination in the New Asian Industrialization*, Berkeley: University of California Press, 1989.

Frenkel, Stephen, ed. , *Organized Labor in the Asia-Pacific Region: A Comparative Study of Trade Unionism in Nine Countries*, Ithaca, New York: ILR Press, 1993.

Garon, Sheldon, *The State and Labor in Modern Japan*, Berkeley: University of California Press, 1987.

Heyzer, Noeleen and Wee, Gek Sim, *Trade Union Leaders in Singapore*, Department of Sociology, University of Singapore, 1972.

Huff, W. G. , "What is the Singapore model of economic development?" *Cambridge Journal of Economics*, 1995, Vol. 19.

Jayakumar, S. , ed. , *Our Heritage and Beyond*, Singapore: National Trades Union Congress, 1982.

Lim, Chong Yah and Rosalind, eds. , *Wages and Wages Policies: Tripartism in Singapore*, Singapore: World Scientific Publishing, 1998.

Nair, Devan, ed. , *Socialism That Works: The Singapore Way*, Singapore: Federal Publications, 1976

Nair, Devan, *Inlook and Outlook: Secretary General's Report to the Ordinary Delegates Conference of the NTUC*, Singapore: NTUC, October 1977.

Schmitter, Phillipe, "Still the century of corporatism?" in Schmitter P. C. and Lehmbruch, G. , eds. , *Trends toward Corporatist Intermediation*, Beverly Hills: Sage Publications, 1974.

Williamson, Peter J. , *Varities of Corporatism: A Conceptual Discussion*, London: Cambridge University Press, 1985.

$\mathcal{NP}$

Mixed Corporatism amidst Vibrant Industrialization

—Examining Tripartite Reconciliation Mechanisms between Singapore's Labor, Capital and Government

Zheng Zhenqing

【Abstract】 Singapore's National Trade Unions Congress (NTUC), the center of Singapore's labor movement, has not only served as a base for the Singapore People's Party's long-lived consolidation of power, it also actively promotes industrialization and industry

新兴工业化中的混合型统合主义

119

revitalization. Since the 1970s, NTUC adopted "labor movement modernization" as part of its platform and participated actively in tripartitie reconciliation mechanisms between labor, capital, and government. In this role, they reconcile labor's interests with the nation's interests and advance the stable development of Singapore's political economy. NTUC also reformed the union system, allowing labor's and employees' interests to be voiced, and actively participated in the work of legislative departments. In this, with NTUC at the center, Singapore has come to embody a unique form of the governmental-social relationship: mixed corporatism (混合型统合主义). Based on research of Singapore's unions, this article focuses on NTUC's role in two tripartite reconciliation mechanisms, the National Wages Council and the National Productivity Centre, for the period since its adoption of the "labor movement modernization" platform. Borrowing from Europe's industrialization, the development of corporatism (统合主义) in Singapore is also explored in some depth.

【Keywords】 corporatism   NTUC   labor movement tripartism

（责任编辑 谢洪波）

关于社区建设的几个问题

詹成付[*]

【摘要】全面推进城镇和农村地区社区建设，是党中央、国务院为加强社会发展工作作出的一项重大战略决策，也是新形势下坚持党的群众路线、做好群众工作和加强基层政权建设的重要内容。为此，我们必须理解什么是社区，为什么要搞社区建设，要建设什么样的社区，如何建设社区，靠谁建设社区这五个基本问题。

【关键词】社区　社区建设　社会组织

一　什么是社区

"社区"一词，最早是由德国社会思想家滕尼斯于 1887 年在其代表作和成名作《共同体与社会——纯粹社会学的基本概念》[①] 一书中提出的。我国古代汉语中并不存在"社区"一词，当今汉语中使用的"社区"一词，是我国著名社会学家费孝通、吴文藻等人 20 世纪 30 年代在翻译滕尼斯著作时的一个创造。社区这一词的初始含义，是指人们生活的共同体和亲密的伙伴关系，但随着经济的发展、社会的变化、文明的进步，其内涵、

---

*　詹成付，民政部基层政权和社区建设司司长。

①　〔德〕滕尼斯：《共同体与社会——纯粹社会学的基本概念》，林荣远译，商务印书馆，1999。

外延、结构、功能及其形态都在不断地更新和变化，人们对社区的认识也愈益丰富和复杂。据有关统计，到目前为止，有关社区的定义达 100 多种。① 但无论怎样给社区下定义，也无论社区的定义发生怎样的变化，社区一词的含义都离不开人口、地域、组织结构和文化等四个基本要素。

社区人口要素，是社区运作和变迁的主体，主要包括人口的数量与质量、人口的结构、人口的分布与流动状况等。

社区地域要素，包括社区的自然地理条件和人文地理条件两个方面。自然地理条件是指社区所处方位、地貌特征、自然资源、空间形状等；而人文地理条件则包括了人文景观、建筑设施等。一般而言，社区的地域界限不能太大，应限定在居民日常生活能够发生互动的范围之内，或者限定在日常生活服务设施、组织机构可以发挥作用的范围之内。

社区组织结构要素，主要指社区内部各种社会群体、社会组织之间的构成方式及其相互关系。一般而言，在经济社会发展水平较低的阶段，由于社会分工程度不高，社区内的社会群体的种类和功能相对简单，整合社区各种资源的社会组织的种类及其功能也就相对简单。反之，经济社会发展水平越高，社会分工越细，社区内的社会群体的种类和功能也就越趋于多样化。在经济社会发展的较高阶段，假如一个社区其居住环境舒适安逸、管理有序、居民对社区的认同感强，则说明该社区有着完善的社会群体、社会组织及良性的互动关系。反之，就说明该社区的组织方面出现了问题。

社区文化要素，一般包括风俗习惯、历史传统、民间规约、交际语言、生活方式、社区归属与认同感，等等。

这四个基本要素是社区形成的必要条件，相互之间存在着相互依赖、有机统一的关系。其中，"地域"是社区的地理环境要件，"人口"是社区生活的主体要件，"组织"是社区居民交往和整合得以实现的客观机制，而"文化"则是社区居民交往和整合得以实现的精神要件，四者紧密相关，缺一不可。当然，应当看到，社区构成的基本要素及其相互关系、其功能的表现形式，在不同的社会历史背景下往往不尽相同，即使在同一国家，在经济社会发展的不同阶段也必然表现出各个阶段的时代特征。

---

① 胡申生主编《社区词典》GC912.81－612，上海古籍出版社，2006，第 49 页。

从我国的实际出发，2000 年 11 月 19 日，经中共中央政治局常委会讨论下发的《中共中央办公厅、国务院办公厅关于转发〈民政部关于在全国推进城市社区建设的意见〉的通知》（中办发〔2000〕23 号）指出："社区是指聚居在一定地域范围内的人们所组成的社会生活共同体。目前城市社区的范围一般是指经过社区体制改革后作了规模调整的居民委员会辖区。"在农村，社区一般是指村民委员会的辖区。从中央给社区下的定义可以看出，我们所讲的社区应该是与整个社会密切相连、以一定地域为基础的关系密切的社会生活群体或社会生活共同体。在这个社会群体或社会生活共同体里，人们具有共同的权利义务、共同的生活空间、共同的精神纽带，感情相依、利益相连、出入相邻、守望相助、危困相扶。当前由于经济社会发展的差异，人们会从不同角度把社区分为不同的类型。比如，从城乡差别的角度，有的把社区分为城市社区和农村社区；就城市社区而言，有的又分为老城区的社区、单位型社区、新建社区、城乡结合部社区等；就农村社区而言，划分的角度也很多，有的从地域范围角度，把社区分为一村一社区、多村一社区、自然村社区等；有的从农村社区建设的组织管理模式分类，把农村社区划分为以村委会为主体的社区、以民间志愿组织和社会团体为主体的弥补并承担村委会功能的村落社区、以企业主导的社区；有的从经济发展程度角度，把农村社区划分为经济发展程度较好地区的社区、经济发展水平中等地区的社区、经济欠发达地区的社区、城乡结合部地区的社区等。①

二 为什么要进行社区建设

社区自古以来就存在，但在我国对社区自觉地进行建设、自觉地在党和政府的领导下，依靠社区力量，利用社会和社区资源，强化社区功

① 社区与居委会之间存在差别和联系。在我国，居委会有两个含义，一个是指地域方面的含义，是街道办事处下面的一个辖区，地域方面含义的居委会概念与社区的概念基本是一致的，全国绝大多数地方都把社区的范围界定在居委会辖区，即一个社区一个居委会；居委会还有一个含义，是一个组织概念，即居民群众通过民主选举产生的居委会主任、副主任和委员所组成的组织。组织意义上的居委会就与社区有许多区别。居委会是社区里的一个组织，这里居委会与社区就是两个概念了。

能，解决社区问题，促进社区政治、经济、文化、环境协调和健康发展，却是当代的事情。

那么，为什么要进行社区建设？社区建设是不是我们头脑发热提出的不切实际的要求？回答是否定的。是不是我们盲目照搬西方的理论造成的？回答同样是否定的。在马克思的历史唯物主义理论里面，有两对极为重要的范畴，即生产力和生产关系、经济基础和上层建筑。生产力发展了，生产关系迟早要调整、要变革；经济基础变化了，上层建筑迟早也要调整、要变革，当然生产关系、上层建筑也有反作用。用马克思主义的理论、观点和方法来研究社区建设的动因，就可以发现其根本原因是改革特别是城市经济体制改革推动了生产力的发展，引发了社会结构、社会组织的变化，引发了基层社会的重大变化，社区建设是应对这一重要变化的重大方略。那么，基层社会究竟发生了什么重大变化呢？对此，我们从改革后的人群、社会事务、社会矛盾这三个角度来进行分析。

第一，越来越多的人沉淀到了社区。与计划经济体制下只有少数无单位的人才与居委会打交道不同，今天，社区已经成为各种社会群体的聚集点。一是下岗失业人员和贫困群体。目前我国城镇还有1400多万下岗失业人员、2200多万城镇贫困人群，需要就业的呼声强烈，他们中还有许多人是因病、因残致贫的居民，急需社会的各种救助；这两年，失业人口结构正在发生新的变化。在传统的国有或集体企业的失业人群之外，出现了"新失业人群"：①初高中毕业生，或毕业后在家待业成为新的失业主体；②怀揣高学历文凭的青年，他们从学校毕业就走进了失业大军。二是老年人和移交社区管理的企业离退休人员。按照国际通行的标准，60岁以上的老年人口和65岁以上的老年人口在总人口中的比例超过10%和7%，即可看做是达到了社区人口老龄化。目前，我国60岁以上的老年人占总人口的比重已经达到了11%，65岁以上的老人已达到8%，预计到2020年上述两个年龄段的老人将分别达到2.34亿和1.64亿。在城市，已有4400万65岁以上的老年人生活在社区，移交到社区的企业离退休职工已达2900多万，老年化的趋势还在进一步加剧。① 三是

---

① http://news.xinhuanet.com/newscenter/2008－02/21/content_7642119.htm.

未成年人群体。这类群体求知欲和好奇心强、可塑性强，但如果缺少必要的教育和引导，也很容易出问题。现在农村社区里的"留守儿童"已经高达2000多万。四是外来务工人员。目前我国每年的人口流动量是1.4亿，这类人员多数是从低收入地区流向高收入地区。他们中的许多人白天到处打工，晚上落脚在社区，有的是工作生活都在社区。社区里出现这么多的人、这么多不同需求的人，这是计划经济时期所没有的，而且这个趋势还会越来越严重。

第二，越来越多的社会矛盾汇聚在社区。目前，我国改革发展正处在一个关键时期，各类矛盾出现多发现象。社区作为区域性的社会共同体，集中反映了社会改革发展中的许多矛盾。

如国企改革中的"4050"人员、大中专毕业生的去向以及农村大量富余劳动力涌向城市等交织在一起引起的就业问题，已经成为不可忽视的社会矛盾；随着工业化、城镇化进程的加快，城区面积日益扩大，不少城郊结合部的土地被征用，世代以土地为生的农民也随之转化为市民，但这些新市民以往养成的生活习性难以立即适应现代城市的节奏和管理，由此引发了不少矛盾；改革深化带来利益的深层次调整，但与之相适应的收入分配调节机制尚不完善，一些群体的利益要求难以充分满足，不同群体之间的利益矛盾日益复杂，贫富差距现象越来越成为热点，极易诱发社会矛盾；旧楼区的综合整修、"安居"已成为居民群众的迫切愿望，但一些城区动迁时，又往往因不能达到动迁户的期望值而发生矛盾，甚至引发群体性事件；各种思想文化相互激荡，一些地方治安状况不好，黄、赌、毒屡禁不止，一些人道德失范、家庭失和、行为越轨，引发一些家庭内部、邻里之间的矛盾。

可以说，随着市场经济带来的利益群体分化，利益矛盾凸显，城市中的各种社会问题，诸如下岗失业问题、贫富差距问题、农民工权益保障问题、弱势群体救助问题、吸毒问题、医疗卫生问题、社会治安问题等都向社区聚集，社区组织在调节利益关系、化解社会矛盾、维护社会稳定中发挥了重要作用。这么多的矛盾汇集在社区也是过去不曾有的。

第三，越来越多的社会事务沉淀到了社区，需要社区提供的社会服务越来越多。社区成为城市社会建设和管理的基础环节，承担的社会管理和服务事务越来越多。与原来的居委会主要是对少数的"无单位人"进行管理和服务不同，随着政府、企业的社会职能向社区剥离以及居民需求的多元化，社区承担的任务越来越多。据不完全统计，目前，社区组织承担着社区治安、下岗再就业、计划生育等100多项管理和服务工作，计划经济体制下居委会"拾遗补缺"的地位已一去不复返，社区已成为城市社会建设和管理的重要角色。

以上从三个方面对社区建设的原因进行了简单的分析，我们可以发现，现在的基层社区人多、矛盾多、需要服务的事也多，这些新问题、新情况使原有的社会管理体制与新的形势不相适应了。怎么办？那就要赶快采取措施变革不适应要求的旧的管理和服务体制，改革越早越主动，越晚越被动，特别是城市，在东部经济发达的城市更是如此。

不断把握执政规律、经济社会发展规律和人类社会发展规律的中国共产党人特别是党的中央领导集体，对社区建设的认识是相当深刻的，他们不断洞察着经济社会发展的大势，对社区建设提出要求。

20世纪90年代初，民政部就提出了在城市开展社区建设的工作思路，先后三次召开全国性社区建设理论研讨会进行探讨，90年代末，民政部选择了杭州、沈阳、石家庄、青岛、南京、上海、北京、天津、海口、合肥、哈尔滨、本溪、漯河、厦门、西安、重庆等16个城市的26个城区作为首批"社区建设实验区"进行试点，积累了丰富的经验，为社区建设的整体推进奠定了理论和实践基础。民政部的社区实验引起了中央的高度重视。

——2000年11月9日，经中央政治局常委会讨论，中共中央办公厅、国务院办公厅批转下发了《民政部关于在全国推进城市社区建设的意见》（中办发〔2000〕23号）。

——2001年3月15日，九届全国人大四次会议讨论通过的《国民经济和社会发展第十个五年规划纲要》第一次用完整的章节（第六编第十九章第四节）将社区建设纳入我国经济社会发展的重要内容和目标。以贯彻中办发〔2000〕23号文件和"十五"规划纲要为契机，各地掀起了全面推进城市社区建设的热潮，城市社区建设由点到面，由大城市向中小城市延伸，由东部发达地区向中西部地区拓展。

——2002 年 9 月，党的十六大提出了完善城市居民自治，建设管理有序、文明祥和的新型社区的目标要求，进一步指明了社区建设的前进方向。

——2003 年 6 月，中共中央办公厅、国务院办公厅转发劳动和社会保障部、民政部等部门《关于积极推进企业退休人员社会化管理服务工作的意见》，对社区承接企业退休人员管理和服务提出了具体任务。

——2003 年 10 月，党的十六届三中全会讨论通过的《关于完善社会主义市场经济体制若干问题的决定》，提出了开展"农村社区服务"、农村"社区保障"，搞好"城乡社区自我管理、自我服务"的要求，为我国社区建设指出了新领域和新方向。

——2004 年 11 月，中共中央办公厅转发了中共中央组织部《关于加强和改进街道社区党的建设工作的意见》，对新形势下的街道、社区党建工作提出了明确要求。

——2006 年 2 月，国务院下发《关于发展城市社区卫生服务的指导意见》（国发〔2006〕10 号），对加快发展城市社区卫生服务进行了全面研究和部署。2006 年 4 月，国务院下发了《关于加强和改进社区服务工作的意见》（国发〔2006〕14 号），对加强社区服务体系建设提出了具体要求。

——2006 年 3 月，十届全国人大四次会议通过的《国民经济和社会发展第十一个五年规划纲要》把和谐社区建设作为未来五年经济社会发展的重要内容，提出要"推进管理有序、治安良好的和谐社区、和谐村镇建设，倡导人与人和睦相处，增强社会和谐基础。探索新时期城乡基层组织建设和管理的有效模式，发挥城乡基层自治组织协调利益、排忧解难的作用"。

——2006 年 10 月，党的十六届六中全会通过的《中共中央关于构建社会主义和谐社会若干重大问题的决定》明确要求，要"全面开展城市社区建设，积极推进农村社区建设，健全新型社区管理和服务体制，把社区建设成为管理有序、服务完善、文明祥和的社会生活共同体"。首次完整地提出了"农村社区建设"的概念及任务，在社区建设领域实现了城乡统筹，从而把社区建设引向了新的发展阶段。

——2007 年 10 月，党的十七大对社区建设工作提出了更多、更高的要求。

在工作目标上，再次明确提出要"把城乡社区建设成为管理有序、服务完善、文明祥和的社会生活共同体"这一目标要求。

在社区管理上，提出了"要健全党委领导、政府负责、社会协同、公众参与的社会管理格局，健全基层社会管理体制。最大限度激发社会创造活力，最大限度增加和谐因素，最大限度减少不和谐因素，妥善处理人民内部矛盾，完善信访制度，健全党和政府主导的维护群众权益机制"；"要健全基层党组织领导的充满活力的基层群众自治机制，扩大基层群众自治范围，完善民主管理制度"；要"深化乡镇机构改革，加强基层政权建设，完善政务公开、村务公开等制度，实现政府行政管理与基层群众自治有效衔接和良性互动；发挥社会组织在扩大群众参与、反映群众诉求方面的积极作用，增强社会自治功能"。

在社区服务上，提出"必须在经济发展的基础上，更加注重社会建设，着力保障和改善民生，推进社会体制改革，扩大公共服务，完善社会管理，促进社会公平正义，努力使全体人民学有所教、劳有所得、病有所医、老有所养、住有所居，推动建设和谐社会"；要"加强社区和乡村文化设施建设"，"着力丰富农村、偏远地区、进城务工人员的精神文化生活"；要"加快建立覆盖城乡居民的社会保障体系，保障人民基本生活"；要"加强农村三级卫生服务网络和城市社区卫生服务体系建设"；要"改善和加强城乡社区警务工作"；要"改善城乡人居环境"；要"加强流动人口服务和管理"。

在社区文明上，提出要"切实把社会主义核心价值体系融入国民教育和精神文明建设全过程，转化为人民的自觉追求"；要"加强社会公德、职业道德、家庭美德、个人品德建设，发挥道德模范榜样作用，引导人民自觉履行法定义务、社会责任、家庭责任"；要"动员社会各方面共同做好青少年思想道德教育工作，为青少年健康成长创造良好社会环境。深入开展群众性精神文明创建活动，完善社会志愿服务体系，形成男女平等、尊老爱幼、互爱互助、见义勇为的社会风尚。弘扬科学精神，普及科学知识，广泛开展全民健身运动"。

为发挥基层党组织在社区建设中的领导核心作用，提出要"全面推进农村、企业、城市社区和机关、学校、新社会组织等的基层党组织建设，优化组织设置，扩大组织覆盖，创新活动方式，充分发挥基层党组织推动发展、服务群众、凝聚人心、促进和谐的作用"；要"以党的基层组织建设带动其他各类基层组织建设"；要"拓宽党员服务群众渠道，构建党员联系和服务群众工作体系，健全让党员经常受教育、永葆先进性长效机制，使党员真正成为牢记宗旨、心系群众的先进分子。加强和改进流动党员管理，加强进城务工人员中党的工作，建立健全城乡一体党员动态管理机制"。

　　十七大为未来的社区建设进一步指明了方向。

　　中央领导同志高度重视社区建设工作。首先是以江泽民同志为核心的第三代领导集体做了大量指示。党的十六大以来，以胡锦涛同志为总书记的党中央也做了与第三代领导集体一脉相承而又与时俱进的指示。比如，2005年2月，胡锦涛总书记"在省部级主要领导干部提高构建社会主义和谐社会能力专题研讨班上的讲话"中指出："要加强城乡基层自治组织建设，从建设和谐社区入手，使社区在提高居民生活水平和质量上发挥服务作用，在密切党和政府同人民群众的关系上发挥桥梁作用，在维护社会稳定、为群众创造安居乐业的良好环境上发挥促进作用。"2007年7月28日，胡锦涛总书记在浙江省杭州市下城区长庆街道王马社区考察时再次强调社区建设问题，并称社区建设是他一直关注的问题。我们一定要从构建社会主义和谐社会、夺取全面小康社会建设新胜利、开创中国特色社会主义事业新局面的高度，深刻领会党中央、国务院和中央领导同志的一系列重要指示精神，进一步提高对社区建设工作重要性的认识，切实增强做好工作的责任感、使命感和紧迫感，不断把社区建设推向一个又一个新阶段。

三　要建设什么样的社区

　　在理解了什么是社区、为什么要进行社区建设这两个问题后，我们再来看一下要建设一个什么样的社区这个重要问题。

应该说，我们对于建设一个什么样的社区，或者说要把社区建设成什么样的问题的认识和实践，有一个不断探索、不断深化的过程，而且这个过程还将继续下去。

2000 年，中办发 23 号文件首次提出，要"努力建设管理有序、服务完善、环境优美、治安良好、生活便利、人际关系和谐的新型现代化社区"；2002 年，党的十六大报告提出，要"完善城市居民自治，建设管理有序、文明祥和的新型社区"。2004 年 9 月，党的十六届四中全会明确提出构建社会主义和谐社会这一重大战略任务后，全国上下进一步深化了建设一个什么样的社区的探索和讨论。2006 年 3 月，十届全国人大四次会议通过的《国民经济和社会发展第十一个五年规划纲要》明确提出，要"推进管理有序、治安良好的和谐社区、和谐村镇建设"。2006 年 10 月，党的十六届六中全会通过的《中共中央关于构建社会主义和谐社会若干重大问题的决定》明确要求，要"全面开展城市社区建设，积极推进农村社区建设，健全新型社区管理和服务体制，把社区建设成为管理有序、服务完善、文明祥和的社会生活共同体"。2007 年 10 月，党的十七大报告再次明确强调，"要健全基层党组织领导的充满活力的基层群众自治机制，扩大基层群众自治范围，完善民主管理制度，把城乡社区建设成为管理有序、服务完善、文明祥和的社会生活共同体"。

从 2000 年 11 月中办 23 号文件到党的十七大报告，关于社区建设目标要求的探索，基本精神是一致的，逐步把建设和谐社区作为总的目标要求。十七大关于"把城乡社区建设成为管理有序、服务完善、文明祥和的社会生活共同体"的表述中，"管理有序、服务完善、文明祥和"虽然只有三句话 12 个字，但内涵极为丰富，具体来说包含六方面的要求：①居（村）民自治。社区居民依法享有权利、履行义务，在城乡基层经济、政治、文化、社会等事务中切实当家作主，形成基层党组织领导的充满活力的居民群众性自治机制。②管理有序。社区各种管理组织健全，管理职责明确，管理机制完善，运转有效。③服务完善。社区公共服务布局合理，群众性自助服务和互助服务形成制度，社区民间服务组织健康、活跃，公益性专业社会服务和社区服务业兴旺发达，居民群众生活舒适方便。④治安良好。社区发案少、生产生活秩序好、居民群众安全感强。⑤环境优美。人居环境干净整洁，垃圾分类、污水处理、噪声控制、能源利用等符合环保要求，居民具有节约、环保、卫生的良好习惯。⑥文明祥和。社会主义荣辱观得以树立，健康、科学、文明的生活方式得以践行，家庭和谐幸福，邻里团结互助，人际关系融洽。

把握好社区建设目标的内涵，要从以下四个方面来进行：一是要从社区与社会的互动关系来把握。因为社会与社区是整体与局部、宏观与微观的关系。社会不断规范着社区，社区也会不断影响着社会。什么是和谐社会？就是十六届四中全会决定讲的"全体人民各尽其能、各得其所而又和谐相处的社会"，这个和谐社会的基本特征，就是胡锦涛总书记指出的："民主法治、公平正义、诚信友爱、充满活力、安定有序、人与自然和谐相处。"在构建和谐社会中，社区应该发挥什么作用，担当什么角色？是不是大包大揽，包打天下？回答是否定的，因为构建和谐社会是个系统工程，和谐社区只是其中的工程之一，要构建和谐社会，要做的工作很多很多，远远超过了一个社区的能力范围，有许多工作不是社区应该去做、也是社区怎么努力也做不了的。在构建和谐社会过程中，社区是不是就无所作为或不应该有所作为呢？回答也是否定的。如前文所述，构建和谐社会的居民群体在社区、构建和谐社会的矛盾汇集在社区、构建和谐社会的任务落实在社区，这已经回答了社区建设对构建和谐社会的重要性。所以在构建和谐社会中社区是应该有所为、也必须有所为的。社区建设的内涵特征既要体现和谐社会六条内容的基本要求，又要体现社区这一基层基础的特点。不体现和谐社会的基本要求，社区建设就容易走偏方向；不体现社区基层基础的特点，社区建设就失去意义。

二是要从与时俱进的角度来把握。这是因为社区建设是一个由低到高、逐步完善的过程，不是一劳永逸的。随着居民群众物质文化生活水平的不断提高，随着居民群众民主法治素质的不断提高，随着社会进步的速度不断加快，社区的内涵将不断被赋予更新、更高、更多的内容，也会不断涌现出各种新问题、新矛盾需要解决。只有用这样的思想认识去指导社区建设问题，我们才不会在阶段性成绩面前沾沾自喜甚至裹足不前，才会处理好长远目标和阶段工作的关系，才会使社区的各项工作始终围绕和谐这个主题来布置，朝着和谐这个目标去奋斗，与时俱进，永不怠懈。

三是要从社区建设多样化功能的角度来把握。近些年，有的地方在社区建设上提出了许多响亮的口号和目标要求，如"学习型社区"、"文明社区"、"平安社区"、"无毒社区"、"绿色社区"、"环保社区"、"数字社区"、"智能化社区"、"信用社区"、"全就业社区"等，都有一定道理，它们突出了某一方面的需要和功能，但都并不十分全面，它们只体现了社区的某些功能。而和谐社区是一个体现社区建设各方面要求的目标，这样的社区，应该是社区党组织核心领导作用得到发挥，社区各项民主制度健全、规范，居民群众在基层经济、政治、文化和其他事务中切实能够当家作主，形成党领导下的充满活力的居民自治机制的社区；应该是社区各种组织健全，职责明确，体制合理，民主协商机制、社会矛盾纠纷调处机制、共建机制健全，各种家庭、不同人群和谐相处的社区；应该是服务设施、服务项目、服务手段齐全，能够为社区居民高度个性化需要提供满意服务的社区；应该是群防群治网络健全、社区安全防范体系完善、社区秩序井然、居民群众安居乐业的社区；应该是社区内建筑、绿化、垃圾分类、污水处理、能源利用等符合环保要求，居民普遍具有较强的公德意识、环保意识，人人养成节约、环保、卫生的良好习惯的社区；应该是居民群众崇尚学习，群众性精神文明创建活动普遍开展，学习型家庭、学习型楼院普遍建立，居民遵纪守法，邻里团结和睦，文明礼貌，健康、科学、文明的生活方式得到倡导和推行的社区。社区的这样一些功能要求，体现了人与人和谐相处、实现人的发展这一和谐社区的本质要求，体现了中国国情，体现了居民群众的根本利益。

四是要从实际出发。这就是说，一方面，大家都要积极地去做；另一方面，也要考虑实际情况。由于历史和现实原因，我国东西南北中的发展状况各不相同，农村与城市不同，即使是同一个城市、同一个城区里的新建社区、人口密集社区、困难群体聚集社区、村改居的社区，都各有自己的实际情况。各个社区应从自己的实际情况出发，制定建设和谐社区的具体要求和标准。针对各个社区的工作基础不一样，经济条件有好有差，群众思想、文化水平有高有低的情况，各地要有多种形式、多种类型的典型。切不能一把尺子量到底，而应当允许差异，应当从每个社区的实际出发。特别是刚刚开始时，标准不能定得太高，进度不能要求过急，而要把居民群众最关心、最迫切需要解决的问题作为突破口，从能够办得到的事情做起，按照和谐的目标要求，一步一步地走，一步一个脚印，一个时期抓住一个重点，集中力量，扎扎实实地办成一件或几件事情。只有用这样的思想认识来指导社区建设问题，才能较好地把握建设和谐社区的规律性，才能增强工作的针对性、指导性。

四　如何建设社区

理解了我们要建设一个什么样的社区，也就是社区建设的目标要求明确以后，如何建设社区这个问题就好理解了。

通过不断努力，到 2010 年，全国绝大多数城市社区基本实现上述目标要求；到 2015 年，全国绝大多数农村社区基本实现上述目标要求；到 2020 年，也就是党的十六大规划的全国建成全面小康社会的时候，全国城乡社区全面实现上述目标要求。建设和谐社区，是长期的历史任务，贯穿于构建社会主义和谐社会的全过程，当前及今后一个时期要着力推进以下工作。

第一，完善居（村）民自治，保证居民群众依法直接行使民主权利。社区居民自治是我国基层民主的重要方面，是和谐社区的重要标志。只有切实完善社区居民自治，保证广大居民群众在基层社会事务管理中当好家、做好主，才能充分调动社区居民群众参与社会事务管理、建设和谐社区的积极性。要适应城乡社会结构、利益格局的发展变化，不断丰富基层民主的内容和形式，健全基层民主管理制度，发挥社会自治功能，增强居民群众民主法治素质。

一是要扩大城市居民委员会直接选举的覆盖面，完善农村村民委员会直接选举制度，规范居（村）民代表、居（村）民小组长推选程序，预防和纠正基层组织换届选举中的"贿选"等违法违纪行为。

二是要建立健全城乡社区居民会议或居民代表会议、居（村）民委员会向居（村）民会议报告工作、居（村）务公开、民主听证会、社区成员协商议事等制度，促进基层民主的制度化、规范化、程序化。要适应城镇化、就业多样化的趋势，探索流动人口参与居住地社区居（村）民自治的有效途径。按照培育与监督并重的方针，发展城乡社区民间组织，扩大居民群众有序的政治参与。

三是要完善相关法律法规，加强民主法制教育，引导城乡居民群众依法享受权利，切实履行义务，在实践中学会正确行使民主权利。

第二，加强社区管理，提高基层治理水平。社区管理是社区正常运行的重要基础，是建设和谐社区的重要保障。这里要把握好以下几个环节。

一是要健全以基层党组织为核心的城乡社区组织体系，支持居（村）民委员会协助政府做好社会管理工作，发挥驻区单位、社区群团组织和民间组织、物业管理机构、专业合作经济组织在社区管理中的积极作用，实现政府行政管理和社区自我管理的有效衔接、政府依法行政和居民依法自治的良性互动。

二是要推进街道管理体制创新和乡镇综合管理体制改革，切实履行政府在社区管理方面的责任，建立健全利益协调机制、诉求表达机制、矛盾调处机制、权益保障机制和自然灾害、事故灾难、公共卫生事件、社会安全事件应急管理体制机制，在管理中体现服务，在服务中实施管理。

三是指导城乡基层群众性自治组织依照党的政策和国家法律法规组织居民群众讨论制定和修订居民公约或居（村）民自治章程，把居民的权利和义务，以及社区治安、环境卫生、邻里关系、婚姻家庭、计划生育等方面的要求规定清楚，共同遵守，加强居民群众的自我教育、自我管理、自我服务。

四是要做好流动人口服务和管理工作，促进流动人口和当地居民和睦相处。要加强未成年人思想道德建设，不断优化青少年成长环境。

五是要积极推广、运用现代信息技术，推进社区管理的自动化、现代化。

第三，拓展社区服务，提高居民群众生活质量。服务群众、方便群众、造福群众，是建设和谐社区的根本出发点和落脚点。只有不断拓展社区服务领域，丰富社区服务内容，改进服务的方式方法，才能最大限度地满足居民群众日益增长的物质文化需要，使居民群众真正得到实惠。要充分发挥行政机制、互助机制、志愿机制、市场机制的作用，逐步建立覆盖城乡居民群众的社区服务体系。这要着重做好以下几点。

一是要深入贯彻落实国务院《关于加强和改进社区服务工作的意见》（国发〔2006〕14号文件）积极推进以就业、社会保险、社会救助、社会治安、医疗卫生、计划生育、文化、教育、体育为主要内容的政府公共服务，促进居民群众"就业难"、"上学难"、"看病难"等问题的妥善解决。要创新服务方式，改进服务作风，倡导"敞开式办公、一站式服务"，努力为居民群众提供方便快捷优质的服务。党委、政府部门确需委托居（村）民委员会办理的公共服务，应明确工作质量、工作标准、工作期限，实行权随责走、费随事转。

二是要加强社区公共服务设施建设，注重向城乡结合部的社区、新建的社区、困难群众居住较多的社区倾斜，在城市尽快形成以社区综合服务设施为主体、各类专项服务设施相配套的社区服务设施网络。有条件的地方，应加大对农村社区公共服务设施建设的投入力度，逐步改变农村社区公共服务落后的面貌。

三是要以低收入人群、老年人、残疾人、优抚对象、城市流浪儿童和农村"空巢儿童"为重点，深入开展城乡社区志愿服务、互助服务，发展慈善事业，让一切爱心充分展示，让一切善举竞相推出，以造福于社区，造福于人民。驻城乡社区的机关、部队、学校和企业事业单位应发挥各自优势，积极与社区建立多种形式的资源共享、共驻共建机制，为居民群众提供力所能及的服务。

四是要完善扶持政策，鼓励社会工作专门人才参与社区服务，鼓励各类组织、企业和个人兴办城乡社区服务业，构筑方便、就近、舒适的强身健体圈、文娱活动圈、生活服务圈。

五是要完善社区物业管理政策，理顺社区物业管理机构与业主委员会、居民委员会的关系，推动物业管理机构为居民群众提供安全、方便、价廉的服务。探索建立以农户为基本服务对象、物业管理技术员为基本队伍的农村社区物业化管理机制，实现农村废弃物资源利用和环境污染治理市场化。

第四，搞好社区安全，增强居民群众安全感。社区安定是社会稳定的重要基础，没有良好的社区治安，建设和谐社区就无从谈起。为此，要在以下几个方面下工夫。

一是要坚持社会治安综合治理责任制，逐步建立以社区民警为主导，以群防群治队伍为补充，人防、物防、技防相结合的社区防范机制和防控网络，全面提升城乡社区安全防范水平。积极实施社区警务战略，合理规划设置社区警务室（站），逐步配齐配强城乡社区民警，健全与新型社区管理体制相适应的警务运行机制。依托社区资源，组织开展以社区保安、联防队员为主体，专职和义务相结合的巡逻守望、看楼护院、看村护家等活动。积极发挥技术防范设施应用在社区安全中的作用。

二是要加强对刑释解教人员、社区矫正人员和有不良行为青少年的帮助、教育和转化工作，深入开展扫黄、禁娼、禁毒、禁赌和禁止非法传销等工作，防止家庭暴力和恶意遗弃老年人、残疾人、未成年人等行为，减少影响社区和谐的消极因素。

三是要完善信访工作制度，健全社情民意收集和矛盾调处机制，预防和化解社会矛盾。建立城乡社区党组织主导的群众维权机制，引导居民群众以理性合法的形式表达利益诉求、维护合法权益。

第五，繁荣社区文化，提高居民群众文明素质。繁荣社区文化，是社会主义精神文明建设的重要内容，也是建设和谐社区的内在需要。一个和谐的社区，必定是一个文化繁荣的社区，也必定是一个充满活力的社区。要立足社区优势，努力把社区建设成为培育和谐精神、传播和谐文化的阵地。

第六，改善人居环境，促进人与自然相和谐。整洁的社区环境，良好的社区生态，是人与自然和谐发展的具体体现，也是社区可持续发展的基本要求。要以解决危害居民群众健康和影响可持续发展的环境问题为重点，加快建设资源节约型、环境友好型社区。

第七，切实搞好社区党建，为社区发展提供保证。城乡社区党组织是社区各类组织和各项工作的领导核心。社区党组织坚强有力，才能凝聚社区力量，形成群策群力、共建和谐社区的局面。

五　靠谁建设社区

社区建设靠谁来建？需要各种力量共同来努力。有句话很形象地表达了各方参与的格局："社区是我家，建设靠大家。"党的十六届四中全会、六中全会和党的十七大报告，都指出"要健全党委领导、政府负责、社会协同、公众参与的社会管理格局"。2000 年中办 23 号文件指出，要"努力形成党委和政府领导、民政部门牵头、有关部门配合、社区居委会主办、社会力量支持、群众广泛参与的推进社区建设的整体合力"。将社区建设的力量进行分类，实际上可以划分为三个方面：一是党政的力量；二是社会组织的力量；三是群众的力量。

第一，要靠党政的力量，发挥党政机关的作用。党政的作用和责任主要体现在以下几个方面。

首先，抓规划。从社区规模的设定、范围调整，到社区开展工作所需办公、服务和活动综合用房的配置，到社区商业服务设施的布局，到阶段性任务目标和工作措施的设定，都离不开规划。一个布局合理、规模适度，社区基础设施建设和公共服务设施建设健全、功能完善的社区，离开了规划是不可想象的。要着力三方面的工作：一是要将建设和谐社区纳入各地国民经济和社会发展规划，与整个经济社会发展相配套、相一致。二是要将建设和谐社区纳入城市总体规划、分区规划，充分考虑和谐社区建设内涵广泛的特点，综合考虑并统筹安排社区文化、社区卫生、社区教育、社区治安、社区社会保障和社会救助、社区商业服务网点等基础设施，使各种设施布局合理，方便群众生活。三是要抓紧制定推进和谐社区发展的工作计划，通过工作计划，明确一定阶段内建设的目标和重点，完善有关措施，推进体制机制转换、衔接，合理配置资源，促进社区全面、可持续发展。

其次，建立健全领导责任机制和部门协调机制。坚持把社区建设工作列入重要议事日程，列入党委政府经常性研究的重点议题，及时研究和解决工作中的重点难点问题，采取得力措施，不断提高工作水平。要按照中央关于树立和落实新的政绩观的要求，把社区建设工作业绩作为考核领导干部政绩的一项重要内容，保证各级政府和有关部门对社区建设工作的领导责任能够落到实处。要形成任务明确、责任到位、上下配合、相互协作的工作协调机制。特别是街道和社区层面要建立议事协商机制、共驻共建机制。

再次，要建立公共财政，不断增加对社区建设的投入。社区建设是需要投入的。这些投入除了社会资金和民间捐助外，主要还是要靠政府的投入。特别是以下几个方面更离不开政府的投入：一是对与城市公共服务设施紧密相连的社区公共服务设施的投入；二是对社区组织办公用房和居民公益活动场所的投入；三是社区干部工资补贴、保险及其培训的投入；四是开展社区各种公共服务的投入；五是用于支持社会组织参与社区服务的投入；等等。在市场经济不发达的地区，社区建设的投入主要靠政府，只有足够的投入，才能推动社区发展。

最后，要制定和完善社会各方面力量参与社区建设的政策体系。一是要细化推动政府公共服务覆盖到城乡社区的政策，让人民群众享受到基本的公共服务，让各级政府的惠民利民政策真正落实到社区，落实到群众。二是要制定和完善政府购买服务的政策，引导和资助各类社会组织参与社区建设。三是制定和完善鼓励企业参与社区管理和社区服务的政策，发挥好市场机制的作用。要鼓励相关企业通过连锁经营提供购物、餐饮、家政服务、洗衣、维修、再生资源回收、中介等社区服务。利用现代信息技术、物流配送平台帮助社区内中小企业，实现服务模式创新，推动社区商业体系建设。对开办商业性社区服务项目的，有关部门要依法简化审批手续，维护其合法权益。积极落实各项优惠政策，鼓励下岗失业人员自办或合伙兴办社区服务组织，或通过小时工、非全日制工和阶段性就业等灵活方式参与社区服务（国发 14 号文件）。四是制定和完善鼓励驻在社区的单位向社区开放服务设施的政策，发挥各种设施的社会作用。积极引导社区内或周边单位内部食堂、浴池、文体和科教设施等向社区居民开放。充分利用社区内的学校、培训机构、幼儿园、文物古迹等开展社区教育活动。有关单位开展社区服务，既可以单独经营，也可以与社区组织联营共建（国发 14 号文件）。五是制定和完善激励志愿服务深入持久开展的政策。六是要制定和完善向新建社区、人口密集社区、困难群体聚集社区、基础设施建设薄弱社区、村改居的社区、农村社区倾斜的政策，促进社区平衡发展。

第二，要靠社会组织的力量，充分发挥社会组织在社区建设中的作用。一是群众性自治组织，包括居委会、村委会及其干部、居（村）民小组长、门（楼、院）长、居（村）民代表。鼓励并指导社区居委会组织居民参与文化、教育、科技、体育、卫生、法律、安全等进社区活动；支持社会各方面力量利用闲置设施、房屋等资源兴办购物、餐饮、就业、医疗、废旧物资回收等与居民生活密切相关的服务网点，并维护其合法权益；引导和管理各类组织和个人依法有序开展社区服务；正确处理好社区居委会与社区物业管理企业的关系，支持和指导物业管理企业依法经营（国发 14 号文件）。二是物业服务组织。三是经济合作组织。四是各类社区民间组织，包括社区性社团组织、民办非企业单位。大力培育社区生活服务类民间组织。支持和鼓励社区居民成立形式多样的慈善组织、群众性文体组织、科普组织和为老年人、残疾人、困难群众提供生活服务的组织，使社区居民在参与各种活动中，实现自我服务、自我完善和自我提高。积极支持民间组织开展社区服务活动，加强引导和管理，使其在政府和社区居委会的指导、监督下有序开展服务（国发 14 号文件）。五是社区外的力量。先富帮后富，城乡互帮互助。

第三，要靠社区居民及其家庭的力量，充分发挥群众在社区建设中的主体作用。特别是在社区志愿服务上，要通过积极动员共产党员、共青团员、公务员、专业技术人员、教师、青少年学生以及身体健康的离退休人员等加入志愿服务队伍，优化志愿人员结构，壮大志愿人员力量。指导建立志愿服务激励机制，使志愿者本人需要帮助时，能够及时得到志愿者组织和其他志愿者的服务。指导志愿组织和志愿人员开展社会救助、优抚、助残、老年服务、再就业服务、维护社区安全、科普和精神文明建设活动，不断创新服务形式，提高服务水平。

中国非营利评论
China Nonprofit Review

Several Issues in Building Residential Communities

Zhan Chengfu

【Abstract】 The community construction is one of the most important policy to strengthen social development and is also the important content to adhere to the mass road of the Communist Party, to reinforce the construction of the basic regime. The article analyse what the community is, why construct the community, which community model we need, how to construct it, and whom it depends on!

【Keywords】 community   community construction   social organization

（责任编辑　陈雷）

公民社会（下）

麦克尔·爱德华兹[*]（著）

陈一梅（译）

5 三体合一——解开公民社会之谜

通常到这个时候；就该从几种公民社会说法中选择一种，然后终止争论了。或者采纳已经被反复踩得很好走的复兴主义路线（结社生活是通往美好社会的关键），或者跋涉于"人迹罕至之路"（公民社会是个谜，不是解决问题之道），几番左转，来到批评理论的外展部分；或者寻求将政府、市场和公民社会建设结合起来，形成一致对付社会问题的办法。好的一点是，不需要把公民社会之辩当成一个零和博弈，接受一个模式就得排斥其他两个，而完全有理由采取一个全面措施，把第二章、第三章（参见《中国非营利评论》第二卷、第三卷）里探讨过的所有三种学派的因素都结合起来。这是因为，公民社会作为思想和社会变革的载体，会从两方面汲取力量，一套理论的弱点可以受到其他理论的优点和贡献的平衡，这样，我们得以重点关注能产生更有效行动的想法，而不是抽象地踌躇于哪套理论正确的问题。实际上，这三种观点各有其巨大的价值。

---

[*] 麦克尔·爱德华兹（Michael Edwards），研究非政府组织和公民社会的国际著名学者，也是一位资深公民社会的实践者。曾先后在乐施会、世界银行和福特基金会担任顾问。《公民社会》一书于 2004 年由 PolityPress 出版，是目前国际上关于公民社会集大成之作。本刊经作者和出版社授权，特邀陈一梅女士翻译，从第二卷开始连载至本卷，受到了读者的欢迎。本卷刊出的是该书第五章和第六章。

对美好社会的展望有助于保持目标明确——通常是减少贫困、不歧视、振兴民主等目标。正如第三章所指出的，这就要求各种不同机构采取协同行动。明确结果和方法有助于防止以把某些机构凌驾于其他机构为专门目标的倾向——例如，让志愿机构优于政府，或者视市场既高明于志愿机构，又优于政府。不过，美好社会的展望没确切说这些目标该怎样实现，那么在当代社会背景下，大多数结社生活看来的确是其中一个重要的——也许还不是彻底的——解释因素。如第二章所述，公民社会的结构性定义在强调结社生态系统的距离和弱点时很有用，若要成为有效的变革工具，这些距离和弱点是需要考虑的。别忘了，当初正是由于对政府主导和对市场驱动的意识形态不满，才导致了人们对公民社会的兴趣。不过，第二章和第三章也强调了结社生活的差异和特性，因而人们对美好社会的目标和方法观点各异。如果没有我们提出的第三套理论，即公民社会作为公共领域的理论，那么就没有一种公正、民主的方法去调和这些观点，不能为找到前进的最佳路线而取得一种社会共识。公共领域使公民们能梳理分歧，达成一种至少有些许意义的共同利益，然后把它们转换成治理社会经济生活某一方面的规范、规则和政策。接下来，健康的结社生态系统对公共领域也很关键，因为公民之间的交谈往往要通过志愿组织和媒体来进行。

那么，每套理论都和其他理论有关，但遗憾的是，这些关联既不统一，也不好预测。事实上，它们之间的关系极其复杂，在非常不同的背景下进行比较尤其如此。尽管一些理论家把结社生活、积极的社会规范和具体社会目标的实现直接联系起来，其实没有什么比较性的实证证据可以支持他们的结论；即便有实证证据，也是一团糟——每一个概括性的判断都至少有十个例外，每一条学到的经验都至少含有十个先决条件——体现真实社会变化的"假如"、"但是"、"也许"字眼比比皆是。相对于美好社会来说，结社生活和公共领域是相互依赖而存的因素，还是各自独立的？还是其中之一或者两者都视具体情况而定？结社生活和公共领域在历史的长征中，是诸多模式里的"事务"，还是政治、经济、文化、社会结构和政府建设间互动的副产品？从地方到全球，疑问越多，干预因素的数量和范围也肯定越大，事情不免越复杂。那么，一个强大的公民社会怎样使社会强盛、文明？这是公民社会之辩中最重要的问题，也是最难回答的问题，所以也是探讨最少的。把三种模式结合起来，对解开公民社会之谜有什么启迪呢？

结社生活、公共领域和美好社会

用第三章的逻辑，结社生活状况如何影响公共领域的健康和美好社会的前景——形成统一社会规范（generalized social norms），实现具体社会目标？这些可能是所有关系中最复杂的，所以有必要花些篇幅好好考虑考虑。

从最广义角度讲，很多研究证实，没有强有力的结社生态系统，就难以实现巩固的民主，因为能够动员政治参与、使政府对公民负责的渠道和协调架构，是由独立的社会团体提供的。马克沃伦把这些"民主效应"（democratic effects）分为三类：支持民主参与的公共领域，鼓励建设公民民主参与和协商的能力，通过代表化、合法化和抵制活动，支持民主机制。[1] 20 世纪 80～90 年代期间，在非洲、亚洲和拉丁美洲，为推翻独裁统治助了一臂之力的群众运动证明，即便是在社会团体比较弱的地方，其影响之重大也显而易见。民主是否能带来美好社会通常代表的其他目标——如减贫增长和社会包容——虽然不那么明确，但是长期来说，民主似乎有助于巩固进步所需的契约和合作关系。至少没有反例，也就是说，没有证据表明，发展的经济转变要求实行独裁主义统治，虽然有些国家在其转型期间经历过这样的政权（例如，把韩国、中国大陆、中国台湾（Taiwan）地区和博茨瓦纳、中国香港地区和毛里求斯进行比较）。近来对"社会资本"的研究（当然不同于结社生活，关系却相当密切）证实，社会网络的能量、范围和联系紧密程度，的确对经济有重要的作用。世界银行对印度尼西亚的研究发现，参与地方结社组织对家庭状况的影响大于教育，尤其在同一人同时参与了社会上不同团体的情况下。有些证据表明，在国家层面上也有这样的积极效果，然而人们对此证据还颇存争议。[2]

———————

[1] 沃伦（2001），《民主与结社》（*Democracy and Association*）。

[2] 格鲁达特（Grootaert）（1999）、皮利切特（Pritchett）与考夫曼（Kaufman）（1998）。

对这些关系相互转化的机制的论述纷繁众多，不过，至少在学术文献最丰富的美国，特别有影响的有三个学派："公民文化"（civil culture）学派（如罗伯特·帕特南），主张结社生活整体是巩固积极的社会规范背后的驱动力，而积极的社会规范是美好社会的基础；"比较结社"（comparative associational）学派（如希达·斯考克珀）认为，结社生活中一些特别团体是保证美好社会所需要的政策改革的关键；"怀疑学派"（school of sceptics）（如南茜·罗森不拉姆）不同意上述两种描述中"形式与规范"之间的关系论点，主张在不同的结社生态系统及其背景之间，存在更为复杂的关系。大多来自第三世界国家的证据出自关于发展型非政府部门的研究，而就我们所知，这是公民社会里很小的一部分，所以不能进行直接比较，多数"全球"公民社会论述更是完全不理会这些问题。①

公民文化学派

第一种学派在第二章中曾简略探讨过。根据他们的主张，"公民参与"或"公民文化"——意即结社生活和自愿交往的组合——是相互独立的因素，它们带给社会坚实的互惠规范（制造给人实惠会收到回报的氛围），带来沟通的渠道，使信任得以发展（由团体和个人验证、证实），带来合作的模式（可以推广到更大范围使用），以及机会活动会带来风险的明确的意识（这里指的是公民参与网络之外的活动；因此要加强合作行为，或者至少信守"公民价值观"）。如果这些普遍的（generalized）、积极的社会规范能广泛传播于大众，就能制造出"文明的社会"；如果好人都是好的民主人士，他们还能形成一批支持社会、经济和政治改革的力量，同贫困和歧视作战，这些改革是必须的。这里要强调"普遍的（generalized）社会资本"，因为，即便有些社会资本被用于"恶"的目的，剩下的还是足以让总体效果向"善"的。帕特南等学者用各种大量的资料支持这种假设，他们的资料表明，美国的"社会资本"在衰落（尤其是传统形式的公民结社和政治参与），因此，美国正走向社会崩溃、政治消极和经济停滞的危机。②

---

① 与基恩（2003）和卡尔多（2003）等意见不同，见爱德华兹（2000b）及爱德华兹与格温塔（2001）著作所收文章。

② 帕特南（2000）。

当然，帕特南的论点比我们这里的简单归纳要更具体、更复杂得多。然而，他还是招致了人们对其观点的大量批评，有些针对其实证根据（这些人质问他，不同形态的结社组织在不同时期各自不同怎么解释），有些针对其概念根据（这些人称，帕特南从其取得的资料中得出了错误的结论），等等。还有人批评他混淆了"公民的"和"自由民主的"价值观（说他把结社生活作为规范的传送带，这些规范也许处于支配地位，但不一定就是民主的）。有人说他颠倒了原因和结果，他们指出，社会资本趋势取决于公民社会之外的因素，而不是相反的方向。这些批评意见有一个共同点，就是一个把帕特南及其同僚和第二个学派观点联系起来的问题：公民参与形式迥然不同，那么怎样才能产生相同的效果？如果结社生活的确如第二章所描述的那样五花八门的话，莫大的社会中一定有什么魔术般的、神秘的东西，才能形成帕特南所预测的那种普遍的（generalized）结果。这种质疑的自然延伸就是说，不同的结社组织确实会产生不同理想的和实际的影响，所以美好社会的目标不在于泛泛地加强公民参与，而在于要找到那些既缺乏、又重要的参与形式。在这个意义上，解开公民社会之谜的关键在于结社生活的质的变化，而不是"上升"或"下降"这样的量的转化。

比较结社学派

第二学派最有影响的人物之一要数哈佛大学学者希达·斯考克珀，他对美国历史进行的详尽研究表明，"以根植于地方、而会员活跃于全国的结社组织为核心的公民世界"转向以专业倡导团体和社会服务提供者为核心的公民世界，后者可能有大量的支持者、捐助者或者客户，但极少有真正意义上的会员。[①] 斯考克珀深以为憾的结社组织包括美国全国退伍军人协会、工会（1955 年会员人数占美国所有成年人口的 12% 多）、家长—教师协会（会员数占 9%）和大量为保护赤鹿、驼鹿、鹰等森林动物而成立的组织（遗憾的是，似乎没有人为维护浣熊、蝙蝠和臭鼬的利益组织起来）。由于他们代表一个庞大的含各收入水平、容各种利益的

---

① 斯考克珀（1999）。

社会基础（不过，他们绝大多数是白人），所以这些团体能形成联盟，其势力大到能向联邦政府施压，使其通过了提高美国基本健康、教育和福利水平的一系列改革，如 1944 年的《退伍军人权利法案》（*GI Bill*）。后来也有克拉拉、西班加尔、博茨瓦纳和韩国等一些成功的发展经验，它们的结社组织形成了政府和公民之间的"高速路"，让信息、压力和问责穿梭其上。斯考克珀的研究表明，这类协会第二次世界大战以后在美国大大衰落——美国劳联—产联缩小了 43%，全国家长—教师协会联盟（National Congress of PTAs）缩小了 60%，共济会也缩小了 70%。① 这个变化的结果归纳出来就是斯考克珀 2003 年那本书的书名《削弱的民主》（*diminished democracy*）——"这是一个倡导的世界，它把极端的声音放大，它鼓励有阶级偏见（class-biased）的政策结果"（意思是，政策结果是不符合最广大公众利益的），这是两种趋势的混合，"一边是让一小群热衷于（往往）极端事业的活动家有便利的参与渠道，另一边是关心日常生活的大批意愿不清晰的百姓没有正规参与的机制"。②

为什么这类结社组织衰落得这么严重呢？第一个原因已经提到过——跨阶级的、从地方到全国的公民社会和政府之间的桥梁坍塌，危及争取广泛福利的斗争能否成功。比如，美国民主党和共和党政府过去三十多年来改革美国健康、教育和福利体制的努力都失败了。美国的不平等和权力集中加剧，这与工会等国家级结社组织联盟衰落同时发生，不可能是偶然的。在第四章我们也看到了，为困难重重的改革达成政治一致，公共领域里不同利益团体之间进行接触，可以缓和极端立场，就像河流对石头的作用；人们同时加入不同的志愿组织，也能使公民社会"逃离某一特定的鸟笼"。③ 此外，传统结社组织的资金来源通常是会员费（不是政府合同、慈善或者外援），因而有助于会员和领导彼此保持密切的关系，有助于把问责推广到社会基础层面，鼓励在低收入人群，而不是自称"代表他们"的精英中间进行领导力发展。民主的技能是在实践中学到的，而不是在教室里或者通过阅读邮件中夹带的筹款手册学到

---

① 斯考克珀（1999：475）。

② 斯考克珀（2003）、费尔瑞那（Fiorina）（1999：20）。

③ 霍尔（1995：15）。

的，所以院外集团和提供服务的非政府组织日益占据主要地位，会危及社会团体本来可以促成规范的效应，因为公民参与只限于签支票、写信和参加一下偶尔举行的集会了——西德尼·厄尔巴（Sidney Verba）称之为参与领域的"垃圾食品"（"junk food" of participation）。①

类似论点在其他情况下也存在。例如，北方和南方的社区活动家都认为，内部普遍很包容、很民主的草根会员制组织是公民生活的关键，因为它们鼓励无权无势的团体直接参与经济和政治，打破限制平等参与和公共利益平等分配的结构障碍，如肯塔基的社区农场联合会（Community Farm Alliance）、印度 Orissa 的人民农村教育运动（People's Rural Education Movement）、巴西的无地者运动等团体。阿树托什·瓦什尼对 Ahmedabad 等印度城市中社区间冲突的研究表明，一种结社生活方式——能把印度教和伊斯兰教的利益和活动结合在一起的一种组织，能防止种族间暴力活动爆发，或者即便爆发了，也能成功控制暴乱的关键因素。② 只有一个种族的人构成的结社组织不能调和整体利益（想想卢旺达、黎巴嫩、巴尔干、印度或者尼日利亚北部的情形吧）。但如果有些组织有意识地把不同团体拧到一处——就像瓦什尼研究中的邻里和平委员会（neighbourhood peace committees）那样——那么，经过协商达成解决方案则是可能的。

这些研究的一个共同主题思想就是，在公民社会对广大社会目标的影响上，结社生活状况起着很大的作用，部分原因取决于它对公共领域健全与否的作用，还有就是它对积极的社会规范产生的影响。这些是强有力的论点，但是，个人愚见，还不是结论性的观点。瓦什尼的研究遭到了其他学者的批评，他们指出，印度的就业和产业、移民和政府责任对冲突的形成，与公民生活本身对其影响同样重要。③ 斯考克珀所推崇的重叠交叉制会员结社组织（cross-constituency membership associations），和社会活动家所盛赞的草根组织，都没有把握能实现美好社会的目标，特别是当用实现普遍权利为衡量标准的时候。她自己也承认，20 世纪 60 年代争取民权和妇女权利的伟大的示威运动并不符合她的模式，因为，尽

---

① 厄尔巴、施罗兹曼与布来迪（1995）。

② 瓦什尼（2002）。

③ 凡德维尔（Van der Veer）（2002）。

管新的会员制结社组织很重要——如南方基督教领导理事会（Southern Christian Leadership Council）和学生非暴力协调委员会（Student Non-Violent Coordinating Committee）——但是这些运动是由草根的示威行动、激进的社会活动和专业化的院外游说一起推动的，而不是由家长—教师协会、美国退伍军人协会那样传统的、跨不同利益的结社组织推动的。虽说白人在民权运动中也起到了一定作用，但运动的性质却绝对是非洲裔美国人的运动。同样，妇女运动是由妇女推动的，同性恋权利运动也是男女同性恋者推动的。所有三项运动都取得了巨大成绩，这说明，代表一定人群的结社组织在实现美好社会的目标方面可能同样有效，甚至更有效——除非颠倒过来，不把平等权利算在目标内。1963～1991 年期间，美国国会通过了 205 个社会进步立法。杰弗里·贝瑞就此下了结论，认为华盛顿的"公民"院外团体的发展和影响对民主和公共利益是好事。他说："这些不是一般的公民，他们是身手不凡的活动家，我们国家需要多些这样的人，而不是少些。"[1] 参加这种团体的人更可能参与政治过程的其他方面（包括投票），更愿意成为其他团体的会员，在这里，他们不是光写支票，他们成了各种团体的重叠交叉会员（overlapping memberships）。所有的学派都视之为关键。问题不在于公共利益院外活动，而在于他们只赋权美国总人口中的一部分人。这个问题下面会提到。同样，很多传统会员制结社组织不是为广泛的社会变革而斗争，而是为一些狭隘领域的问题而工作，如枪支持有问题（20 世纪 70 年代全国来复枪协会和政党政治结盟以后，迅速壮大）和防止堕胎问题 [成立于 1973 年的全国生命权利委员会（National Right to Life Committee）竭力推动]。宗教运动在美国和其他地方发展很快，然而与过去新教教会不一样，它们往往让其会员就留在教会集团内部，而不是到社会范围的活动和工作领域去。[2]

怀疑学派

我所说的第三学派已经详尽阐述了这一学派的资质，其中包括这样的学者：他们同意，结社生活的结构为适应快速变化的环境而进行着重

---

① 贝瑞（1999b：389）。
② 乌斯诺（Wuthnow）（1999）。

大转变，但是他们又否认这些变化有任何前后次序。部分原因是，尽管旧的参与渠道在衰落，但是新的参与路径在扩大（这点有些冒犯了帕特南，他说过"现在的年轻人都不合群"），如足球俱乐部、环境组织、自助团体、教会和反全球化运动都在风起云涌，其中很多新结社组织——被斯考克珀斥为专业院外活动家的——还拥有大量的会员［例如，希尔拉俱乐部和全国妇女组织（National Organization of Women）］。① 有些结社组织不只写写支票，也参加其他活动，甚至进行结构治理工作，如美国退休人员协会（American Association for Retired Persons）。所以，尽管传统结社组织的衰落可能有些消极影响，但是整体上更包容的结社生活的崛起（就是原先很排他的团体也要围绕其自身利益重新组织起来，至少一开始要这样）又确实是件好事。如本书其他地方也反复强调的，坚固的桥梁需要坚固的纽带。改变公民生活的形式可能只是反映了一种必要的重新排序（reordering），使公民社会虽经形势变化而仍然是一支积极的力量。该学派认为，解开公民社会之谜的钥匙在于把变化着的结社生活总体架构和具体组织的具体作用，和外部环境因素以及不是简单归类和概括就说得明白的相互关系联系起来，因为所有的因素是相互依存的。

按这条思路，结社组织的特点和其应该发挥的作用之间没有什么必然联系，甚至连对宗教有同情心的保守主义（compassionate conservatism）的教父、白宫宗教和社区项目（White House Office of Faith-Based and Community Initiatives）前主任约翰·迪路里奥（John Dilulio）都承认这个现实。读了97份以信仰为基础的公民结社组织及其工作研究报告以后，他说："我们不知道美国富于宗教同情心的宗教团体……是不是一定比其非宗教同行要出色。"② 美国学者黛博拉·闵考夫（Deborah Minkoff）和两位马克·沃伦（Mark Warren）（的确是两位，他们分别研究公民社会和政治学）等的研究表明，有争议的组织能制度化地培育民主和合作规范，原因是，当人们争取权利和保障时，更愿意和其他人合作。③ 闵考夫

---

① 帕特南（2000：15）、拉德（1999）和雷（2002）。

② 约翰逊（Johnson）（2002）。

③ 沃伦（2001）的《民主与结社》、沃伦（2001）的《干骨头咯咯响》（*Dry Bones Rattling*）、闵考夫（Minkoff）（2002a 和 b）、坎普贝尔（Campbell）（2002）。

的研究表明，最有效的非营利组织总是"杂交型"的，它们把倡导、提供服务、能力建设和政治行动等各元素结合在一起，很少是"非此即彼"型的。戴维·坎普贝尔（David Campbell）说，"教会组织不仅仅是服务承包机构，还是教会联盟和组织网络的所在地和资源"，除了在服务上，它们在政治上也起着越来越重要的作用。①

关于"形式与规范"的辩论，最详细的调查来自南茜·罗森布罗姆，她发现，结社生活对结社组织成员道德情操的影响、进而对民主健全与否的影响，其实很复杂多变，往往令人吃惊。② 新托克维尔主义者常常不以为然的协会团体——如自助团体、同类身份人组成的团体或者大街上的青年团伙——可能有重要的民主作用，因为，即便其成员都像自恋自怜似的，可能只谈论自己，但至少他们是一个接一个地谈，同时学到点互惠的道理，从而有助于形成合作和积极的公民意识。这可是重要的发现，要知道，到1996年，美国这样的自助团体（如戒瘾协会和关注体重协会）的会员已经超过2500万。③ 相反，为新托克维尔主义者所称颂的那些结社组织在公民参与方面表现好坏参半，有时还挺叫人失望，因为他们的参与没能延展到团体之外和更广大的政治世界。结社组织文化各有特色，还常常有争议性，但它们还是可以产生重大意义的，因为它们可以表达公共领域中被忽略了的声音，或在其成员中开发新凝聚点和做事能力。有些小团体也有大机构中同样的问题（家庭还有过不下去的呢），而另一些组织对其内部民主、平等和自我批评是十分重视的。罗森布罗姆总结说，"仇恨团体"（hate groups）是唯一明确起消极作用的。

所以，对民主取决于活跃的结社生活论点来讲，公民结社组织成为"小民主体"（mini-democracies）是个理想，不是必要的。那么，根据公众价值观来推行内部结构和特征——例如，把问责推广到社会基础层面，或者让结社组织领导由民主选举产生，这样的立法不大可能有效。可能鼓励这些特征是需要的，但是如汉拿·阿兰特所说，如果要求普遍施行，

---

① 坎普贝尔（2002）。
② 罗森布罗姆（1998、1999）、珀斯特与罗森布罗姆（2002）。
③ 瓦瑟曼（Wasserman）（1999：240）。

这儿就可能变成一个通向"极权主义的"滑坡的起点,成为"持续和谐的终点"。① 对公民社会热衷分子来讲,这个结论可是让其不快,因为这等于说,结社组织可以不民主或采取歧视性的做法,而仍然还有资格待在公民社会里——比如,救世军(Salvation Army)拒绝雇用同性恋人员的行为。哪一个目标更重要——是把公民社会作为一个多元化的保护区保护起来重要,还是在文明的社会里推行统一标准更重要?必须由公共领域来决定这个问题的答案,有必要的话,还需要法庭。1984 年美国最高法院强制命令明尼苏达州青年商会(Minnesota Jaycees)接受女性成员就是一例。②

在美国之外,关于"形式与规范"的争论研究不多,背景也相当不同,因此,下比较性的结论不容易,但是已有的研究揭示了同样复杂的状况。不同种结社组织或特点不同的结社组织,可能起相似的作用;"表现出色的"结社组织所具有的特点——如灵活性、问责性和好学性——成功的公共和私人部门机构也都同样具备。最近福特基金会对 22 个国家公民社会和治理的研究发现,结社生活的确有助于民主和政府问责,但是影响程度没有想象的那样深,而且只有特定条件得到满足时才奏效——例如,结社组织之间形成联合体或联盟,会员成分包容性强,具有独立性,本土资助越多越好,等等。③

发展中国家"以价值观为基础"的非政府组织并非顺理成章地就更有效,因为它们的业绩如何,取决于它们运作的环境和它们的工作目标——比如,为了在提供服务、政策倡导、促进成员或受益人群能力建设等不同领域有效地工作,就需要有不同的组织架构和特点。具有明确的愿景和宗旨;保持经济发展和政治赋权之间的平衡;建立强有力的纵向和横向联系,以整合资源,把穷人与公共和私人机构联系起来;加强人们自身能力和领导力的放大效应等,这些都是取得成功的共同因素,但是在极权主义背景下或资源不足的地方,有些就实现不了。即便可能实现,亚洲和拉丁美洲的研究表明,"我们不能先知(a priori)哪种组织

---

① 引文见珀斯特与罗森布罗姆(2002:16)。
② 见盖尔斯顿(2002)。
③ 这些研究可以在发展研究所网站上看到:www.ids.ac.uk/IDS/civsoc/map.html。

生来就更善于针对农村贫困人群的需要去工作，哪些不能；哪些更代表他们的需要，哪些不能"。① 如果一个结社组织，给被忽视了的人群赋权是其首要工作，那么，把这个以会员制为基础的、内部实行民主的结社组织推向社会运动的洪流可能很关键；但是在其他情况下，较为传统形式的结社组织可能更重要。过去十年涌现出来的很多全球社会运动也尝试了不少在内部决策、管理和问责方面新的、架构不完备的组织形式，可现在还不清楚，这些创新是否带来了更强有力的集体规范，是否产生了实在的效果。② 如前面讲的美国的例子，产生效果的不是结社生活的存在或其深度本身，重要的是多元化的特征，和在其历史和当代背景下所产生的不同形式的结社组织所进行的具体活动。

有没有可能进行概括？

第三学派学者因为非常小心地将不同影响从不同结果中分离出来，所以他们给结社生活及其影响提供了最好的指导，但是他们也留给了我们大量的多元分析，而没有在实践中能用得上的全面结论。让我来作四点基本概括。第一，这些联系的本质取决于人们怎么看美好社会的目标，更准确地说，取决于这些目标在实践中得以实现的方法。"公民文化学派"将普遍的（generalized）的社会规范看做更广泛社会变革的驱动力，将结社生活整体视为强化这些规范的载体。"比较结社学派"把具体的政策变化当做实现美好社会的关键，还需要公共领域中的机制允许构筑必要的政治结盟。对这些改革，有些结社形式很重要，其他的则可能没有什么关系，甚至是破坏性的。相反，"怀疑学派"人士认为，谁也不可能预先知道是否有哪种结社组织比其他种结社组织更能发挥其他学者所指称的效应。如此论来，最好还是尽量促进结社自由、能力开发和社会包容，让公民社会自己去解决剩下的问题吧。

再仔细看看，这三种学派也不是相互排斥的，因为美好社会的目标

---

① 百宾顿与希尔（Thiele）（1993：21）；又见爱德华兹与休姆（1995）和爱德华兹（1999b）。

② 默提斯（2002）。娜奥米·克兰（Naomi Klein）（2000、2002）在其作品中大量阐述了这些观点。

只有在一个对所有结社生活都宽松的环境中、并且支持公民社会生态系统中缺失了的一些具体结社形式的条件下，才最可能得以实现。所以我的第二个概括是，重要的是生态系统，不是具体组成部分的特性。重叠交叉的会员身份、不同利益的统和联盟、混合型组织、平衡的纽带和沟通、草根团体和中介、倡导和提供服务关系，这些都更可能让结社生活成为更广泛的社会进步的陪衬。有些结社对政治问责至关重要，但对信任和合作的作用则不然，还有的组织可能鼓励社会规范，但是对政策改革没什么作用。因此，公民社会生态系统越强大、越多元、越独立，这些积极的活动交往能够持续下去的机会就越大，那么，非政府力量在早期民主巩固任务完成后，在推动持续改革方面能力一贯薄弱的问题，就会得到解决。

第三，在这一生态系统内部，一种组织看起来确实特别重要。这就是——用马丁·路德·金（Martin Luther King）的话说就是——实践着"正义的爱"（love that does justice）的这类结社组织，它们鼓励其成员和支持者不仅不辜负自己的道德价值观念，而且不辜负其社会责任，鼓励他们"把个人生活世界和公共空间结合起来，鼓励进行集体判断，创建沟通网络"。[1] 个人和机构两个层面行动的结合，看来最适合培养对民主和美好社会都很关键的那些特点，就是说，愿意追求共同利益，又愿意去排除前进路上的障碍。在这里，进步力量是特别针对不公正和社会排斥问题的社会能量，而不是针对普遍的（generalized）社会规范的。忽视权力结构或者替代政府职责的结社生活，对形成上述关键特质是不可能有很大帮助的。

第四，公民行动的公平赛场对形式－规范关系很重要，否则，公共领域就不能有效运行，而结社生活，就是有效也会以牺牲其他团体为代价享受特殊优惠。"社会行动的决定性因素是权力的实施"，詹姆斯·路德·亚当斯（James Luther Adams）写道，"而社会行动的特征取决于权力表达方式的特征。"[2] 问题是，这些条件——平等、多元、独立以及支持公民行动的环境——不是公民社会自己行动就能达到的。相反，这些条

---

① 沃伦：《民主与结社》。

② 路德·亚当斯（1986：62）。

件必须被根植于更广泛的美好社会背景之下，就是说，结社组织是附属性的因素，而政府或市场行动才是决定性因素。

美好社会、结社生活和公共领域

自由、民主和法律面前人人平等通常被认为是美好社会的特征，还不仅仅是其程序的或自由—民主的形式，在很多不同的文化中和表达上，还是人类素质和职能的基本方面。这些条件的实现对非政府行动有重要的影响，因而美好社会可能影响公共领域的健全与否和结社生活的状况，同样，后者也影响着宏观的社会目标。公民社会不同表象之间的关系是相互的。公民社会有效发挥作用是推动积极社会变革的一支力量，而我们已经认识到，平等和独立是其中两个关键条件。在第三章里，我们看到了志愿组织要解决不平等、歧视和社会权力的机制化集中等结构性问题有多么困难，因为能保证普遍权利和保障的只有政府。只有权威抵消结构，才能给一个存在严重不对称的社会总体构成带来越来越多相互作用的机会。所以，如果让结社生活和公共领域给两方面都有均等的机会——既让私人利益有代表、又有真正的公共利益，那么政府行动是核心。否则，人们知道的只是一部分声音、利益和结社组织。这一点特别重要，因为社会资源不平等分配和网络与结社的消极作用两者之间，有密切的关联关系。要牢记，处于平等地位的人与人之间的关系，是信任的原材料，因为人们只有感到安全了，才会主动和其他人建立关系。因此，社会、经济和政治平等是公民社会能培育共识、鼓励集体协商、实现民主结果的前提条件，在这里，才能实现所有人公平参与。

不过，呼吁"更多参与"往往忽视了经济上的困难，靠低收入或者不稳定工资生活的人们没有时间和精力去"更多参与"，特别是在没有福利政府的情况下，私有化把迄今最大的负担转移到了志愿组织、家庭和妇女身上。如果人们感到被他们工作所处的经济体制剥削了，被他们投票所处的政治体制忽视了，又由于种族、性别或性取向而被歧视、被社会体制所排斥，不奇怪，对他们来说，"退出"的选择往往比"说出来"好。事实上，人们仍然参与、进行志愿活动和组织活动，显然，这很值得庆幸，但我们不能当这是天经地义的。祛除妨碍人们在结社生活和公共领域中参与和平等参与的根本原因，是政府的责任，就是说要用市场规制和立法来促进保障和保证人类的基本需要得到满足。劳动力和住房市场的经济分割把公民也彼此分割开来，因而公民社会联盟更加难以结成，一如工资结构变化使组织活动和集体谈判难度增加很多一样。当前世界很多地方的民主化浪潮并没有产生 1945 年后初期的那种福利和再分配结果，这可能是其中一个原因。所以，"更坚定的劳工运动比无论多少将穷人的坏习惯进行道德化（moralizing）的努力，都更有助于复兴公民社会"。① 人们之所以很容易忘记，妇女在 19 世纪美国志愿结社中曾起到重要的作用，部分原因是，她们曾经一直被剥夺了在正式政治领域参与的权利。1964 年的《民权法案》（*Civil Rights Act*）才把志愿组织合法地倡导政治平等的活动合法化，所以该法案不仅仅是打破了结社生活和跨种族联盟中的种族隔离。20 世纪 80 年代里根政府通过削减预算和挑战倡导团体的非营利地位，把社会运动弄散了；而今乔治·W. 布什政府专门强调公民社会提供服务的功能，这些能是巧合吗？这些伎俩在其他很多国家已经司空见惯。无论是基于特意设计好的，还是基于既成的安排，政府对结社生活状况可以产生或好或歹、总归是深远的影响，自由理论中提出的公民参与的结果如何，很显然取决于民主政府的政治背景。"好政府制造好公民"，这是一位巴勒斯坦活动家说给学者阿曼尼·贾马尔（Amaney Jamal）听的，可不是后者说给前者的呦。② 如果没有好政府，像在巴勒斯坦那样，结社组织可能就被招安了，于是政府就和它们形成老板—客户关系。

所以再明确不过了，我们需要法律来保护结社、言论和获取信息的自由，需要政府调和在正规问责体制中非营利组织权利和责任的平衡。独立具有核心重要性，这是当前讨论的一个共同主题，因为如果结社组织受制于商业利益或政府，或者公共领域陷在商业考虑或官方私下提出要求的陷阱里，那么它们的作用就会遭到致命的削弱。这为权威主义背景或政府和社会（或政府和宗教）关系错综复杂的伊斯兰背景下的公民社会带来了显而易见的困难。在这样的情况下，对权力和权威实行独立

---

① 艾伦博格（1999：249）。

② 贾马尔（Jamal）（2003）。

监督也许不可能，但是问责机制还是可以在其他层面、用其他方式运行。例如，伊朗总统穆罕默德·卡塔米（Mohammad Khatami）在支持公民讨论伊斯兰国家的政治时发挥了更大的作用，尽管西式志愿组织的发展前景还很暗淡。在很多进步的穆斯林看来，伊斯兰世界没有公民社会是由于被压迫者和压迫者之间的政治冲突，而不是伊斯兰教和西方之间的宗教冲突。[1]

因此，人们在结社生活中感受到的所有不适以及很多其他问题的解决办法，存在于公民社会之外的政府和工商业行动之中。所以我们说，对这些行动取得共识，是解决公民社会之谜的关键部分，于是我们再一次被带回了把公民社会作为公共领域的角色上。

公共领域、结社生活和美好社会

由此看来，公共领域之重要，既是因为对形成美好社会所面临的问题，它们可以提出可能的解决办法；也是因为它们可以动员民众去支持这些想法。鉴于我们已经用了很多空间探讨效果问题，我们这里只简单再提醒自己，有效的公共领域对结社生活和美好社会的目标非常重要。公共领域提供的是空间，在这里，各个结社组织可以申诉其利益和目标，使其分歧得到梳理；在这里，公正、民主的共识可以取得合法性。就像人们常说的，政府和工商业"有权干它们要干的，但是公众也有权被它们的做法触怒"，然后用它们的关切方式施压，推动变革。亚当·赛里格曼甚至称，当代社会有机会以18世纪中期以来一直不可能的方式，解决公民社会两难的两个极点问题（一边是团体层面上人们趋同的理念，而另一边，并不是人人都要争取人权）。[2] 这种观点的核心是要一个民主的公共领域。

结　论

把所有三种模式的元素联系起来，形成对公民社会的综合理解方式，可以提高这个概念的使用率，因为它既可以作为理论解释，又可以作为

---

[1]　科尔赛（2002）。
[2]　赛里格曼（2002：30）。

行动载体。结社生活、公共领域和美好社会分别单独来看，都是不完整的。如果让它们并肩而立，至少有机会让其强项和弱项能平衡，而且三种观点都可以受益于一种积极、主动的相互沟通方式。一个包容的、目标明确的结社生态系统，可以是美好社会的驱动力；而美好社会之实现，需要一些条件，使独立和公平的竞技场成为可能；有了独立和公平的竞技场，民主的结社生活才会得到支持。没有一个有效的公共领域，哪一个都不可能，因为这意味着没有一处结社组织可以确定美好社会的目标和方法的空间。在全球层面上也是一样的，虽然政府仍然是国际条约的义务履行者，可是跨国网络对实施合规性起着重要的作用。我们要求有一个全球公共领域（很遗憾，现在确实缺失），它可以推动大家就国际规范进行辩论。这样的综合方式应该能为设计更可能有效的干预方法创造条件，因为我们要让所有相关因素，用理性的方式，一起得到讨论，而不是把魔方的某些部分孤立出来，那样就看不到其他部分是如何相互配合起来的。实践中，这又意味着什么呢？

6 还要做什么

大多数时候，请公民社会学者从他们自己的理论里提炼出政策和实践，相当于你让地方上一个牧师帮你弄水管。如果你问一个显而易见的问题——我们应该做什么？你多半先听到一双脚窸窸窣窣一番，然后便是令人尴尬的沉默。而试图要回答这个问题的人，不免落入用道德规劝改善个人行为的一套说教（这是"公民社会复兴主义者"的一种典型回答），或者大讲社区或社会运动发展的理想假设（特别是"左派"，往往会这样讲），或者——恐怕也是最糟糕的一种——纯粹按照他认为的捐赠者和政治家想听的，来作一系列推荐。结果往往是形成一个无关痛痒的购物清单式的东西，内容无非是非政府组织能力建设、优秀公民训练营，呼吁回归一些想象中的过去，那时邻里之间更加和睦，地上淌着牛奶、蜂蜜和社会资本。罗伯特·帕特南用一个长长的单子作为他《独自打保龄》这本书的结语，用的是近乎福音书式的语调，"所以我给美国的父母、教育家……和年轻的成年人挑明了……把社会资本之桥梁搭建起来的挑战比其祖父母时代要大得多"，这个重任保证能让全国十几岁的孩子心跳加速。可是，似乎我们这位尊敬的教授没有想到，"美国的父母们"已经每天在面临这样的挑战了，可是，他们没从老板和政府那里得到什么帮助，相互之间的帮助往往也很少。①

无论如何，"要做什么"取决于人们怎样理解公民社会。倾心于结社生活的人注重填补公民社会生态系统中的缺漏和断裂，促进志愿精神和志愿行动，争取"宽松的环境"，通过税收减免让非政府组织和其他公民组织享受优惠，通过保障结社自由的法律法规让它们免受不当的干预。信仰美好社会的人会关注在政府、市场和志愿部门的机构间，围绕减贫、人权和深度民主、为之得以实现的集体战略等目标，建立积极的相互关系。持公民社会是公共领域观点者，最注意促进人们介入沟通结构的机会，又强调其独立性，还会扩展路径和集会场合，从而有助于进行公众协商，培养公民跨越各自私人界限进行相互交往所需要具备的能力。将公民社会作为独立因素的人，会想办法直接建设它；而把它当做其他力量的副产品的人，则会竭力撮合它们，以取得整体上最好的结果。如果您和我一样，看到这三种方式都有优点，自然地，就要找可能能够加强第五章所罗列的三种模式之间积极的相互作用的干预方法——铸造一个与强大而民主的政府相应的、包容性强的结社生态系统，在这里，多种独立公共领域使人们能够平等参与游戏规则的制定。这样的综合方式避免了用志愿行动去替代政府建设或民主政治要求的东西。这就是整个第六章我要用的方法。

问题是，这种方法对政策和实践来说，也是最为复杂的，认为找什么"神奇的子弹"（如更多参与志愿活动）没有意义，而所有的方法都是因时间、因地点而各异的。因此，我们对公民社会之辩越苛刻，我们越会返回到社会性别、种族、政府—社会关系、变革的物质基础等这些熟悉而棘手的问题上。我们越这样深刻追究，就越难以找到要做什么、什么时候、在哪儿做等问题的简单答案。这就产生了一定的不确定性——因而要求一定的灵活性——从事外援事务的援助机构喜欢一些预先设计

① 帕特南（2000：404）。

好的标准，依这些标准衡量，结果很快就出来，而我们的不确定性与此趋势就有些不和谐。"公民社会建设"实际上是个"黑匣子"，指的是，在永远变化的环境中所有因素相互之间的交往关系，结果，结社生活和公共领域成了更广泛的社会、经济和政治体制的陪衬，反之如是。有些看得见，有些看不见，而多数取决于环境和形势。第五章曾在理论上就它们之间如何相互作用提出了意见，但是在实践上，几乎就不可能。这些复杂性的背后是一个棘手的问题，即，是否有哪种干预会带来可以预见的结果。因为发展越随机，就越难以确保公民社会带来某些特定效果。能影响得到的最容易的事（如社会中非政府组织的数量），往往也是最无足轻重的；而最重要的——如"公民"价值观和有志献身大众生活的决心和毅力，又是最不容易改变的。由于公民社会有多张面孔，尽管我们的目标是杰吉尔博士（Dr. Jekyll），而结果可能是海德先生（Mr. Hyde）。

这个恐怖的形象给了我们什么启示？我认为我们可以做两件事去培育各种形态的公民社会，而不至于落入简化论（reductionism）或谬误普遍论（false universals）的误区。在一些条件下，结社生活、公共领域和美好社会之间的相互作用，可能有利于实现和平、民主和社会公正等目标。我们可以做的第一件事就是准备好这些前提条件。这就意味着，必须反对所有形式的不平等和歧视，赋予人们成为积极公民的条件，改革政治以鼓励更多人参与，保障结社组织和传播体系的独立性，为机构间建立伙伴关系、联合会和同盟打下坚实的基础。第二就是支持结社生活创新，鼓励公民行动通过公共领域向有助于美好社会建设的方向努力，而不是到自己这儿就做完了。就是说，不是让结社生活回到过去时代的形式，而是要求它重新发现适合明天和今天这样迥然不同的环境的新形式——这可绝非易事，尤其是，它们之间也在背景和文化上存在着重大的差异。但是如果两件事都成功了，公民社会至少有机会自己可以渐渐更自觉、更和平和更民主地发展。虽然结果可能不符合一个事先确定的定义，但是它们会更加可持续，更有效。这也是一种结果。

为真正的公民社会预备条件

辩论至今，一个一贯的主题就是结社生活为美好社会奠定基础的能力。只有更坚定地致力于平等的公民权利和民主自治，才能把两者联系起来，同时还要通过第四章、第五章描述过的公共领域所特有的形成共识的作用方可。别忘了，我们三种公民社会模式，每一种的成功都取决于它与其他两种模式的相互作用。要让我们说的这些关系能够有效地相互作用，有些事我们就得必须做，几乎不用考虑什么环境情况，这就是，集中力量排除正在削弱着三位一体合成条件的结构性障碍。这些条件中首要的就是贫困和不平等、排斥和歧视，它们破坏了让人们成为积极公民所需要的支持系统，使人们没有安全感，不敢主动和其他人建立关系。可是合法维护平等权利、提供就业机会和适当的工资、足够的育儿福利、公平的税收、接受高质量健康和教育服务的机会、全套社会保障网等，这些干预措施的目的是建设公民社会，现在说它们是前提，似乎是悖论。可它们确实是，因为没有它们，结社生活和公共领域——延伸到美好社会，因为其定义和解释恰恰适合这个语境——就有可能被某些团体所控制，而其他团体成为牺牲品。保障这些东西所有公民都享有，是确保他们有能力、有机会按照其自己愿望建设公民社会的最好的办法，而不是按资助者、政府和公司的意愿。

严重的不平等和不安全感挥之不去，将作为民主事业的公民社会置于危险之下，也把过多的影响力放到了精英的手上。我在第四章里举了曼哈顿基督教和犹太教教会共享空间和资源的例子，其成功的部分原因是，两个教会成员都比较富有。在一个享有特权和安全感的位置享受大都市生活不太难，因为风险很小很小，也不需要付出太大的努力。但是让生活只能勉强糊口的人也一样地分享、参与和合作，就不合情理，除非我们努力创造条件，让他们觉得这么做很安全、很合理。讨论政治、让权威承担起责任，是需要能量和勇气的，尤其当权威卷土重来而没有法律、社会、财物"保险"支撑着的时候。控制枪支是公民社会建设的另一个工具，因为，没有比担心在超市被枪手撂倒更大的对信任的破坏了。

毫无疑问，"讲道理的人会意见相左"，但同时会尽量地提供安全感、有保障感、平等参与和政府、市场、志愿活动的恰当组合，然而很难看到政府、工商业和非营利团体自己如何去达到目标。机构互补

（institutional complementarity）是关键，不是替换——不管是用私人部门替代公共部门，还是用非营利部门替代私人部门，都不对。这就要求我们必须细心关注公民社会所有三种形态里私有化和商业化的影响，有必要的话，还要主动逼它退回去。支持"合作生产"（co-production）——政府、商界和社区团体共同提供公共物品和基本服务，带来当地资源管理的整合，提高人们对成果的所有感。例如，西雅图有个"邻里配套基金"（Neighbourhood Matching Fund），公共部门和社区资源在这里汇集。它为整个拉丁美洲国家城市中进行的公民活动、公民参与预算和其他治理方面的工作，提供公共和私人支持，复制试验成果。

除了这些经济干预，政府还有责任保证结社生活和公共领域的独立性，这是它们作为载体有效推动透明、问责、对话和辩论的必要条件。最好的办法是通过法律对公民和政治权利，特别是信息权、结社和言论自由权进行保护，建立有利于公民行动和独立媒体的宽松环境，这个环境应由适当的财政和规制框架组成，能够平衡自由和问责问题。实践中，多数环境都经不起这样的检验，它们对结社生活过于干预、控制，尤其是在威权主义国家，对它们来说，收编公民团体和传播渠道简直是不可抵御的诱惑。即便在美国这样的成熟民主国家，这些诱惑也是显而易见的，特别是在 2001 年"9·11"恐怖袭击之后的安全环境下。这时，"穆斯林慈善组织"被怀疑疏通资金给恐怖集团，公众批评可能被看做不爱国。白宫压制伊斯兰非营利组织、美国财政部发布"反恐融资"（anti-terrorist financing）新纲领之后，给这类组织的捐款降低了 20%。新纲领要求支持国外非政府组织的美国慈善机构，凡是有账号的金融机构，必须确定其身份，还得取得证明信，证明这些机构是否"在国际反洗钱运动中采取不合作态度"。[①] 这样做的用意也许值得称道，但是实际效果可能是推迟对那些完全正当的结社组织的支持，不管它们当时多么迫切地需要帮助。无论如何，这一类干预总是政府出于政治或意识形态（不是法律或规制）的原因，用来对付一些团体的。这正是一个健全的公民社

---

① 《美国财政部反恐融资纲领：在美慈善机构自愿遵循的好经验（2002）》〔US Department of the Treasury anti-terrorist financing guidelines：voluntary best practices for US-based charities（2002）〕，2003 年 1 月 6 日《慈善新闻》。

会所忌讳的，因为在一个健全的公民社会里，不同的观点和声音都有权得到表达。我们在第三章里看到了不同思想学派是如何针对"不文明社会"的问题的，所指的就是某些结社组织的目的和实践可能会冒犯其他团体。有很多方法可以应对这个问题，但是立法规定"一刀切"——从政府角度认为可接受行为的概念——又有让较为激进的声音噤若寒蝉的风险。政府和志愿部门形成"契约"（concordat）是个进步，可以指出双方的权利和责任，还要有自愿的行为准则作补充，这同时还是给了自由结社以尽可能大的空间。这种契约关系已经在英国、加拿大和其他地方付诸试验。尤其重要的是，公民们加入或离开非营利团体要越容易越好，因为这样才能使重叠交叉会员现象更可能实现——这是全书贯穿始终都在强调的。

我们回到公共领域的话题。要实现平等机会、建立共识，使公民有能力让政府和工商界对其行为问责，信息的自由流动是关键。如果关于财政、就业和法律权利的信息能广泛为人所知，就会有助于抵消受排斥团体的孤立状态，则公共政策更有可能受到对其有利的影响。因此，公开的信息披露法律、严密的公共（不一定是国有的）媒体和传播渠道网是第一重要的。此外，还需要各种更真正意义上的"公共"空间——物理空间（如市场和广场、社区中心、公共图书馆，尤其是有免费上网条件的上述地方）、虚拟空间（让日益的商业化和一小拨公司集中控制互联网建筑和编码的趋势有所收敛）、教育空间（让私人掏钱建设公立大学）和媒体（支持社区电台、公共电视，补贴有线频道和多样性、多元化的报刊，包括本地平台）。政府在这里有个角色，它可以根据公众利益来规制传播业。例如，防止公司买下某地方上所有的广播电台，像清洁频道公司（Clear Channel Corporation）正试图在美国这么做；政府可以坚持，有线公司要专营，必须以资助社区接入中心为条件；政府还可以补贴公共服务广播卫星的成本。

此外，公众参与需要途径和聚会的理由，让大家建立友谊，相互挑战，形成超越各自特殊性的新联盟和忠诚的对象。在白俄罗斯，波兰斯特凡·巴特里基金会（Stefan Batory Foundation）正支持一系列圆桌会议，促进政府、工商界和非营利团体就未来的社会方向展开对话，在这样一个威权背景下，这是很明显、也是史无前例的一步。混合（mixed）中小学、高校和住房项目、合营媒体公司、合作社等集体生产和营销组织、不同团体共同管理自然资源等，所有这一切都是在不同阶层和种族间架设桥梁，有助于加强新型的"公众"的意义。

从更广义上说，如果要复兴公共领域，认识到结社组织在政治体制中可以扮演合理的（非党派性的）角色，加强公民和政府之间的联系，代议制和参与式民主都要实行改革，这是实现三种公民社会模式的积极合成所要求的。这些都是加强结社生活和决策过程相互联系的方法，它决定着通过公共领域的架构，使美好社会的愿景得以形成，并且使美好社会得以实现。至于正规政治体制，我们看到，美国18岁到29岁之间的人口中只有33%参加了1996年总统选举投票（从20世纪70年代初的50%跌落到这个水平），如果政治被认为是腐败的、没有效率的，和年轻人所关心的东西不相干，那么这个现象确是可以理解的。[①] 但是解决这一难题的答案，是让政府更积极地回应，通过改革竞选—筹资问题、监督选举、改进投票人登记方法和投票程序等，来清理政治，而不是提供更多的让人们从政治参与里逃出来的线路。这个过程的一个部分一定是要政治权威的下放或分权（由必要的财政和金融资源作支撑），这样，公民才可能分享到所有事务中一部分控制权力，只有某些因为要确保公平分配权力、利益和资源而要求高一级行动的时候除外。玻利维亚的《大众参与法》（*Law of Popular Participation*）是罕见的用这种方法把补充行为机制化的法律，而它已经在该国扭转城市供水私有化方面起了积极的作用。在政府决策问题上扩大公民的声音、参与和代表性，可以在政府机构里产生共识、信任和社会认知、更大的问责性和积极回应性，也给少数派人群的权利和利益以更多的保护。

无论在理论上，还是在实践上，过去十年来，公民社会都成了直接民主或协商民主崛起的主要受益者，也为直接参与正规政治活动周边的过程——即公共领域过程，开拓了更大的空间，形成行动议程中一个重要的部分。磋商性的民意测验、新型投票程序和代表方式、就重大政策

① 盖尔斯通（2001）。

难题展开争论、给公民发表意见打开更大的空间等，都很重要，但是很显然，又都依赖于一个持支持态度的政治环境。传统的参与形式（如市政会议）对今天忙忙碌碌的公民来讲，可能成本太高，太费时间了。正如莫里斯·费尔瑞纳（Morris Fiorina）指出的，历史上的市政会议召开时间在收获以后、耕地以前的漫长而孤独的新英格兰冬季期间，所以当时是个"受欢迎的消遣"。[①] 所以新式的参与——也许在工作场所进行，也许借助信息技术——特别重要。从根本上讲，只要参与扩大，就欢迎，因为我们不是通过书本或者培训而学会做公民的，而是通过体验和行动。下面会谈到"在服务中学习"（service learning）的内容，它显示的证据模棱两可，而与此相反，在人生早期参加非营利组织和社会运动的这些人，以后更有可能继续参与，这一点是不容置疑的。[②]

用上述方式加强公民活动和政治活动的关系是有风险的，危险在于公民活动可能会被收编和失去独立性，但是，要让政治生活在取得美好社会改革的共识方面真正做到民主和有效率，就要成功处理这些关系。在第二章里我们已经看到了其中的原因。这种关系还是有争议的。政治舞台上各个方面就两个领域如何相互关联，公说公有理，婆说婆有理。有种观点认为，"公民教育"（civic education）（在学校里特别盛行，倒不是在学生中，而是在政客中盛行）、志愿活动参与和结社生活的其他方面会通过投票、竞选、愿意拥护选举、形成有利于日后品格的"政治知识"（political knowledge）等而扩大政治参与。对此观点，也是支持的和反对的都分别有实证证据。[③] 就美国整体来说，两者之间的相关关系明显很弱，因为尽管从事志愿活动比例高（尤其在年轻人当中），投票率还是极低，但一个重要证据在这儿被遮盖住了，那就是，其他条件均等情况下，参加结社组织的更有可能参与政治。可是事实上，"其他条件"并不均等，这就把我们带回了公民社会干预的第一领域，即不平等问题，尤其在有些情况下，志愿活动——不管是有意还是无意的——被视为政治行动的替代品。在美国常听到人们发表这种担心意见，这里政府支持的青

---

① 费尔瑞那（1999）。
② 参见吉鲁格尼（1999）和爱德华兹与佛利（2001）的作品。
③ 这一证据的最新信息和详细评述参见盖尔斯通（2001）。

年和社区服务项目，如美国队（Americorps）和校园合同（Campus Contract），它们已经成了共和党和民主党党派平台的重要部分。在"反恐战争"的高度政治化环境下，用了"美国自由队"（USA Freedom Corps）为新标题的这些项目，也受到了"国土安全"计划的影响，以致有些批评家给它们贴上"告密队"（snitch-corps）的标签，说它们的目的是训练公民们互相盯梢，而不是让政府当局为其自身行为负责。有些共和党人［幸亏没有联邦全国与社区服务局（Federal Corporation for National and Community Service）首席执行官来斯利·兰考斯基（Leslie Lenkowsky）］，甚至想把各种"国家服务"（national service）组织联合到同一把大伞下，包括兵役，理由是，它们都和"品格塑造和国家建设"（character and nation building）有关。①

所有这一切对我们公民社会行动目标来说意味着什么呢？公民教育、在服务中学习、社区服务、多种模式的非正式政治参与当然都有用，只要它们不受政府控制，不被作为正规政治改革或其他我们提到过的干预行为的替代品，因为这些干预针对的是低收入和少数人群参与率低的更广泛的原因。这些措施有助于建立结社生活、公共领域和美好社会三者之间有效互动的前提条件，但是还要取决于结社组织的能力和相互关系，这些方面必须要努力。我们马上就会看到，这个任务同样艰巨。

协助健全的结社生态系统的发展

如果结社生活及其影响就像这里描述的那么复杂，那么，通过国外援助或者政府干预去影响它们，一定困难重重、危机四伏。可是 1989 年以来蓬勃发展的公民社会建设业（civil-society-building industry）的方式——除个别例外——是一心在按照西方，尤其是北美自由 – 民主派的模板，去操纵结社生活：预先选择资助方认为最重要的组织（如倡导型

---

① 保罗·格拉斯特利斯（Paul Glastris），引自《国家危机时代的领导和服务》（*Leadership and Service in Times of National Crisis*），社区与国家服务资助机构论坛（Grantmaker Forum on Community and National Service），加州伯克利（2002）。

非政府组织或其他为精英服务的载体，这些机构往往都在国家的首都），而忽视和西方的期待不一致的公民行动的国内表达（如非洲和伊斯兰国家非正式的、以村或家族为基础的结社组织，以及更为激进的社会运动或者政治组织成形之前的活动）。由于刚刚诞生的团体竞相争取外援而造成不信任和竞争蔓延，当结社组织被认为和外国利益一致时又来个大反弹。它们只是偶尔支持独立的媒体集团和组织促进政府问责的工作，而创建公共领域的事往往被忽视了。拉尔夫·达仁多夫（Ralf Dahrendorf）警告过："创建一个新的政治机构要六个月，创建一个有一半活力的经济体要六年……创建一个公民社会则要六十年。"它们不顾这个警告，项目的时间规模给切碎到两年、三年，问责也调整为下对上的问责。① 培育公民机构（指关系、态度、实践，而不只是组织机构）需要长期的极其用心和敏感。与此相反，援助业（aid industry）如同一台推土机，驾驶员认定他们在正确的方向上前进，然而他用的却是为另一个国家在另一个时候用的地图。就是那些积极的发展，如权力分散（decentralization），也变成模式化了。比如，一旦资助方产生了新兴趣，多半又是个一时的潮流，地方理事会（local councils）等那些被选出来的多功能机构，就会被目标单一的用户委员会，如水、森林、健康、教育委员会所取代了。②

在西方，志愿组织对援助机构的反复无常不那么容易受影响，因为它们的资金基础大多是本土的，而且往往渠道较多，当然有时也会看到一些相同的表现，这是政府要根据它们自己的需要和喜好去塑造这个部门。在该部门弱得多的贫穷国家里，由于它给它喜欢的团体大量资金和技术投入，结果可能就是歪曲了真正的多元化，阻碍了政府、公民及其结社组织之间内在关系的发展，甚至进一步导致政府紧缩和市场自由化，而这些目标在这里可能完全不合适（这里人们很容易就想到非洲、亚洲和拉丁美洲的大部分地方）。创立新的非政府组织可能不难（除非在缅甸或中国），无非是和援助机构的倾向保持一致，即注重短期，注重容易衡量

---

① 卡拉夫引（2002）。
② 参见詹姆斯·曼纳（2002）《用户委员会：可能成为有破坏性的第二波分权浪潮》（*User Committees: A Potentially Damaging Second Wave of Decentralization*），苏赛克斯大学发展研究所。

的，或者投资在非营利部门的物质基础设施上。但这些干预本身没什么作用。这样做不是真正协助结社生活内在形态的演变，而是根据预先设定的规范来塑造它们的命运，因此方向上是错误的。李侠容（Li Xiarong）称这种规范为"公民社会决定论"（civil society determinism）。[1] 结果不可能成功。就像失败婚姻笼罩下的不开心的后代，他们未来能否具有独立、自立的人格，总归前途未卜。外来的援助可能有用，好像油可以润滑结社生活这台发动机，但它永远不能替代开车的这只手。

大量的独立评估研究证实了这个令人沮丧的预测，可是情况为什么还这么糟糕呢?[2] 资助机构很少对其决定负责，也没人强迫它们对其所用的社会变革理论保持透明。否则，它们就不会犯这么多错误了。有人可能会想，这些不是不合理的要求，但是在对外援助领域，确实没有好的，令人震惊。此外，外援工作目标往往是矛盾的，它们一方面支持政治结社组织推动民主，可是又支持经济结社组织促进市场自由化，两者效果相抵（或者在机构层面上，支持非政府组织从事服务工作多于帮助它们进行政治和文化工作）。虽然援助机构声称，它们支持代顿和平协定（*Dayton Accords*）后波斯尼亚的"多元化"，但是评论家伊恩·斯麦利（Ian Smillie）说，它们实际上选出来给予资助的还是"提供廉价服务"的机构。[3] 官方（即政府）援助与当权政府的政治目标紧密相连，所以在民主和公民社会这样政治化的领域，指望它们采取完全超脱的态度未免幼稚。这不是说没有任何成功的例子。乔治·索罗斯（George Soros）在东欧的活动（从向持不同政见者提供复印机，到创建独立的资助机构，如波兰的斯特凡·巴特雷基金会）值得称道，福特基金会和其他一些美国基金会，还有乐施会、Novib 等国际非政府组织，以及北欧、荷兰和英国一些较开明的政府援助机构，也还可以。推翻斯洛博丹·米洛舍维奇（Slobodan Milosevic）之前西方给予塞尔维亚的援助，总的来说，计划及其实施都不错，资金是给了独立媒体、监督团体和变革联盟（Alliance for

---

① 李（1999）。

② 参见桑普森（Sampson）（1996）、凡·如伊（Van Rooy）（1998）、凯若瑟斯（Carothers）与奥特威（Ottaway）（2000）、郝与皮尔斯（2001）、詹金斯（Jenkins）（2002）等。

③ 斯麦利（Smillie）（1996：iv）；另参见休姆与爱德华兹（1997）。

Change）等反对派联合会。① 当然，区别在于，这些项目支持的地方运动原来已经组织得很好了，目标也很具体。在这种情况下，在恰当的时机，一小笔钱和一点技术支持就能产生重大的影响。

既然情况这么糟糕，怎样才能改进呢？经验法则第一条，往往是找相对独立地在其环境中"生活"的那些结社组织——而不仅仅是那些"一贯可疑分子"。它们也许是思想保守的寺庙结社组织或黎巴嫩的童子军［萨米尔·卡拉夫（Samir Khalaf）认为它们的活动有助于拓展宽容理念]②、南非乡镇上的丧葬结社组织（在种族隔离时期，它们起到了重要的社会、经济和政治作用）、美洲的自助团体（现在的数量已经超过传统的会员制结社组织）、法国和巴西的工会（它们是蓬勃发展的全球公正运动的首要推动者）等。正是这样的组织，针对资本主义全球化背景下的社区和结社组织问题、民族主义又抬头问题以及因此产生的社会割裂问题，它们组织起来，站在队伍的前沿，给予新的回应。如果像学者们已经令人信服地证明了的，19世纪末在西方，城市化、工业化和移民剧烈地改变了结社生活，那么现在还可以改变。全球公正运动在发展新的、等级不那么森严的结构、做法方面，在跨国组织技术方面，都非常具有创新性，然而这些创新是否会在具体政策选择层面上产生共识，还有待观察。

第二，通过培养让所有成分独自和一起都更有效发挥作用的条件，重视结社生活生态体系。如果"土壤"和"气候"对路，结社生活会以适应当地环境的方式发展和演变。这要求我们尽可能支持各种各样的团体，帮助它们协同共进去维护和发展它们的公民生活愿景，提供额外的资源，让它们能自己找到办法，将灵活、人性化的服务和独立的批评立场结合起来，让它们自己理清它们相互之间以及同公众的关系。对后者来说，如果它们要自己的工作实现可持续，它们必须有公众的支持，还必须对公众负责。支持结社生活中公民－政治关系的工作也很重要，包括非营利团体的倡导角色，以及它们把不同功能结合在一起的能力。正如第五章里推荐过的，建立混合型组织，把提供服务、能力建设和倡导

① 凯若瑟斯（2001）。
② 卡拉夫（2002）。

结合在一起，或者将个人和机构变化相结合，正可谓"正义的爱"（the love that does justice）。有些人可能认为"服务政治"（service politics）是个矛盾的比喻，但是因为它能够把两个维度的公民行动抓在一起，因而值得考虑。① 政府资助非营利组织的时候所用的规制框架和合同安排需要小心把握其平衡。正是这个生态系统的深度和延续性，才使得公民能够抵制威权把它收过去，因而在新的政治机会出现时，能作出反应。其他重要措施还包括，支持那些不太显眼的结社组织和代表边缘群体利益的团体（尤其是妇女结社组织，已经证明，在很多第三世界国家，它们是人民和机构之间一个比较好的中介）；② 更新产生领导力的方法，以解决结社组织越来越有惰性和注重自身利益的问题；加强人们的纵向和横向联系，以及产生新关系、建立新网络的工作，不管它们是基础广泛的联盟和联合会、社会运动，还是一个社会领域中介组织和各个团体之间更基本的关系，都是跨越了团体内部界限，目的在于进行集体行动的关系和网络。所有这些措施都会加大权力欠缺团体对公共政策的影响，会建立新的、相互交叉重叠的规范和问责关系。

第三，尽可能注意加强志愿组织的资金独立性，因为依赖政府或者国外资助是真正公民行动的致命弱点。资源常常具有"导向效果"，具体会涉及组织特征、功能、使命和问责等问题。收入来源多样化且全部属于当地资源捐赠的结社组织，往往能更好地抵制来自政府的压力，全神贯注于其核心活动，驳斥说它们只是外部利益的小兵卒子的说法。这并不是说要重复西方形成的传统慈善募捐模式（"饥饿婴儿"综合症），而是要鼓励一套范围更宽的机制，包括会员费、收取服务成本费用、商业收入、基金会资助和本金捐赠等。虽然最近有几例小的丑闻［如纽约马克尔基金会（Markle Foundation）高级主管到汉普敦 Fifi La Roo 温泉度假

---

① "服务政治"（service politics）一词来自《新学生政治：学生公民参与温斯布来德宣言》（*The New Student Politics*：*The Wingspread Statement on Student Civic Engagement*）。华盛顿特区：校园合同（Campus Contract）（2001）。

② 参见百宾顿与卡罗尔（Carroll）、撒尔门（Salmen）与瑞德（Reid）、阿普霍夫和克瑞施纳（Krishna）等人的论文，都收录于在建的世界银行社会资本作品图书馆（World Bank Social Capital Library），见 http：//www. worldbank. org/poverty/scapital/index. htm。

村进行"公务"访问],但是基金会资助仍然是非常重要的,因为它灵活,而且时间段长。① 国家和次国家发展基金(sub-national development funds,这是不同资助机构把资源汇集到一起的机制)也是有前途的。②

最后,因为我们对非西方环境中的公民社会所知甚少,所以很有必要进一步研究伊斯兰社会、儒家社会、撒哈拉以南非洲、南亚和拉丁美洲结社生活的现状和复杂情况。更多的研究本身不会带来更有效的实际帮助,但至少可以形成一个更好的信息基础,供资助机构作为判断的依据,更容易展示——甚至挑战——它们常用的假设。简言之:

• 非常清楚、透明地说明你为什么推动某种结社生活形式,而且要为结果负责;

• 注重结社组织自我发展和其关系发展的条件,而不是预先设定好的你认为最重要的那些形式;

• 把结社生活想象成一个生态系统,找薄弱、缺失或者断裂的成分;

• 为尽可能多的团体聚在一起、发表它们自己对未来展望的活动提供资源;

• 把本土根源和问责作为有效资源形成、独立性和有效性的关键加以推动。

结　论

一个前景要多大才称得上是"光明前景"(big idea)?公民社会算不算?还是它太复杂,只在特定环境、特定文化里才有意义?就我在本书中探讨的公民社会而言,它当然是个重要概念,因为用好的马克思主义方式说,这个概念有助于同时解释世界和改造世界。还有其他的思想,如新自由经济和政府收缩、民族主义、共产主义和法西斯主义等,所以公民社会的概念也值得非常认真地注意。但是,公民社会为何物,它是

---

① 《从比芝麻街还远的地方来的基础》(A Foundation Travels Far from Sesame Street),2002 年 9 月 6 日《纽约时报》。

② 有关综合发展基金(consolidated development funds)模式的论述见爱德华兹(1999a)第七章。

干什么的，甚至在世界上某些地方是否存在，由于就这些问题没有共识，所以如果太早就下很多断言，那是愚蠢的。看上去确定的是，公民社会将为今后十年、或者可能更长时期的争论提供一个重要的组织框架。

我希望书中已经说明白了，公民社会同时是三者：要达到的目标、实现这个目标的方式以及围绕结果和方式相互作用的一种框架。当这三张"脸"相互面对，把不同角度整合成一个相互支持的架构的时候，公民社会的理念就可以很好地解释政治和民主事业、和平和社会公正的实现以及支持这些东西的那些规范和价值观的发展了。美好社会理论有助于让我们全神贯注于理想目标和机制性挑战，是它们激励着我们去寻求自由和人类进步；结社生活理论有助于解释如何以非政府行动来迎接这些挑战，非政府行动是永远必要的，然而也是永远不够的；公共领域理论用一种框架把前两者联系了起来，这是一个围绕社会目标及实施战略可以进行争论和谈判的框架。我们只需降低自己对这些学派中单独某一派的期待价值，在它们之间找关系，加强这些关系，放弃一切推行单一模式、完全共识或解释的做法，那么公民社会之辩中的很多问题就会消失。

建设一个三种意义上都成立的真正的公民社会需要大量的精力和想象，正因为如此，这种理念给民众斗争带来的激励会如此重要。在2000年关于索马里问题的吉布提和平大会（Djibouti Peace Conference）上，地方力量大量使用公民社会言论，把它当做一种反抗绵延不断的军阀统治的思想。[①] "你有什么权利把我们工作中如此重要的概念拿走呢"，这是2002年印度一位活动家对我讲的话，此言极是。不管理论上有什么缺陷，公民社会确实为社会运动提供了一块试金石，为组织抵制活动或争取用其他方式解决社会、经济和政治问题提供了一个实际框架。由于公民社会的本质是集体行动——通过公共领域在整个社会的结社组织里进行——这个争论提醒我们，个人的努力和经验永远不可替代爱、团结、牺牲和友谊等关系，这些是我们人类性格的真正本质。如果什么时候这些关系由于社会、国际关系和经济等更广泛领域的变化而受到严重污染，

①　刘易斯（Lewis）（2002）。

那也许是公民社会带给我们的最严厉的教训了。

公民社会是由我们这些活跃的公民缔造的，这一点不言而喻，可是"社会能量"（social energy）或"有意识的行动"（willed action）才是点燃公民社会之火，使其成为积极的社会变革的推动力，这一点也是真理。决心做什么是因为这么做对，而不是因为政府告诉我们或者市场诱导我们，这一点使结社生活成了一股寻求美好结果的力量，为政府和商业操作变革提供动力，并且鼓励人们在公共领域扬起声音来。虽然批评公民社会的言论常常属实，但是想想，如果没有对美好社会的梦想，没有志愿团体的资源和机会，没有公共领域里的争论和民主生活，生活又会是什么样子呢？毫无疑问，所有保龄球队都会为鲁珀特·默多克所有，联邦规范会一直下发到全国每一个合唱队队长和队员！当前我们面对的是薄弱的民主，强大的官僚、公司势力和文牍主义，还有复兴的民族主义。那么，公民社会作为一个理念和现实，对 21 世纪形成和平、繁荣的世界秩序是至关重要的，因为，"它引导我们重新意识到，是道德、社会和政治的融合，构造着所有世界上的社群"。①

2002 年在巴西召开的世界社会论坛上，成百上千人齐聚一堂，更有亿万民众走上街头，进行反对对伊拉克战争的示威游行。这些都提醒我们，以人们参与为基础的群众示威还没有产生新的政治形式和新型社会的基础。至少从这个意义上讲，我很高兴被人称为"公民社会复兴分子"。公民社会最理想的状态，是普通人以追求一个以爱、同情、非暴力和团结为运行规则的世界为愿景，通过相互之间的各种交往，享受一种不普通的生活。而最糟糕的状态，就是上述理想只成了一句口号，还是混沌的口号。但是我们不需要只盯着事情最坏的一面，不睬最好的方面。好也罢，歹也罢，公民社会理念总的来说是令人震撼的，不是因为它提供了最合理的解释，而是因为它触动了我们内心最美好的东西，让我们以最大的努力予以回应。

（责任编辑　陈　雷）

---

① 翰与丹（1996：3）。

非营利组织筹款模式研究[*]

——兼论世界宣明会筹款模式

徐宇珊　韩俊魁[**]

【摘要】 围绕捐赠与受益双方主体是单一还是多数，逻辑上存在多对多、一对多、多对一、一对一等四种排列组合，各种组合均有利弊。通过个案分析发现，世界宣明会善款的筹集和受助群体的受益模式类似于哑铃型结构。中间的制度环节充分保证了"哑铃"两头大量捐赠者和受益者之间关系的畅达，从而有效实现了组织使命。该模式对我国非营利组织的筹款及散财具有一定启示意义。

【关键词】 世界宣明会　非营利组织　筹款

毋庸置疑，筹款与散财对于任何非营利组织来说都处于关键的战略地位。国外学界对非营利组织筹款的重要性、实施策略以及与文化、全球化的关系关注较多，而国内学者和新闻媒体则关注国人的慈善心与传统文化和市场经济的关系。在一定意义上说，国内学界、实务界对非营利组织具体筹款策略在引介和实践总结方面均远远不够。目前除了对富人捐款意愿不足带有倾向性的报道之外，也有研究者反思了在国家主导

---

　* 感谢世界宣明会永胜项目办工作人员在调研中给予的大力支持。本文曾在清华大学公共管理学院 NGO 研究所内部沙龙中进行过讨论，感谢王名、邓国胜、贾西津等诸位师生提出的建议。

** 徐宇珊，博士，深圳社会科学院教师；韩俊魁，博士，北京师范大学社会学系教师。

下应急式、运动式的捐款方式，但我们尚缺乏建立在大众基础上稳定的、经常性的小额募捐机制，而这种机制无论对于社会保障①还是对于整个社会公民道德的建立都发挥着重要作用。那么，究竟有没有一种善款流动链条达到或接近帕累托最优？对此，无论从学理上还是诸多实践中都似乎很难形成定论。问题在于，对最优或接近最优的模式应该如何界定？本文将分析捐款和受益主体的不同组合所形成的不同筹款模式的特点，并深入探讨宣明会的哑铃型筹款模式。

一 捐款和受益主体的四种组合类型及其特点

从捐款者和受益者这两类主体是单一还是复数出发，我们从逻辑上获得而且只可能获得四种排列组合：单一捐款者 VS 单一的受益者；单一的捐款者 VS 复数的受益者；复数的捐款者 VS 单一的受益者；复数的捐款者 VS 复数的受益者，即"一对一"、"一对多"、"多对多"和"多对一"。"一"是指捐款者或受益者的单数特征。"一"既可能是一个法人，如某民营企业、某希望小学等，也可能是一个自然人，如李嘉诚、某个白血病患者等。"多"是指捐款者或受益者的复数特征。例如，诸多捐款者、失学儿童、受灾群众等。同理，"多"不仅指多个自然人，也可以指多个法人。从逻辑上判断，如果一种善款运作机制能将尽量多的捐款者和尽量多的受益者有机联系起来，我们就可以初步认定此机制在动员和使用资源方面的成功性。

（一）"一对一"筹款模式

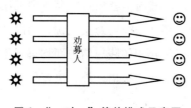

图1 "一对一"筹款模式示意图

① 徐海屏：《小额募捐在中国》，《新闻周刊》2004 年 2 月 23 日。

提起一对一捐赠较为成型的模式，人们就会想到中国青少年发展基金会（以下简称"青基会"）"希望工程"之"1＋1"助学行动。在"1＋1"助学行动中，捐款人根据青基会的项目设计，挑选被资助儿童，将捐款汇给中国青基会或省一级的希望工程实施机构。青基会再负责将助学金转拨给受助学生，并通知捐款人。之后，捐款人与受助学生之间可以直接通信，由学生向捐款人汇报捐款使用情况及学习成绩。由此看出，劝募人（青基会）作为中介者，主要起到了帮助资助双方结对的作用。起初，青基会提出"零成本"运作要求，即捐赠人的每一分钱都将用于被资助儿童，而青基会只能依靠时间差进行投资获得必要的行政费用。在这种情况下资金在两个环节中不会流失。但是，自 2004 年《基金会管理条例》规定了 10% 的行政费用之后，青基会才从目前的捐款中明确提出行政成本。例如，在"圆梦行动"项目中，捐助标准为一名特困大学生 4400 元/年，其中受助学生的助学金 4000 元，中国青基会项目管理及行政费用 400 元。这样，在无形当中就将增加的成本转嫁到资助人身上，有可能导致捐助人的捐助热情降低。

可以说，一对一捐赠是人类社会最常见、最直接的慈善举动。这种捐赠方式最大的优点在于资金透明度高、资助双方易建立密切关系。一对一的捐赠形式体现为直接的人际关系信任基础。在青基会的助学行动中，与其说资助人的信任感来自对这个公益机构的信任，还不如说是对这种明确可感的资助方式的信任。① 该模式隐含了"资助的完整性"，即每一笔"标准化"捐赠能够实现一个完整的公益目标，其信任基础是明确的资金流向。捐款人通过与受助儿童的通信可以得知自己的捐款完全给予了被资助者，而没有被任何中间环节所克扣，于是客观上形成了对希望工程刚性的自动监督机制。② 但是，这种以个人慈善心的激发为起点的运作方式不利于转化为一种制度化的安排，从而将更多的筹款用于更多需要资助的人们。同时，这种捐赠模式限于助学等规定明确捐助额度的项目，对于公共卫生、综合扶贫等项目却基本上无能为力。

---

① 顾晓今、甘东宇：《国际化：中国青基会的一个重要发展方向》，《中国青年科技》1999 年第 10 期。
② 康晓光：《创造希望——中国青少年发展基金会研究》，漓江出版社、广西师范大学出版社，1997，第 409～413 页；周志忍、陈庆云：《自律与他律——第三部门监督机制个案研究》，浙江人民出版社，1999，第 266 页。

（二）"一对多"筹款模式

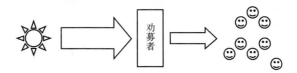

图 2 "一对多"筹款模式示意图

"一对多"模式中，捐赠者仅限于那些经济实力比较雄厚的捐赠个体。这些资助者可能是自然人或法人，而受助者依然作为不特定群体。

例如，香港实业家李嘉诚曾为中国残疾人事业捐赠上亿港币，实施了"长江新里程计划"等公益项目。一位受益者请中国残疾人联合会转寄给李嘉诚的信中写道："您不认识我，但我知道您。我还知道，千千万万像我这样的您不认识的人都知道您，因为我们都是您助残项目的受益者，都是对您心存万分感激的人。"[①] 对于李嘉诚来说，他只知道受益方是中国残疾人群体，而并不清楚具体的受助对象。对于受益者群体来说，他们很清楚资金的来源而对捐赠者抱有深切的感激之情。

这种模式对于树立慈善典范、调动一些富有者的捐赠热情来说有很大作用。但是，这种模式对于捐赠主体的条件要求非常之高，在将单一的捐赠者如何变成复数以实现最大限度的筹款方面尚存在困难。而且，这种模式在很大程度上也面临捐赠行动经常化的问题。

（三）"多对一"筹款模式

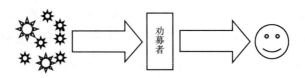

图 3 "多对一"筹款模式示意图

[①] 《助无助者——李嘉诚与残疾人》，《三月风·纪念中国残疾人福利基金会成立 20 周年专刊》，2004，第 53 ~ 57 页。

这类筹款往往由媒体、受助者所在单位发起，在特定的地域和时间内为特定的个人筹集资金，它具有"一次性"、"特定性"、"临时性"、"善款零消耗"等特点。媒体等原本不具备筹款资格的机构充当了临时劝募人的角色。此类捐款的好处在于能调动社会力量，增强其公益意识，而且可以在极短的时间内筹集大量资金用于解决受赠方之难题。但是，其结果却往往差强人意。尤其当捐款额超过受助者实际需要时，面临着如何处置剩余捐款的问题。

（四）"多对多"筹款模式

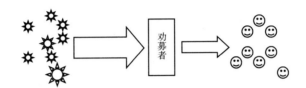

图4　"多对多"筹款模式示意图

这是一种最为普遍的制度化筹款和资助方式。即捐赠人群体向 NGO 捐赠金额不等的款项，NGO 将捐款聚沙成塔之后捐赠给受助者群体。但捐款者并不知道自己的捐赠用于哪一个具体的受助者。

慈善机构针对自然灾害发起的募捐活动、中国民政部门发行的福利彩票、大部分公益慈善项目如"幸福工程"和"母亲水窖"等皆属于此类模式。例如，2004 年底发生印度洋海啸时，中华慈善总会立即发起紧急募捐活动，在一个多月的时间内募集到 1.4 亿元人民币。每个捐款人并不知自己或多或少的捐款究竟用于东南亚哪个国家的哪个灾民。再如，从 1987 年开始发行的福利彩票是一种特殊的社会募捐形式。彩民在购买彩票时实际就与发行机构达成了约定——即募集资金用于扶老、助残、救孤、济困等社会公益事业。因此，彩民购买彩票的同时实施了社会捐赠，[①] 但他们也不知道所募资金的最终使用人，故也属于"多对多"的募款模式。公共筹款机构依托公益项目的不定额（小额）捐款实际也是

---

① 时正新、陈日发、任振兴：《福利彩票——中国特色的社会募捐形式》，《中国民政》2001 年第 1 期。

"多对多"的筹款。如世界著名的筹款机构——联合劝募通过工资一日捐、网络捐款等手段将一般公众的小额捐款集中起来捐给作为会员的其他非营利机构。

首先，在"多对多"捐款模式中，除了资助和被资助方是复数的"群体"之外，资助者在进行捐赠时只知道被资助群体的基本概况而并不了解具体的被资助对象个体。其次，资助人无须固定捐赠金额，而是根据自己的经济能力、捐赠意愿选择合适的数额。再次，资金流从资助人群体先到劝募人（NGO），再通过劝募人到达受助人群体，其间必然要扣除劝募人的行政费用或福利彩票的适度奖励等，故资金流在第二阶段将会衰减。最后，由于资助双方以"群体"形式出现，且捐赠金额不固定，劝募者很难向每个资助者一一作出具体交代。通常规范的劝募者会开具专用发票或收据，可确保第一阶段的资金流向，但第二阶段只会在相关网站或媒体上公布公益项目实施的总体宏观情况，因而资助人无法获得自己捐赠金额所对应的受益者信息。

上述四种类型均有其优缺点，是否有更好的排列组合呢？

二 对宣明会筹款模式的案例分析

世界宣明会（World Vision）是一家国际慈善机构。它致力于帮助世界各地贫困及有需要的人，尤其关注儿童的成长。2005 年度，宣明会在全球 96 个国家和地区开展活动，共筹集资金 19.7 亿美元。这些善款的90% 左右来自于普通大众的小额捐款，数百万人从中受惠。① 世界宣明会将全球近 100 个国家和地区的办事处分为资助办（support office）和国家办（national office）。一般说来，资助办只在发达国家和地区负责筹款，国家办则用这些款项在发展中国家实施项目。

世界宣明会于 1982 年开始在中国开展工作。1993 年，宣明会中国事工部正式更名为"宣明会—中国"，从而成为一个独立的办事处。中国办属于国家办，即接受资助办的捐赠在本国开展扶贫项目。目前在我国大

---

① 世界宣明会：《2005 年财政报告》，http：//www. worldvision. org。

陆设立了诸多救灾及扶贫发展工作项目点，它们分属五大区域办——北京、桂黔、西北、华南和云南/新疆区域办事处，与日本、马来西亚、美国、加拿大、澳大利亚、新加坡、中国香港、中国台湾等国家和地区的宣明会资助办展开合作。1997 年 8 月，世界宣明会中国办与民政部、中华慈善总会签署了"儿童为本、区域发展"（Child focused area development program）项目协议，将云南省永胜县作为试点县之一。永胜县于 1998 年初开始招募代表童。目前，宣明会中国办资助的大陆儿童已增加至 57000 个。①

宣明会的资助办在发达国家和地区筹款业绩不凡，国家办在发展中国家的扶贫工作也开展得有声有色，颇有成效。那么宣明会的"聚财"与"散财"到底有何特点？通过何种机制达到两者共同成长的效果？

（一）宣明会代表童筹款模式简述

作为一家专业的国际救援及发展机构，世界宣明会采取"儿童为本，区域发展"的筹款策略。宣明会的资助办在当地招募资助人，根据所在地生活水平制定相应资助标准（如中国香港为每月 220 元港币，马来西亚为每月 50 元马币）。当资助人填写资助单，选择希望资助的国家和儿童性别后，资助办根据资助人意愿寻找相应的代表童（Child in Program/Sponsored Child），使资助者成为一名"助养人"。之后，资助人会收到宣明会的《助养者手册》并被告知助养者须知、助养计划捐款等事宜。在尊重其个人意愿的前提下，宣明会通过基层社区工作人员为每位资助人安排一名来自贫困地区的儿童做"代表童"作为资助对象。

当资助人与代表童开始建立联系之后，首先会收到一份关于代表童的详细资料。资料内容包括儿童的姓名、编号、性别、教育程度、喜爱科目和活动、健康状况、民族、照片以及该儿童父母的身体状况、职业等。此外，资助人还会收到一封儿童亲笔写的简介信，代表童会在信中简单介绍自己及其所住的社区，让资助人确认代表童的存在并对代表童的生活情况开始有所了解。资助人每年除了收到宣明会寄来的期刊、年

---

① 世界宣明会中国 2005 年度年报，http：//www.worldvision.org.cn/。

度工作、财务报告和来自项目点的工作报告以外，还会收到贺卡和儿童的周年成长报告（Annual Progress Report，APR），该报告将汇报孩子的健康、学业及其所住地区的最新发展情况，并寄上代表童的近照。资助人可通过宣明会与代表童互通书信，也可参加宣明会每年举办的探访团对助养的代表童进行实地了解。若对代表童的有关资料、信件等有所疑问，可以通过宣明会资助办向中国办和项目点进行查询。通过这些活动，资助人与被资助儿童建立起长期一一对应的联系。宣明会通过运作这种定期的资金流向，来改善儿童及其家庭乃至社区的生活和环境。

下面，笔者将结合前述几种资助模式来比较分析宣明会中国办的筹款策略。

（二）四种捐赠类型的糅合

根据笔者调研发现，无论宣明会中国办的工作人员还是捐赠者都一致认为代表童筹款模式是典型的"一对一"资助。因为每个资助人都会明确知道自己的资助对象，他们可以定期得到关于该儿童的情况反馈，还可借助通信、探望等方式关注儿童的成长。而对于代表童来说，也知道谁在资助自己。

"一对一"资助是慈善行为"具体化"的体现，代表童具体的成长历程可以给资助人带来慈善具体化的心理满足感。资助人与山区儿童建立起对应关系，代表童知道有个远方的资助人在关心他；而资助人会将自己的捐赠行为与一个孩子的成长联系起来。

一个来云南省永胜县六德乡看望被资助儿童的马来西亚资助人说："我的'孩子'是个女孩。我已经资助了五年。刚开始资助时她还没上学，现已上四年级了！以前只是看过照片，这次可以亲眼见到她了！"可见，资助人在心中已经把被资助者当做自己的孩子。尽管素昧平生，但从宣明会每年寄给的周年进度报告中，可以了解到被资助者的学习生活情况；尽管资助人并未把钱直接给这个孩子，但从孩子的变化中可以感受到自己捐款的惠及作用。"一对一"模式将抽象的捐款变得具体而生动，满足了资助人的"慈善成就感"，有效地推动了宣明会历年持续性捐款数量增长。以香港为例，尽管前两年经济下滑，但宣明会捐款人数还在上升，捐款数额基本不会受经济影响，仍会持续稳定增长。宣明会中国办的一位官员说："我们相信帮到一个（儿童）算一个，宣明会筹款稳定和直接的这种服务有关系。"①

尽管代表童筹款体现了"一对一"的模式，但这种对应关系不是简单的"一对一"。之所以称受助儿童为"代表童"，是因为他们并不是唯一的受益者，而是社区的体现和代表。资助款项并不直接捐给儿童本人，而是捐赠给资助人所在国家或地区的资助办。再由资助办将钱交给相应的国家办，并由基层项目官员在儿童所在社区实施项目。例如，中国云南省永胜县六德乡的资助款项来自马来西亚。若一个马来西亚人资助的代表童在六德乡，那么其捐款扣除必要的行政费用后，将全部用于六德乡的综合发展，即该区域内的非代表童及社区的人们都成为潜在的受益者。

从这个角度看，这一资助模式中的受益者并不是某个具体的个体，而是作为复数的群体，即符合前述"多"的特征。而从资助者一方看，我们无法说出是哪一个捐赠者的资助改变了这个社区，而只能认为是宣明会中国办这一中介，或者是某国的资助人群体带动了社区的发展，于是资助者也属于复数的"多"。所以，宣明会中国办的这一资助模式也融合了"多对多"的理念。

"多对一"与"一对多"模式在宣明会筹款中也有所表现，但不明显。例如，几个并不富裕的大学生希望加入宣明会活动成为资助人，他们可以几个人联合起来共同资助一名代表童。此时代表童依然只有一个对应编号，也只有一份资料。再比如，经济条件稍好的资助人可能同时资助多名儿童，这些儿童可能来自同一个社区，也可能分属不同国籍。这体现出宣明会筹款中的一致性与灵活性。表面上的"多对一"与"一对多"实质是上述"一对一"与"多对多"的特例，并不会改变筹款策略的本质。

因此，宣明会中国办的筹款策略中融合了多种模式，表现为以"一对一"为核心的捐款人与受益人互动和以"多对多"为主的资金使用方

_____

① 徐辉：《儿童为本，帮一个算一个》，《中国发展简报》2006 年第 4 期。

式，并有个别"多对一"和"一对多"的表现形式。图 5 可以概括出宣明会中国办的筹款模式。右侧椭圆指儿童所在社区，左侧不同大小的图案表明了资助人的不同情况。

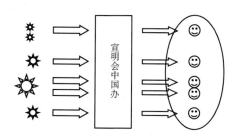

图 5　宣明会筹款模式示意图

（三）哑铃模式：筹款与受益的最大化表现

宣明会近些年一直保持着每年 15 亿美元以上的筹资规模，其主要劝募方式以代表童筹款为主，且绝大部分捐赠来自于不特定社会公众的小额捐款。这表明宣明会在筹资方面不仅数额巨大，且充分调动起了普通公众的慈善热情，比起主要依靠少数大企业捐款的组织而言，这样大规模的小额捐赠更体现出宣明会较高的"公共支持度"。事实表明，宣明会的代表童筹款方式能够实现善款筹集的最大化。

同时，将资助款用于整个社区发展的理念将资金"放大化"，使资助效益达到最大化。众多零散的捐赠集腋成裘，用于社区农业、教育、医疗卫生等各方面，宣明会中国办的资助改变的不仅仅是一个代表童，也不仅仅是这个代表童所在的家庭，而是他们生活的村庄。马来西亚捐赠人告诉我们：如果我直接把钱给小孩，我不知道他的家长是否有能力合理使用这笔钱，也不知道这个小孩最需要什么。要是这个小孩子以后不争气，我的钱就白捐了。但宣明会知道社区里的需求是什么，它可以最合理地使用这些钱……直接把钱给这个孩子，只能帮助他自己，他的家庭、村子可能也不会有什么改变。整体环境不好的话，他也不可能有太大的发展。

事实上，世界宣明会最初的资助活动也是直接一对一，结果容易使被资助儿童与其他儿童之间产生"贫富差距"，而且有可能在社区里形成更多的嫉妒、自卑和依赖等不良心理。一旦捐赠者不愿意继续捐助，容易造成受助儿童心灵上的落差。此外直接对儿童的资助并不能给社区带来长远的发展，只能解决暂时困难。意识到这些问题之后，宣明会开始从直接的"一对一"转向目前的"儿童为本，区域发展"项目，以社区的发展促进儿童的成长。

这样，宣明会将募捐的善款用于人及其所属的社区。乍一看来，某捐助者的钱只有一部分用在了资助对象身上。但实际上，这种实践方式否定了那些仅仅以人或资金或环境为单一指向的扶贫理念，从而展现了消除导致贫困的多重因素的努力。

综上，笔者认为宣明会的代表童筹款模式将尽可能多的资助人和尽可能多的受益者联结了起来。这两类主体恰似一个哑铃的两端，而连接两端的"柄"就是其独特的组织制度。这种筹款模式事实上是一种融合前述四种模式特点的哑铃型筹款模式。

（四）联结筹款规模与资助效益的体制保障

如前所述，宣明会"代表童"模式的资金使用体现了"多对多"的特点，正是这一特点创造了资金放大化效应。但正因如此，它失去了纯粹的"一对一"模式中资助人对资金流向的直接监督，而只能通过宣明会实施的内部监管来保障资助效益。资助人之所以捐赠，除了有"一对一"捐款方式所带来的慈善成就感，更重要的是，因为他们对宣明会公信力的认可。宣明会是如何做到这一点的呢？首先，我们看宣明会在资助人与代表童之间起到什么作用。

世界宣明会中国办将资助人与代表童之间的联系称之为"资助关系业务"。其核心工作是维系并促进资助人和代表童建立良好稳定的沟通渠道，使资助人了解项目资金使用状况，明白社区中儿童及家庭的发展需要。宣明会强调资助双方必须要通过宣明会作为中介取得联系。为保障私隐，宣明会不向资助人或代表童提供对方的联络方式，代表童与资助人的信件往来和礼物须经宣明会各级办公室的检查。宣明会工作人员需要翻译信件；检查是否有不合适的礼品，如现金、贵重礼物；是否有不合适的文字，如与政治、宗教有关的敏感话题；是否有代表童直接向资助人索要财物；等等。据称这些都是为了保护双方利益不受侵害。此外，在善款从资助人到宣明会、再从宣明会到受助儿童和社区的过程中，宣明会必然要花费一定的行政成本，但这部分行政费用比例有严格规定并向资助人汇报。

那么宣明会又是如何发挥上述桥梁纽带作用呢？这需要了解其完整有效的组织体系及各层级之间的监管与约束机制。图6显示了宣明会国家办和资助办的相关组织机构及其主要职责。

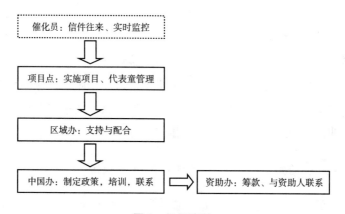

图6 组织流程

催化员是经宣明会确定的愿意为"儿童为本、区域发展"项目进行长期配合与协助的社区工作人员，协调基层政府与宣明会的关系，主要负责在项目办与代表童之间递送往来信件，协助和指导儿童回信，随时监控儿童的教育、健康状况等。

项目点办公室是宣明会最基层的公益执行机构。项目点办公室的工作包括两大部分：资助关系业务和区域发展项目。资助关系业务包括征收代表童，管理代表童档案，翻译资助人与代表童之间的往来信件、回应资助人查询、处理特别礼金、接待资助人探访团、每年下乡指导儿童制作贺卡和进行周年进度报告，等等。区域发展项目是宣明会针对儿童所在的社区开展的一系列扶贫工作，如改良农作物品种、修建桥梁公路、卫生保健等。这些项目中有一部分是专门为儿童设计的，包括修建校舍、配备教学设备；对社区贫困家庭的学生给予一定书费补助；开展儿童营养餐项目；对生重病儿童提供医疗费援助；等等。

区域办事处和中国办制定宏观政策，提供指导与培训，定期派官员到项目点审计和检查。一般来说审计包括两大类，分别是针对资助关系的审计和针对项目财务情况的审计，中国办均有专人负责。通常每个项目点每两年会被审计一次。根据各项目点工作量大小，每次审计一般两到三周。资助关系业务审计包括检查代表童资料管理、来往信件的处理情况、催化员工作、儿童项目的实施情况等；财务审计要检查会计凭证、报表、合同等。在这两项审计中，中国办的负责人除了在县级项目办公室查看文字档案外，还会亲自下乡了解实际情况。例如，与农户访谈、查看相关资助款项是否发放到他们手中、他们是否亲自在合同上签字等。之后，中国办根据审计情况撰写报告，指出发现的问题并提出改进建议。通过培训与审计，中国办和区域办起到支持、监督、协调的作用，在项目点与资助办之间建立沟通桥梁。

宣明会的这套纵向组织结构并不是个命令系统，而是一套监督和支持系统。中国办和区域办会根据整体规划，设计培训计划、操作流程，制定标准。而究竟是修乡村公路还是盖村级小学等具体的项目操作则完全由项目点官员来抉择。

图 6 的下端显示了国家办与资助办之间的问责机制。宣明会筹款与项目运作在空间与时间上独立，项目实施国的资源来自资助办的筹款。一般来说一个资助办会固定地对应几个国家办，同样，一个国家办也会同时收到来自几个资助办的捐赠。资助办对国家办的责任在于筹款，国家办因为要对善款负责就必须对资助办负责，定期向资助办交代善款使用情况，这为宣明会又增加了一道监督机制。国家办每半年向资助国递交项目报告，随时接受资助办（资助人通过资助办）各方面的查询。通常，在贫困地区实施项目之前，国家办会向资助办递交项目预算。然后，由资助办依据整个资金的收支情况拨付给国家办一定的项目启动资金以用于项目的前期孵化。在此期间，基层的项目办公室开始征收代表童。代表童的数量主要依据项目点够运作的资金规模来确定，中国办和区域办会进行一定的宏观调控。当资助人与代表童建立联系之后，资助人可以通过宣明会资助办向中国办和项目点查询相关情况。这样，一个善款的链条建立了起来。

综上所述，宣明会完善的组织体系使得资助人与资助办之间，资助办与国家办之间，国家办与区域办、项目点之间，项目点与催化员之间形成机构内部的多重监控，构成"自律"规范，将宣明会的工作时时置于资助人与社会公众的监督之下。此外，宣明会的基督教背景也成为其员工自我监督的组织文化保障。这些措施均塑造了宣明会较高的社会公信力，成为联结"哑铃"两端的重要制度保障。

结　语

相对于"一对一"等四种逻辑划分来说，宣明会代表童筹款模式是一种崭新的糅合模式，我们称之为"哑铃型"筹款模式。在这种模式当中，除了少量的"多对一"和"一对多"外，"一对一"和"多对多"模式的有机结合是其筹款的核心，同时发挥了"一对一"模式中的监督优势和"多对多"模式中的规模优势。"哑铃型"筹款模式不仅仅是一种非营利组织的"聚财"方式，更重要的是传达了一种"散财"的理念，即否定了那些仅仅以人或资金或环境为单一指向的扶贫方法，从而展现的是消除导致贫困的多重因素的努力。

宣明会"哑铃型"筹款模式之所以能够将更多的善款用于更多的需要者身上，是因为它有一整套公信力很高的制度，通过严格的监督机制，在善款流动的过程中做到了个人信任和制度信任的结合，从而使组织在竞争激烈的募款市场中常年保持较高份额，且通过社区综合发展的资助理念实现了资金放大化的公益效果。

目前，国内慈善事业有着巨大的发展空间。如何激活这块市场，我们面临的不是慈善心以及慈善个体数量的严重不足，而是善款流动如何能在制度上赢得公信力。这也是宣明会筹款散财模式对我国非营利组织筹款策略的重大启示。

参考文献

徐海屏：《小额募捐在中国》，《新闻周刊》2004 年 2 月 23 日。

时正新、陈日发、任振兴：《福利彩票——中国特色的社会募捐形式》，《中国民政》2001 年第 1 期。

徐辉：《儿童为本，帮一个算一个》，《中国发展简报》2006 年第 4 期。

顾晓今、甘东宇：《国际化：中国青基会的一个重要发展方向》，《中国青年科技》1999 年第 10 期。

康晓光：《创造希望——中国青少年发展基金会研究》，漓江出版社、广西师范大学出版社，1997。

周志忍、陈庆云：《自律与他律——第三部门监督机制个案研究》，浙江人民出版社，1999。

A Study of NPO Fundraising Models

—With a Discussion of World Vision's Fundraising Model

Xu Yushan   Han Junkui

$\mathcal{NP}$

【**Abstract**】 Are the relationships between donors and recipients unitary or multiple? Logically speaking, there are four types of relationships：many-to-many；one-to-many；many-to-one；and one-to-one. Each type comes with pros and cons. Through a case analysis, we find that World Vision's benefits model for donors and recipients resembles a bell-shaped structure. The system connection in the center guarantees a smoothly-linked relationship between the large numbers of donors and recipients at the two ends of the "bell", and, thus, fulfills the organization's mission. Significant lessons can be taken from this model for China's fundraising and philanthropy.

【**Keywords**】 World Vision   NPO   fundraising

（责任编辑　朱晓红）

非营利组织筹款模式研究

187

苏州行业协会发展现状、问题及对策

万智慧[*]

【摘要】经过多年的努力，苏州各行业协会在开展行业规划、倡导行业互助、进行行业自律、维护市场秩序、反映企业诉求、推进技术进步、拓展产品市场、完善社会服务以及承接政府转移职能等方面作出了积极贡献，发挥了其他组织不可替代的重要作用。与此同时，苏州行业协会在发展上也面临法律法规建设相对滞后、部分政策不够完善、协会工作不够平衡、部分协会行政色彩浓厚、自身建设有待加强、登记管理人员与经费不足等一系列问题。因此，应当从进一步提高认识、完善法律制度环境、对双重管理体制进行微调、制定落实扶持政策、调整优化协会布局、规范强化自身建设、加强监督管理等方面着手，促进苏州行业协会的发展，以弥补市场与政府的双重缺陷、完善社会主义市场经济运行体制。

【关键词】行业协会 现状 问题 对策

加快行业协会（包括商会、同业公会）的发展是弥补市场和政府双重失灵、完善社会主义市场经济体制的必然要求。经过多年的努力，苏州行业协会的改革与发展成效明显，已成为经济和社会发展的重要

---

* 万智慧（1965～），男，江苏无锡人，苏州市政府研究室副主任，博士、副研究员。

力量，但它们在发展中也面临许多问题，需要我们提高认识，切实加以解决。

一 苏州行业协会发展情况

行会性组织的出现是商品交换发展到一定阶段的必然产物。苏州行会性组织发展历史悠久。早在明清时期，作为当时国内工商业最发达、商品经济最繁荣的地区，苏州就是我国工商会馆数量最多的地方。成立于20世纪初的苏州商务总会，是我国著名的八大商会之一。三大改造完成以后，特别是"文化大革命"开始以后，行业协会消失。改革开放以后，适应计划经济体制向市场经济体制转轨以及政府职能转变的需要，苏州行业协会逐步恢复并有了较快的发展。到2004年底，全市已发展到540家，分属45个业务主管部门。2004年4月，市委、市政府决定按照"自主办会、自理会务、自筹经费、自聘人员、自求发展"的要求，推进社会团体改革，主要对由政府部门发起或依附在政府部门的社会团体进行清理整顿，实行"人员、场所、经费"与主管部门三脱钩。同时，对名存实亡、不开展活动的协会进行归并和撤销。经过努力，除条线部门以外，市属行业协会已经全部实行了"三脱钩"，撤销、归并了93家行业协会，同时又根据发展的需要，新建了一些行业协会。截至2007年底，全市共有依法登记的各类行业协会520家，其中市属行业协会131家，县级市、区389家。此外，在工商联系统，建立了283家以民营企业为主的行业商会（同业公会），其中行业商会139家，基层商会128家，异地商会16家，涉及工业、农业、交通建设、商贸旅游、金融服务等行业。通过改革，苏州各行业协会基本实现了从挂靠政府部门向社会自主发展的转变，从政府主导设立向企业自主设立的转变，从对会员企业的政府指导型向对会员企业的市场服务型的转变，从政府部门的所属组织向市场经济独立主体的转变。它们努力为政府和企业提供"双向服务"，在开展行业规划、倡导行业互助、进行行业自律、维护市场秩序、反映企业诉求、推进技术进步、拓展产品市场、完善社会服务以及承接政府转移职能等方面作出了积极贡献，发挥了其他组织不可替代的重要作用。

1. 开展调查研究，强化信息交流

苏州各行业协会注重发挥自身对行业比较熟悉、与政府相关部门联系较为紧密的优势，在以下几个方面加强调研与信息交流，在服务会员、服务政府、服务社会方面起到了很好的作用。

一是认真开展调研，撰写了许多有较高参考价值的调研报告。苏州市发电供热行业协会完成了江苏省"十一五"规划苏州市区片热电企业调研、江苏热电联产现状及可持续发展问题调研以及市政府、市经贸委要求的对全市54家燃煤电厂、热电企业锅炉烟气脱硫情况的调研。为政府编制规划、出台相关政策提供了依据。苏州市集成电路协会在对行业数据进行大量的统计、收集、整理、分析的基础上，完成了《2004年苏州市集成电路产业发展报告》、《苏州工业园区集成电路设计企业发展报告》，对苏州市IC产业的分析实现了由模糊的定性分析到精确的定量分析的跨越，从而受到政府与企业的欢迎。

二是编印刊物、资料。苏州不少行业协会创办了以《××会刊》、《××通讯》、《××简报》、《××行业信息》、《苏州××》为名称的会刊，在报纸、电台、电视台开设专版、举办节目，介绍国内外市场与同行业发展情况、协会及会员动态，宣传党和政府的经济、产业政策。一些协会还编辑出版行业技术资料手册和工具书籍供会员使用。

三是举办论坛、研讨会、报告会，帮助会员了解与掌握最新信息。苏州市模具工业协会组织企业召开了多次信息发布会，举办了"抓住新机遇、迎接新挑战、争创新辉煌"等主题报告会、专题讲座，市建筑业协会举办苏州建筑企业改革与发展高层论坛，邀请中央和省建设部门领导作专题报告，分析全国、全省建筑业的发展形势，为企业牢牢把握行业发展趋势，始终掌握主动权做好服务。

四是举办其他各类活动。如苏州市集成电路协会通过定期走访企业、举办VIP俱乐部，加强与会员单位的信息沟通与交流。

2. 进行市场开拓，塑造品牌形象

一是承办与参加各种展销会。苏州各行业协会主办、承办、协办了在当地举办的许多展销会、博览会、展览会、年会，如苏州电子信息博览会、中国国际集成电路产业展览及研讨会"IC China 2006"、中国·张家港塑料机械工业展览会、苏州市优质农产品交易会、中国半导体行业协会集成电路分会年会、中国五金制品协会年会等。协会还组织会员企业以组团方式参加国内外举办的各种展销会、博览会、展览会，如欧洲国际模具展览会、北京国际服装服饰博览会、上海国际渔业展览会等，对参展企业与行业扩大影响、开拓市场、塑造品牌起到了积极的作用。

二是建设信息交易网站。顺应全球化、信息化迅猛发展的趋势，部分行业协会注意通过建立信息交易网站进行市场开发。常熟服装协会举办的常熟服装网立足常熟，面向全国，放眼世界，以"打造世界品牌，弘扬服装文化"为己任，集 ICP（互联网信息服务提供）、IPP（互联网系统平台提供）和 ASP（互联网应用服务提供）于一体，可以为常熟、全国乃至全球各地的服装生产商、供应商、加工商、零售商、批发商提供各类商业资讯与电子商务平台应用服务。

三是订单共享。昆山周庄镇商会印刷业行业商会打出周庄品牌，100多家企业联合承接订单，联合开展对外宣传，形成了苏南地区的印刷业知名品牌。张家港市色织协会、太仓市服装协会用大企业接单、小企业加工的方式，实现资源共享。

四是扩大对外交流。近年来，已有电镀、电器工业、模具、铸造、集成电路等行业协会与上海、浙江、北京、广东等地区的行业协会开展举办论坛、技术交流、会展等形式的交流与合作。有些行业协会还采用"走出去，请进来"的办法，广泛开展与中国香港、中国台湾、日本、新加坡、泰国、越南、葡萄牙、澳大利亚、西班牙等国家和地区的同行的交流与合作，促进了行业开放型经济的发展。

3. 争取优惠政策，维护合法权益

维护企业的合法利益是行业协会的主要工作，也是行业协会发挥作用的最好体现。市铸造协会不遗余力地向上争取，为企业落实国家出台的优惠政策，仅 2005 年铸造企业就因此减免税收 200 多万元。市百货行业协会、餐饮商会在背景音乐费用收取、企业年检登记收费、银行刷卡费率、商品抽检、商业企业用水用电价格等问题上积极向有关部门与单位反映会员意见、要求和建议，有力地促进了这些问题的解决。市建筑业协会聘请苏州、上海的四家律师事务所组成"苏州建筑企业法律服务

部"，为参会企业开展免费咨询、法律讲座，并依法维权，被称为"苏州建筑企业的法律门诊部"。

4. 加强行业互助，推进行业合作

苏州各协会通过科技开发、联合经营、融资担保等方式，加强行业的互助合作。市水产协会组织协会成员单位，参与省、市两级科技项目12个，示范带动渔民养殖2万多亩，亩均效益提高20%。吴江盛泽镇商会会同60多家企业组成联合采购团，与日本纺织设备供应商谈判，利用数量优势获得了价格、服务、质量的"三赢"，节省资金1亿多元。这次采购震动了世界纺织机械界，被称为"世界织造机械采购史上第一买单"。常熟市水洗商会成立融资担保公司，为会员企业进行融资担保，已为30多家会员企业解了燃眉之急，贷款总额达2000万元。

5. 开展各类培训，提高竞争能力

苏州各协会把帮助企业培养技术人才和骨干力量作为服务的重点。全市农业系统的专业协会举办无公害水果、优质水产等各类培训班142期，累计受训人数达8246人。市工业气体协会先后与市质监局合作举办了"压缩、液化气体产品生产许可证情况通报会"，"实施细则培训班"和《计量法》、《标准化法》、《质量法》的培训。苏州模具协会成立了"苏州市模具技术培训学校"，多次举办厂长、经理培训班，模具设计、制造、维修培训班，它们还与上海交通大学国家模具工程CAD中心联合办学，为企业选聘了一批高级工程师、会计师和管理人才，以努力帮助企业缓解人才短缺的矛盾。

6. 实行行业自律，维护市场秩序

苏州大部分行业协会在广泛征求行业内各企业和社会各界意见的基础上，制定了行业自律公约，不少行业协会还制定了行业标准或操作程序，积极参与全市创建"诚信苏州"、"全国消费放心城市"、"文明行业"等活动，规范本行业的生产经营和市场经济秩序，树立行业良好形象。市大米协会制定了"苏香粳1号"与"申优1号"无公害标准化生产技术操作规范以及机插秧技术操作规程；市家具协会积极投身创建消费放心行业活动，组织开展行检行评，加强对产品质量的检查监督，协助有关部门拟定行业标准，积极推进标准的实施，同时还在企业质量认

证方面做了大量工作；市工商联黄金珠宝业商会会同质量技术监督局、物价局研究制定了黄金饰品的统一标识，率先在国内制定了黄金、铂金"三包"规定，并在市消费者协会的支持下，设立了苏州市黄金珠宝首饰专项质量投诉站，自觉接受政府各有关部门、新闻媒体和消费者的监督。

7. 代行政府职能，发挥助手作用

近年来，苏州各行业协会在承担政府部门的委托事项、积极发挥助手作用方面有了新的进展。市电镀行业协会、水泥协会、家具行业协会、工业气体协会受市经贸委、人事局委托，承担了发展规划的前期编制、专业技术培训、技术职称评定等多项职能，为苏州政府职能向行业协会转移试点工作起了个好头。市工艺美术协会承担了苏州国家级、省级工艺美术大师的申报工作，它们还受市文广局委托，组织刺绣、缂丝、桃花坞木刻年画、红木明式家具、剧装戏具等有关单位积极申报"国家非物质文化遗产"等工作。市阳澄湖大闸协会、市茶叶协会分别参加阳澄湖大闸、洞庭（山）碧螺春原产地域保护申报工作，为申报成功做了大量的工作。建设系统各协会积极配合行政主管部门进行优质工程评审，并帮助企业推荐优秀项目申报省优和国优，使苏州呈现了省优工程不计其数、"鲁班奖"年年不断的喜人局面。

8. 致力服务社会，促进社会和谐

苏州各协会组织会员自觉投身社会公益事业，积极开展捐资助学、扶贫帮困、拥军优属、敬老爱幼等活动，部分协会还在行业企业发生危机时鼎力相助，有效地维护了社会稳定，有力地促进了社会和谐。沧浪区7个行业商会组织800多会员企业的业主和员工参加义务献血，成为沧浪区义务献血的生力军。它们还与全区300余户贫困单亲家庭子女结成了"一帮一，手拉手"的帮扶对子，资助他们学费并定期进行走访、慰问；常熟市服装商会、缝制机械商会会员单位捐资在苏北举办希望小学和职业技术培训班。市工商联餐饮业商会在苏州部分酒店倒闭的关键时期，积极发挥协会作用，在加强与政府部门的联系与沟通的同时，帮助解决倒闭企业员工的工资与再就业问题，最大限度地减少社会动荡，受到了社会各界的高度赞扬。

总之，经过多年的改革与发展，苏州行业协会已经成为经济和社会

发展的重要力量，一些协会已经具有全国性的影响。苏州市模具工业协会被民政部授予"全国先进民间组织"称号，市工商联餐饮业商会会长陈素兴作为江苏省基层行业商会的唯一代表参加了由中共中央统战部、各民主党派中央和全国工商联联合举办的各民主党派、工商联、无党派人士为全面建设小康社会作贡献经验交流暨表彰大会，沙钢集团总裁沈文荣成为全国工商联冶金业商会首任会长，一些协会会长成为全国性行业协会的副会长。从我们的问卷调查来看，78.3%的被调查企业认为行业协会的作用发挥较好或很好，只有1.7%的企业认为行业协会的作用发挥较差，100%的未入会企业都有加入协会的要求。

二 苏州行业协会改革与发展中遇到的主要困难和问题

经过多年的努力，苏州行业协会的改革与发展取得了明显的成绩，但从总体情况看，苏州行业协会的发展仍处于初级阶段，在社会认知、政策环境、作用发挥、社会影响等方面，还存在不少问题。

1. 有关行业协会建设的法律法规相对滞后

目前我国直接规范行业协会的法规只有国务院1998年10月发布的《社会团体登记管理条例》和1999年10月原国家经贸委发布的《培育和发展我国工商领域协会的若干意见》，还没有关于行业协会的统一的实体性单行法律，在行业协会的定义、性质、地位、设立条件、与政府关系等方面均缺乏法律规范。由于现行的《社会团体登记管理条例》仅仅是对1989年10月发布的原有条例的简单修订，并无重大原则性修改，带有浓厚的计划经济色彩，且基本上属于程序性法规，是对所有社会团体的统一规范，没有针对行业协会的特殊规范，不能满足行业协会改革发展的程序性和实体性规范要求。同时，苏州的三资企业尤其是外商独资企业较多，它们结社意识较强，近来要求成立冠以本国、本地区名称的行业协会或商会的愿望比较强烈。而我国对外国商会的登记管理，依据只有1989年6月国务院公布的《外国商会管理暂行规定》，没有涉及港、澳、台商会的登记管理，并且省以下各级民政部门也不具有登记管理权。

此外，对于国内城市间设立异地商会问题，国家也没有明确的法规规范。这些因素均在一定程度上制约了行业协会的发展步伐。

2. 部分政策有待进一步完善

为避免民间组织成为独立的力量，对社会管理和社会稳定形成威胁，我国对于行业协会的发展在政策导向上是限制竞争、抑制发展的，总体上失之苛严，但在具体实施时又很难落实，因此往往出现限制过多与规范不足共存的现象；涉及行业协会从业人员的工资待遇、社会保障、职称评定、税收、出国审批、档案管理等方面的现行政策，很少或没有考虑行业协会的实际，从而影响行业协会对于高素质人才的吸引，不利于行业协会的进一步发展。

3. 现有行业协会的工作不够平衡

苏州现有行业协会中，既有制度规范、活动正常、作用明显的，也有工作停滞、作用不明显的，还有多年没有活动、名存实亡的。调研表明，市属协会中有1/3不能正常开展活动；某县级市提供的数据表明，该市登记注册的40余家行业协会，正常开展活动的占1/5，因各种原因勉强维持的占2/5；只有组织没有人员，名存实亡的占2/5。

4. 部分协会还存在浓厚的行政色彩

尽管大部分行业协会已经完成了"三脱钩"的任务，但仍然有一些协会，特别是条线部门组建的行业协会存在严重的政社不分现象，这些协会中不少是为了缓解机关、事业单位编制紧缺而建立起来的，协会的活动主要围绕主管部门开展工作，成员单位就是政府部门的下属单位。一些协会存在乱收费现象，社会公信度低，也有一些协会只收会费，不为企业提供相应的服务。它们经常成为人大代表、政协委员提案的改革目标。"戴着市场的帽子，舞着政府的鞭子，坐着行业的轿子，拿着企业的票子，供着官员兼职的位子"是人们对这些协会的形象描绘。

5. 协会的自身建设有待进一步提高

不少行业协会存在覆盖面窄、工作人员少、年龄老化、规章制度不完善等现象，在业务规模、人员素质、服务手段、经营观念和服务能力上与国内先进地区和发达国家相比差距很大。目前苏州行业协会在行业中的覆盖面参差不齐，高的（如市水泥协会）近乎100%，低的不到

10%，不少协会参会的大多是大中型企业，而真正亟须行业服务的中小企业没有入会，行业代表性不足；各协会的从业人员大多数是兼职的离退休人员，且人数很少，一般不超过3人，还有的协会只有1人，不乏会计、出纳、内勤、外勤一身兼的现象；一些协会内部章程不健全，民主管理形同虚设，主管单位或会长单位说了算成为惯例，中小会员很少有发言权。

6. 登记管理人员与经费不足

作为各类民间组织的登记管理单位，各级民政部门中登记管理机构不健全、人员偏少、经费偏紧的问题比较普遍。目前，苏州各县级市、区均没有单独设立民间组织登记管理机构，从事民间组织登记管理的工作人员只有1～2人，市本级民政部门从事登记管理的也只有4名，面对目前数量巨大且不断增加的各类民间机构，民政部门的相关工作人员忙于应付日常的登记与年检工作，疏于监督管理，对非法组织和非法活动难以进行查处。

三 促进苏州行业协会改革与发展的措施

在市场经济条件下，行业协会是弥补市场和政府双重失灵的第三部门的重要组成部分，它必将随着改革的不断深入与经济社会的不断进步步入加速发展期，并作为不可替代的社会管理主体，发挥越来越重要的作用。坚持培育发展与管理监督并重的方针，按照市场化原则推进行业协会的改革与发展，切实增强行业协会服务经济社会发展的能力，逐步建立符合社会主义市场经济发展需要，与苏州经济社会发展水平相适应，法律健全、体制完善、结构合理、行为规范的行业协会发展体系，这是我们的必然选择。

1. 进一步提高对行业协会发展重要性的认识

行业协会是市场经济发展和社会分工细化的必然产物，是市场经济体系的重要组成部分，其发育完善程度是市场经济体系成熟与否的重要标志。加快行业协会的改革和发展，是完善社会主义市场经济体制的内在要求，是深化行政管理体制改革、加快政府职能转变的客观需要，是更好地应对和参与国内外市场竞争的必然选择，对于优化苏州发展环境、促进经济社会发展、构建和谐社会等具有无可替代的重要作用。社会各界，特别是各级党委和政府应当从这一高度，认识发展行业协会的重要意义，采取切实有效的措施，积极支持行业协会的改革与发展。

2. 完善行业协会发展急需的法律制度环境

把社会管理纳入法制化的轨道，实现从人治到法治的根本转变，是加强和改进社会管理的治本之策。作为市场经济发展的必然产物，行业协会的健康发展离不开完备的法律法规体系。从国际 NPO 发展的经验可知，越是法制健全的国家和地区，NPO 发育越健康，作用发挥得越好。目前，我国包括行业协会在内的 NPO 方面的法律法规存在建设滞后和修订缓慢的问题，需要在法律法规制定方面下大力气，抓紧出台统一的、有利于行业协会发展的法律法规，为行业协会依法登记成立、参与社会管理、表达利益诉求、拓展社会服务、强化自律机制等营造良好的法律环境，也为政府加强对行业协会的管理监督提供健全的法律依据。考虑到这项工作涉及面大、按照法定权限和相关程序费时较长，建议市人大常委会和市政府根据苏州经济社会发展的现状，在不与上位法相抵触的前提下，适时制定地方性法规和规章。

3. 对行业协会双重管理体制进行微调

目前实行的登记管理机关和业务主管单位对行业协会双重管理的体制有一定的合理性，但它实际上否定了行业协会的自治性质，也是行业协会依附性较强、法人主体地位没有得到有效保障、应有作用没有得到充分发挥的重要原因。从长远看，放开限制、保护和承认公民的结社权、实行一元式登记管理模式是理顺国家和社会关系、进一步转变政府职能、促进市场经济发展的必然，但中国的现行体制和国情决定了我们要达到这一结果必然还有一定的路程要走。在目前条件下，为避免不必要的麻烦，建议不必像广州等地一样，一步到位地取消双重管理体制，而可以学习温州、无锡等地的做法，通过微调，尽量避免这种体制的弊端。

（1）成立由各相关部门参加的行业协会建设领导小组，建立联席会议制度，研究全市行业协会改革与发展的重大事项，制定行业协会的发展规划，并将其纳入当地经济建设和社会发展总体格局中，同时加强各部门之间的有效联系与合作。

（2）学习温州"以外逼内"的经验，进行增量改革。认真贯彻落实市民政局《关于委托苏州市工商联承担部分市属社会团体业务主管职责的复函》（苏政民〔2003〕206号文）精神，赋予苏州各级工商联作为部分行业协会业务主管单位的职责，通过大力支持体制外行业协会的发展来带动体制内行业协会的转型。同时对部分暂时不具备登记条件的民间行业协会特别是新兴领域的行业协会实行备案制，予以扶持，待其发展成熟后再进行登记管理。

4. 制定、落实扶持行业协会发展的各项措施

具有行业性、民间性、自治性、非营利性、互助性等特征的行业协会，自我发展能力往往比较脆弱，因此，即使是在发达资本主义国家，政府对行业协会在税收减免、预算补贴等方面给予扶持也是很普遍的做法。在我国目前政策法律供给不足、政府职能转移不足、企业结社意识不足、社会捐赠意识不足、已有协会自主性不足等社会条件下，政府对行业协会不能简单地采取"一脱了之"的办法，应当在不违反市场运作规则的前提下给予行业协会以必要的扶持帮助，采取"扶上马、送一程"的做法。

（1）设立行业协会培育发展基金。为推进行业协会的发展，不少地方推出了对行业协会进行补助的政策，其中尤以浙江省政府的力度最大，它们对新组建的行业商会每年给予50万元，连续补助三年。我们认为，这种做法尽管有其可取之处，但也容易造成过于注重数量、忽视质量的弊端，甚至可能出现因为骗取奖励造成的虚假繁荣（根据国务院颁布的《社会团体登记管理条例》，地方性社团的注册资金只要3万元）。因此，政府根据财政的承受能力，设立行业协会培育发展基金，并根据行业协会的工作情况，实行"以奖代补"是一个比较可行的办法。为鼓励省级、国家级行业协会及其分支机构落户苏州，可以对其实行一次性奖励。

（2）建立政府与行业协会委托和购买服务制度。国际经验表明，政府对于行业协会的投入主要不是政府投资，而是各种购买机制的建立，不少国家公共部门提供的经费占到行业协会非营利性总收入的50%以上。[①]

---

① 〔美〕莱斯特·M. 萨拉蒙等：《全球公民社会——非营利部门视界》，社会科学文献出版社，2002，第30页。

可结合政府机构改革和审批制度改革，将原来政府部门承担的行业统计、行业评比、行业技术标准、行业技术鉴定、行业发展规划、反倾销调查、反损害调查以及一些审批事项等方面的职能，通过市场化运作方式，用相对优惠的价格，逐步向有条件承担这些职能的协会转移。政府部门委托行业协会承担业务活动，需要行业协会提供服务的，应当支付相应的费用。政府购买服务的项目经费作为公共财政支出的科目列入年度部门预算。与此同时，要通过招标等方式，引入竞争机制，确保政府职能转变的过程是公开、公平、开放的，避免出现行政机关对自身主管的行业协会过度偏爱的现象。

（3）允许行业协会进行经营活动。经费紧张、筹措资金能力不足是民间组织发展中相当普遍的问题。清华大学公共管理学院 NGO 研究所的研究表明，资金问题是目前中民间组织发展的最大难题之一。为缓解行业协会经费紧张的局面，避免形成无资金——无作为——无吸引力的恶性循环，各地均有部分行业协会或明或暗地开展经营活动，其中尤以温州等地为盛，这种情况在苏州也不同程度地存在。应当说，这也符合世界 NPO 发展的潮流。近年来，经营性收入在 NPO 资金中的比例逐渐增大，并成为 NPO 资金来源的主要途径之一。许多国家甚至在行业协会登记时，一部分登记为工商法人，一部分登记为 NPO。因此，我们应当学习西方发达国家和国内温州等地的经验，实事求是地予以认同与规范，并在税收等方面给予优惠，而不能简单地一禁了之。

5. 调整优化行业协会布局

（1）扩大协会的覆盖面。一是努力扩大协会的行业覆盖面。通过政府引导、社会筹办或业主、执业者依法自主申办等方式，有重点地在支柱行业、新兴行业和优势行业中，培育和发展一批按照市场方式运作、功能齐全、行为规范、服务有效的行业协会。二是扩大协会在行业内部的覆盖面。要打破部门、所有制界限，积极吸收民营企业、外资企业、行业中的中小企业、外地在苏同业公会组织、高等院校以及科研机构入会，扩大覆盖面与影响力。

（2）对现有协会进行清理。对行业特点明确、符合市场经济要求的行业协会应予以保留、充实和提高；对行业特点不明确的行业协会，进行分立、细化；对缺乏行业代表性、不能为企业提供服务、长期不开展活动、内部管理混乱的行业协会，依法注销或撤销登记。

（3）允许具有产业、产品和市场优势的地区，将地方性的行业协会依法重组或组建为市域性的行业协会。

（4）理顺在民政登记的行业协会与民间行业商会的关系。为避免出现行业协会中的"域名抢注"现象，设立行业协会既可以依据国家现行行业分类标准，也可以根据产品、经营方式和服务功能等方面的标准，允许同行业中不同行业协会组织进行适度竞争，鼓励它们通过提高服务质量，更好地服务社会。

6. 规范和强化行业协会的自身建设

（1）进一步推进行业协会"三脱钩"工作，改变一些协会与主管部门至今尚未脱钩或"明脱暗不脱"，协会成为"养老院"、"小金库"、"二政府"的现象，特别是要积极向上争取，加快条线部门各协会的改革。

（2）规范行业协会内部管理。引导行业协会坚持以民主、协商、公开、公正的原则处理协会内部事务，建立健全以章程为核心的自律机制，强化章程约束机制和行为准则约束机制，健全会员大会或代表大会、理事会或常务理事会等制度，健全协会内部财务管理和民主决策程序，促使行业协会形成自立、自管、自律、自强的运行机制。

7. 加强对行业协会的监督管理

如果政府仅仅完成了职能的转移而没有考虑适当的监督，那么相对于政府约束更少的行业协会极有可能在利益的驱动下将其职能作为获利的筹码，行业协会成为新的"寻租"主体。2004年原中国保健食品协会严重违反国家有关规定，对企业乱排序、乱评比、乱收费，擅自增设分支机构被注销以及2006年福建省商业联合会卖牌千块、敛财百万遭查处就是鲜活的案例。[①] 因此，加强对行业协会的监管十分必要。

（1）完善法律监督。针对我国目前有关行业协会的法律法规建设相

---

① 朱剑红：《乱排序、乱评比、乱收费，中国保健食品协会被注销》，2004年2月24日《人民日报》；福建商业联合会向企业卖牌千块、敛财百万，http://news.china.com/zh_ cn/finance/11009723/20061103/13721043.html。

对滞后的现状，学习北京、深圳、无锡等地的做法，通过地方立法，构建一个在遵循国家法律和行政法规的前提下，以地方性法规为核心、政府规章或规范性文件为配套、部门操作意见为补充的政策法规体系，完善对行业协会的法律监管。

（2）在服务中进行管理。通过进行培训、提供咨询、提前介入行业协会的筹备、指导行业协会的换届选举、协调解决行业协会在日常管理中遇到的问题、加强行业协会党的建设等方式，寓管理于服务之中。

（3）强化监督管理执法队伍建设。要从人员、编制、经费等方面着手，强化登记管理机关的监督管理和执法能力，切实改变目前普遍存在的重登记、轻管理现象。

（4）健全行业协会有序退出机制。对于一些缺乏行业代表性、长期不开展活动、内部管理混乱、不能发挥正常作用的行业协会，应依法予以注销。

参考文献

"社会主义市场经济体制下的行业管理"课题组：《市场经济发达国家的行业组织和政府的行业管理》，《国家行政学院学报》2002 年第 6 期。

《瞭望新闻周刊》记者：《建立新型"政会关系"》，《瞭望》2006 年第 29 期。

王名、贾西津：《中国 NGO 的发展分析》，《管理世界》2002 年第 8 期。

魏杰：《应该充分重视行业协会在发展市场经济过程中的作用》，《中国工商管理研究》2002 年第 1 期。

吴复民：《上海政府职能转变驶入快车道》，新华社《内部参考》第 82 期。

易全：《行政仍掌生杀大权，行业协会发展艰难》，国家体改办《改革内参》2001 年第 22 期。

张经：《行业协会四大问题》，2003 年 1 月 9 日《中华工商时报》。

何增科主编《公民社会与第三部门》，社会科学文献出版社，2000。

NPO 信息咨询中心主编《NPO 能力建设与国际经验》，华夏出版社，2003。

王名、刘培峰等著《民间组织通论》，时事出版社，2004。

王名主编《中国非政府公共部门》（清华发展研究报告 2003），清华大学出版社，2004。

张文礼、许子午：《苏州工业行业协会：从"配角"变"主角"》，2006 年 8

月 29 日《中国工业报》。

朱冬玲:《为美丽的"绸都"增辉添彩——盛泽镇商会 5 年发展历程》,2004
年 3 月 2 日《吴江日报》。

〔英〕斯坦利:《协会管理》,中国经济出版社,1985。

杭州市委党校、杭州市体改委、杭州市民政局联合调研组:《行业协会发展
面临的主要问题和政策建议》,http://www.chinanpo.gov.cn/web/index.do。

苏州市人民政府:《关于促进苏州市行业协会改革与发展的指导意见》。

苏州市经贸委:《苏州市工业行业协会五年发展纲要》。

苏州市工商业联合会:《苏州市行业商会发展分析报告》。

Suzhou's Trade Associations: Problems and Recommendations

Wan Zhihui

【 **Abstract** 】 Through many years of work, Suzhou's trade associations have made positive contributions to advancing industry strategy, creating industrial interaction, increasing self-regulation, providing order to the market, voicing enterprises' concerns, coordinating technological improvements, developing new markets for products, improving social services and adapting to shifts in the government's functions. At the same time, Suzhou's trade associations have also faced a host of problems, including sluggish legislative and regulatory improvements, some insufficently constructive policies, imbalances in association work, some overly bureacratic practices, internal issues, and shortages of registered managers and funds. For these reasons, the development of Suzhou's trade associations should be advanced through promulgation of knowledge, improvements in the legal and systemic environment, adjustments to the dual management system, creation of supportive policies, adjustments and optimization of the composition of associations, improved organizationbuilding, and increased supervision. In this way, the mutual shortcomings of the market and of government can be supplemented, and the operating system of a socialist, market economy may be improved.

【Keywords】 trade associations　state of trade associations trade association problems　trade association recommendations

（责任编辑　谢洪波）

转型期中国行业协会自律功能探析

——以三鹿事件为例

陈洪涛[*]

【摘要】 行业协会是由企业会员成立的非营利性组织，是连接企业、社会与政府的重要桥梁与纽带。行业协会虽具有多种功能，但三鹿事件的发生，说明行业自律应为行业协会功能的重中之重。通过对这一典型案例的分析，可以发现，尽管乳品生产和销售的整个流程中绝大部分环节都存在相关领域的行业协会，但行业协会的自律功能未能有效发挥是导致乳品企业整体丧失社会公信力的重要原因之一。要真正保障未来中国乳业、食品业乃至整个制造业的产品质量，必须建立政府监管和行业协会自律监管相结合的监管体制。

【关键词】 行业协会 三鹿事件 自律功能

近些年来我国食品安全事件接踵而至：毒大米、假白酒、"嗑药"水产品、毒罐头、苏丹红、瘦肉精，2008 年发生的"三鹿事件"再一次让我国食品安全问题成为国际国内关注的焦点。俗话说"民以食为天"，食品安全问题关系每个人的健康与生命，已经成为当下一个必须严肃面对、亟须解决的社会问题。三鹿事件发生后，社会各界从不同角度对这一事

---

* 陈洪涛，清华大学公共管理学院 NGO 研究所博士后，西北政法大学副教授。

件进行了分析与研究，① 已有研究多从乳品生产、销售等流程所涉及的主体进行反思，对有关行业协会在此次事件中的作用进行的专门研究不多，仅见的几篇专门性文章多为报纸评论或者网络文章。② 在现代市场经济国家，行业协会是一种旨在促进行业发展、规范行业秩序的社会经济组织形式，从这一视角来研究三鹿事件引发的食品安全问题也许可以为我们提供解决问题的新思路。

一　三鹿事件过程回溯、原因及特点

三鹿奶粉事件不亚于在中国乳品行业投下了一枚"原子弹"，引起了整个行业、政府乃至全社会的强烈反应。

（一）过程回溯

2008 年 9 月 13 日，卫生部认定"三鹿牌婴幼儿配方奶粉"事故是一起重大的食品安全事故，社会各界全力应对其所带来的各种问题。事件历经以下三个阶段。

1. 第一阶段：危机潜伏时期（2007 年 7 月 ~ 2008 年 9 月 13 日）

三聚氰胺是一种化工原料，可导致人体泌尿系统产生结石。这种化学物质何时被添加进原奶的时间现已无法考证。法院认定的事实是：2007 年 7 月，张玉军以三聚氰胺和麦芽糊精为原料，研制出专供在原奶中添加、以提高原奶蛋白检测含量的含有三聚氰胺的混合物（即"蛋白粉"）。在其后一月内，此类"蛋白粉"被某些奶站经营者添加到原奶中，售给石家庄三鹿集团股份有限公司（以下简称三鹿集团）等企业。③ 2007

---

① 有关生产者和经营者、企业、消费者在此次事件中应当承担责任的讨论，详见尹纳娜《谈消费者权益保护的责任——基于"三鹿奶粉"事件的视角》，《企业家天地》2009年第 1 期。再如，由此次事件所引起社会问题的思考，详见李嘉曾《问题奶粉折射的社会问题——关于三鹿奶粉事件的观察与思考》，《群言》2008 年第 11 期。

② 《三鹿奶粉事件引发行业危机　行业协会正该出手》，中国行业协会商会网 2008 年9 月 18 日；伯建新：《三鹿事件背后的探因和对策》，博锐管理在线，2008 年 9 月28 日；李龙：《三鹿奶粉事件行业协会应有所作为》，2008 年 9 月 21 日《广州日报》；《从古代行会的违规处置谈起》，2008 年 9 月 26 日《华商报》。

③ 《三鹿刑案二审全案维持原判　24 名责任人被处理》，2009 年 3 月 27 日《京华时报》。

年 12 月，三鹿集团收到了消费者投诉，反映有部分婴幼儿食用该集团生产的婴幼儿系列奶粉后尿液中出现红色沉淀物等症状。此时距离 2008 年 9 月毒奶粉事件曝光尚有 10 个月。① 2008 年 6 月 28 日，甘肃兰州一家医院收治了首例患"肾结石"病症的婴幼儿，据家长反映，孩子从出生起就一直食用河北石家庄三鹿集团所产的三鹿婴幼儿奶粉。7 月中旬，甘肃省卫生厅接到医院婴儿泌尿结石病例报告后，随即展开了调查，并报告卫生部。2008 年 7 月，消费者的不断投诉引起三鹿集团领导层的重视，经过反复几次送权威部门检测终于确定奶粉中添加三聚氰胺的事实后，三鹿集团主要领导田文华在 2008 年 8 月先后两次向石家庄市政府作书面汇报。② 9 月 11 日，在卫生部公布调查结果后，三鹿集团才发布正式通告承认部分三鹿牌婴幼儿奶粉受到三聚氰胺的污染。

2. 第二阶段：乳业行业危机总爆发与各方紧急应对阶段（2008 年 9 月 13 日 ~ 2008 年 10 月）

2008 年 9 月 13 日，卫生部认定"三鹿牌婴幼儿配方奶粉"事故是一起重大的食品安全事故。随后两个月成为乳业行业危机总爆发与社会各界紧急应对时期。在卫生部认定三鹿事件是重大食品安全问题的当天，国务院启动国家重大食品安全事故一级响应，并成立应急处置领导小组，相关部委也随即采取诸多措施应对危机。③ 与此同时，国务院及相关部委还发布了一系列相关的政策文件来布置和安排各项措施的具体落实。短短两周时间，国务院及其相关部委就颁布了 10 多部行政法规性文件和部门规章，④ 这些文件内容涉及事件所影响的患者、消费者、企业、奶站、

---

① 刘悦、沈颖：《三鹿曝光前被遮蔽的十个月》，《半月选读》2009 年第 4 期。

② 刘悦、沈颖：《三鹿曝光前被遮蔽的十个月》，《半月选读》2009 年第 4 期。

③ 国家质检总局派出调查组赴三鹿奶粉生产企业调查事故原因，并在全国范围内对同类产品进行专项检查；工商总局加强了对市场上婴幼儿配方奶粉的监督检查；卫生部组织联合调查组开展对该事件的调查处理，并在全国范围内对可能由此造成的婴幼儿患病情况进行全面调查，同时紧急组织专家研究制定了诊疗方案。其他相关部门也采取了相应措施。

④ 主要包括：《国务院办公厅关于进一步做好婴幼儿奶粉事件处置工作的通知》（9 月 20 日）、《国务院关于促进奶业持续健康发展的意见》（9 月 27 日）、《农业部关于采取切实措施保护奶农合法利益的紧急通知》（9 月 24 日）、《农业部办公厅关于促进农垦奶业生产稳定发展的通知》（9 月 23 日）、《农业部、工业和信息化部、公安部等关于开展全国奶站专项整治行动的通知》（9 月 21 日）、《国家工商行政管理总局关于认真贯彻国务院办发明电〔2008〕36 号文件精神全面开展流通（**转下页注**）

奶农等众多主体，针对不同主体的情况作出了相应部署。正是政府及时采取有力的救助措施，这次重大食品安全事故所带来的破坏力才得到有效遏制，并未蔓延开来。乳业企业也采取了多项手段配合政府对本行业进行集体救助：先是蒙牛、伊利等行业大户的相关负责人露面媒体向公众致歉，之后同行业几百家企业联合发表声明，作出质量安全宣言，承诺不使用非食用和过期、变质原辅材料生产加工乳制品。

3. 第三阶段：危机善后处理阶段（2008 年 10 月～2009 年 3 月）

危机紧急应对过后，第三阶段主要任务即转化为危机善后处理。善后事宜主要表现为：首先，在这一阶段，受害婴儿问题初步得以解决。2008年 12 月 1 日，卫生部通报指出，截至 11 月 27 日 8 时，全国累计报告因食用三鹿牌奶粉和其他个别问题奶粉导致泌尿系统出现异常的患儿 29 万余人。2008 年 12 月国家出台了赔偿方案，① 截至 2009 年 1 月 22 日，全国已有 262662 名患儿家长领取了赔偿金并与责任企业签订了赔偿协议，占患儿总数的 90.7%；6 名死亡患儿的家长以及已经联系到的 891 名重症患儿的家长，除 2 名外，全部接受了责任企业的主动赔偿；暂不接受主动赔偿的只是极少数。其次，2009 年 2 月 12 日，三鹿集团正式宣告破产，破产后的三鹿集团面临包括企业职工如何安置等一系列问题，在政府指导下逐步得以解决。最后，事件相关责任人得到追究，相继承担行政或者刑事责任。②

（接上页注④）环节奶制品市场专项整治工作的紧急通知》（9 月 20 日）、《国家质量监督检验检疫总局公告（2008 年第 102 号）——关于撤销内蒙古蒙牛乳业集团股份有限公司等三家企业液态奶产品中国名牌产品称号的公告》（9 月 19 日）、《国家工商行政管理总局关于认真开展含三聚氰胺婴幼儿配方奶粉市场清查工作的紧急通知》（9 月 17 日）、《国家工商行政管理总局关于立即开展三鹿牌婴幼儿配方奶粉市场清查的紧急通知》（9 月 13 日）、《卫生部办公厅关于食用含三聚氰胺奶粉婴幼儿泌尿系统结石诊疗有关问题的通知》（9 月 13 日）等。

① 搜狐网：《三鹿问题奶粉赔偿方案初定每个婴儿最低 2000 元》，http：//news.sohu.com/20081230/n261487865.shtml，最后访问日期 2009 年 4 月 25 日。

② 石家庄市政府早在 2008 年 8 月 2 日就接到三鹿集团公司关于三鹿奶粉问题的报告，但直至 9 月 9 日才向河北省政府正式报告三鹿奶粉质量出现问题。为此，包括石家庄原市长等 24 名政府工作人员受到处理。中央纪委监察部对三鹿奶粉事件中负有重要责任的质检总局、农业部、卫生部、工商总局和食品药品监管局的有关人员作出处理，决定给予质检总局执法督查司司长王步步等 8 名干部党纪政纪处分。2009年 3 月，河北省高院作出二审裁定，维持对被称为三鹿问题奶粉事件最大"源"凶的张玉军，以危险方法危害公共安全罪判处死刑，剥夺政治权利终（**转下页注**）

（二）三鹿事件发生的一般原因分析及其特点

三鹿事件的破坏力不亚于中国乳品行业的"崩盘"。之所以会发生这一事件，现有研究认为存在内外部原因。外部原因主要是：监管部门监管不力；乳制品加工企业准入门槛低；原奶收购与监管程序缺失以及原料奶收购的恶性竞争；缺乏与国际接轨的先进原料奶收购标准；缺乏第三方检测和原料奶价格形成机制等；[1] 国家发改委对奶制品的行政限价。内部原因主要是企业缺乏自律，在原奶中加入三聚氰胺已成为奶制品行业中的"潜规则"。[2]

三鹿事件过程体现出如下特点。

1. 涉及面广泛，后果危害严重

早在事件发生初期，就有业内人士指出："三鹿婴幼儿配方奶粉以及伊利、蒙牛液态奶三聚氰胺污染事件，堪比'中国奶业的大地震'，其对我国奶业带来的破坏力是巨大的，它会波及到政府、企业、消费、市场、加工、奶源管理、奶牛养殖、饲料各个环节。"[3] 事件所涉领域十分广泛。乳品生产流程包括：奶畜饲养—生鲜乳生产—生鲜乳收购—乳制品生产—乳品进出口—乳制品销售—乳制品餐饮等，整个流程至少要经过以下五个不同群体（见图1）。事件发生后，包括中央政府与地方政府、患儿及其亲属、企业职工等利益相关者也被牵涉进来。中国乳业很多知名企业均卷入三聚氰胺困局。2008年9月16日，国家质检总局通报的奶粉三聚氰胺专项检查结果显示，有22家企业的产品检出了含量不同的三聚氰胺。事件所造成的后果也令人吃惊，据卫生部通报，截止到2008年11月27日，全国共有29.4万名婴幼儿因食用问题奶粉患泌尿系统结石，重症患儿154人，死亡11人。

（接上页注②）身的一审判决，对另一"源"凶张彦章维持无期徒刑的一审判决；维持对耿金平以生产、销售有毒食品罪判处死刑，剥夺政治权利终身，没收个人全部财产的判决。石家庄市中院受河北省高院委托宣判：原三鹿集团董事长田文华等人也被判处无期徒刑。

[1] 陈瑜：《反思三鹿奶粉事件》，《中国奶牛》2008年第10期。

[2] 朱峰、杨守勇、张洪河：《揭秘"三鹿集团"如何掩饰真相》，《中国牧业通讯》2009年第2期。

[3] 李胜利、曹志军、张永根、周鑫宇、杨敦启：《如何整顿我国乳制品行业：三鹿奶粉事件的反思》，《中国畜牧杂志》2008年第18期。

图1 乳品流程所涉及的不同群体

事件所引起的损失极其惨重：一是奶牛养殖业的损失。最直接的损失就是原料奶废弃的损失，事件发生一周后，每天损失原料奶为1万～1.5万吨，按3000元/吨计算，奶农每天损失3000万～4500万元。此外，还有隐性的损失，如奶牛减料导致整个泌乳期产奶量减少造成的损失。二是乳品企业的损失。自三鹿奶粉事件爆发后，对于年销售额达100亿元的三鹿来说，其无形资产和有形资产的损失更是天文数字。三是对消费者信心的打击。① 新浪网站上参与在线调查的28万多人中，超过93%的网民表示，不会再购买事件相关品牌的奶粉。② 其他方面的经济损失，如据海关统计，2008年10月当月中国出口乳制品1036吨，同比下降91.8%。其中奶粉同比下降99.2%；同期，中国进口乳制品3.3万吨，同比增长73.2%。③

2. 引起了其他食品行业甚至制造业的危机感和反思

三鹿事件不仅引起了乳品全行业的深刻反思，也引起了包括饲料业、蜂业、酒类、水产品在内的其他食品行业的反思，这种反思也包括各行业由此而引起的危机感。④

3. 政府积极及时主动地采取多种措施化解危机

在应对和处理此次重大食品安全事件中，中国政府积极主动地采取了

---

① 详见《大乱之后必有大治 奶业专家谈"三鹿奶粉事件"的影响和反思》，《中国乳业》2008年第10期。
② 《中国奶业必须重视产品质量》，《经济观察》2008年9月20日。
③ 朱熹妍、贺文：《奶业，冬季攻势》，《农产品市场周刊》2009年第3期。
④ 相关反思文章详见：唐礼亮、汪建：《问题奶粉下的食品包装安全探讨》，《塑料包装》2008年第5期；许丽萍：《"三鹿奶粉"前车之鉴，酒类企业质量营销刻不容缓》，《中国食品》2008年第22期；广东省饲料行业协会：《"三鹿奶粉"引发社会关注 加强行业自律确保食品安全》，《广东饲料》2008年第9期；古有源、沈汉平：《"三鹿奶粉事件"的回顾与反思——兼谈蜂产品行业应吸取的教训》，《中国蜂业》2008年第11期；张莉萍、于艳：《三鹿奶粉问题引发的水产品污染思考》，《丹东海工》2008年第12期；刘士杰、胡广东、田莉：《以诚信建设为主线全面加强饲料行业自律体制建设》，《中国饲料》2009年第1期；等等。

多种措施，为此次事件的妥善处理提供了可靠的保障。事件发生后，中央政府高度重视，多个政府部门参加了危机处理过程，采取了诸多应急措施。①

二 行业协会参与食品质量安全监督的必要性与可行性

（一）行业协会功能基本分析

行业协会，从理论层面看是一种主要由企业自发成立的、会员制的、在市场中开展活动的、非营利的互益性的社会组织。② 行业协会的突出作用表现在其可以协调产业链条中的生产者、流通者、消费者、监督者之间的关系，为建立一个协调有序的市场服务。维护行业利益应当是行业协会的最高价值。同时，协会可以通过制定行业规范、行业标准以及惩罚措施来规范企业行为，约束企业依法经营、诚实守信，提高整个行业的诚信和自律。③

成熟的市场经济国家的经验证明：发挥行业协会应有的功能和作用，对于行业健康发展具有重要意义。例如，澳大利亚的奶业协会有奶业委员会、奶牛饲养者联合会、奶制品联合会、奶业授权协会、奶业贸易联合会、贸易联盟委员会、奶业市场联合委员会。④ 这些协会的存在，对其乳制品行业健康发展起了重要作用。

在我国，行业协会功能一般被归结为提供政策咨询、加强行业自律、促进行业发展、维护企业合法权益等四个方面。然而，从实践中看，行业协会的具体运行情况与理论和法律规定尚存一定差距。由于我国社会正处于转型期，相关"法律法规不健全，政策措施不配套，管理体制不

① 有关中国工业和信息产业部的作为，详见彭蓉《全国紧急开展奶制品加工行业整顿规范》，《四川畜牧兽医》2008 年第 10 期；有关农业部在危机处理阶段的作为，详见《农业部紧急部署：进一步加强生鲜牛奶生产和质量安全管理》，《中国牧业通讯》2008 年第 19 期。
② 贾西津、沈恒超、胡文安：《转型期的行业协会》，社会科学文献出版社，2004，第 11 页。
③ 李龙：《三鹿奶粉事件行业协会应有所作为》，2008 年 9 月 21 日《广州日报》。
④ 张利庠、孔祥智：《中国奶业发展报告》，中国经济出版社，2009，第 16 页。

完善"，"行业协会还存在着结构不合理、作用不突出、行为不规范等问题"。① 在很多情况下，行业协会与政府、企业的关系尚未理清，致使行业协会发育不充分，功能欠缺，难以正常发挥作用。如何强化行业协会的固有属性，构建以自律功能为基础，以服务功能为宗旨，规范、监督行业发展的行业协会，应是三鹿事件后必须认真思考的问题。

（二）现有政府主导监管体制的不足

三鹿事件充分暴露了我国食品安全监管体制存在重大问题。在此次事件中，如果当地政府和监管机构在发现问题时能够及时上报并向社会公开真相，召回问题产品，就不会有更多的儿童受到伤害，将恶劣影响减少到最小，也不会导致乳品行业出现社会信任危机。当然，三鹿事件发生的直接原因是不法分子在收购原奶过程中加入了三聚氰胺，那么，这一过程是属于生产环节还是加工环节？应当由哪个部门监管？之前规定都不明确。知名企业生产出的问题奶粉打着"国家免检"产品的牌子直接进入消费市场，直到大量婴幼儿因问题奶粉而患病政府才介入进行调查。虽然长期以来，相关监管部门都在提及并实施由"事后处理"转向"事前控制"，但从这次事件中不难看出，当下事前控制并未发挥其应有的作用。据不完全统计，与食品安全相关的政府部门多达十余个，导致多头管理、各自监管、投诉处理不力等问题。② 多部门执法还出现功能交叉和权力真空地带，导致相互制约难，执法配合难，甚至发生推诿扯皮的问题，同时因各自分管一方业务而使食品安全信息阻塞。事件发生后，2008 年 10 月 10 日国务院颁布了《乳品质量安全监督管理条例》，重新明确了监管部门的职责分工，对监管部门的监督检查职责提出严格要求，确立了乳品生产销售不同环节的质量监督体制（见图 2）。

按照此条例规定，中国食品安全综合监督和协调功能已由食品药品监督管理局划分给了卫生部，但问题是，卫生部也是一个与农业、工商、质

① 《国务院办公厅关于加快推进行业协会商会改革和发展的若干意见》（国办发〔2007〕36 号）。
② 古有源、沈汉平：《"三鹿奶粉事件"的回顾与反思——兼谈蜂产品行业应吸取的教训》，《中国蜂业》2008 年第 11 期。

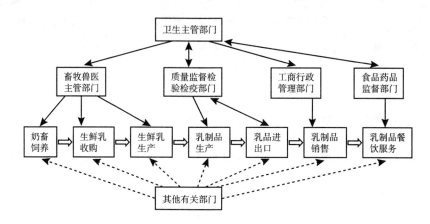

图 2 《乳品质量安全监督管理条例》所确立的乳品质量监督体制

检等平行的行政部门,其在协调这些同级部门时面临不小的困难,如何真正有效地实现食品安全监管部门之间的协调和统一尚需实践检验。这种以政府为主导的监督体制,虽然从法律规定看,似乎乳品的每一个环节都有相应的政府管理部门监督管理,但实际运行过程中存在的不足显而易见。

一方面,这种多部门管理模式很容易造成"人人都在管,人人都管不好"的情况。虽然原则上各部门应按照流通环节实施分段管理,但面对日益复杂的食品供应体系,有些环节之间不是截然分开的,因而各部门之间的具体职责区分不清楚,会造成部门功能交叉重复。另一方面可能出现"监管真空",大家谁都不去管,使不法分子有机可乘。食品安全监管体制的垂直管理,很容易造成中央和地方机构的信息不对称,地方监管机构可能迫于保护地方利益,成为不法企业和不法分子的"保护伞"。此外,这种监管体制体现了当今各国盛行的"全程监管"理念,这一理念坚持预防为主、源头治理的工作思路。然而,由于我国奶制品生产经营分散、规模小,食品安全涉及的环节多、政府本身的监管体系不完善以及政府资源的有限性等原因,对不安全食品的"全程监管"缺乏力度,管理混乱,多头执法,又处处缺位,导致全程监管的低效率。①

虽然在乳品制造与销售的整个流程中,每个环节都有相关政府机关的

---

① 任燕、安玉发:《"三鹿问题奶粉事件"对中国食品安全监管机制的启示》,《世界农业》2008 年第 12 期。

监管，说明政府对乳品这一特殊商品质量监管高度重视，几乎所有与食品监督有关的部门都投身其中，然而，由于上述原因，这一监管体制存在的疏漏使实施效果可能会有折扣。因此，今后要想真正有效地对食品质量进行严密的监管，就必须想办法弥补现有监管体制的漏洞。

三　行业协会自律功能相关规定

（一）行业协会自律功能相关规定

行业协会自律功能的发挥可以协助政府部门进行产品质量安全监督。因为当企业为了追逐利润而忽视食品质量安全之际，外在的监督制约机制就显得至关重要了。在市场经济条件下，构建以政府为主导、行业协会参与的产品质量安全体制就显得十分必要。此次事件以后，我国法律开始对此进行规范。2009 年 2 月 28 日，十一届全国人民代表大会常务委员会第七次会议通过的《中华人民共和国食品安全法》第 7 条规定："食品行业协会应当加强行业自律，引导食品生产经营者依法生产经营，推动行业诚信建设，宣传、普及食品安全知识。"这无疑是通过法律这一形式强调了行业协会在加强行业自律方面的重要性。[①] 事实上，除这一法律外，关于行业协会还存在以下规范性文件。

1. 规范性文件规定

三鹿事件之前，有权制定规范性文件的机关已经认识到行业协会在市场经济中的重要功能，甚至一些地方已有立法实践。在中央一级虽然尚无专门立法，但是 2007 年 5 月 13 日国务院发布了《关于加快推进行业协会商会改革和发展的若干意见（国办发〔2007〕36 号）》。该文件对行

---

① 这部食品安全法是在三鹿事件暴露出的诸多问题基础上制定的，其中与行业协会有关的规定还包括：食品广告的内容应当真实合法，不得含有虚假、夸大的内容，不得涉及疾病预防、治疗功能。食品安全监督管理部门或者承担食品检验职责的机构、食品行业协会、消费者协会不得以广告或者其他形式向消费者推荐食品（第 54 条）。食品生产经营企业可以自行对所生产的食品进行检验，也可以委托符合本法规定的食品检验机构进行检验。食品行业协会等组织、消费者需要委托食品检验机构对食品进行检验的，应当委托符合本法规定的食品检验机构进行（第 61 条）。

业协会商会改革和发展的必要性与实施方案作出规定，并且强调了行业协会加强行业自律的作用。在乳品行业，部分政府相关文件也提及了行业协会自律的作用，2007 年国家发展和改革委员会制定的《乳制品工业产业政策》第 62 条规定："充分发挥行业协会协调服务维权自律的职责，当好企业与政府的桥梁，加强行业发展问题的分析与研究，反映行业发展情况，提出行业发展建议。"国务院《关于促进奶业持续健康发展的意见》第 17 条规定："各行业协会要当好政府与奶农、企业的桥梁，充分发挥协调、服务、维权、自律的作用。"2008 年 7 月 18 日，河北省第十一届人民代表大会常务委员会第四次会议通过了《河北省奶业条例》。这是我国首个以立法形式颁布的有关促进奶业发展的地方性法规。这部法规第 5 条提出："奶业生产经营者可以依法成立和自愿加入奶业协会、奶业合作组织，建立风险共担、利益共享、互惠互利、长期稳定的协作关系。奶业合作组织以其成员为主要服务对象，提供信息、技术、营销、培训等服务，定期向社会发布牛奶生产经营信息，引导奶牛养殖场、养殖小区、养殖户和乳制品加工企业按市场需求组织生产经营，依法维护奶业生产经营者的合法权益。"由于这些文件颁布不足两年，实施效果尚未显现，且规定过于原则，从操作层面上还需完善。

2. 行业协会章程规定

国内主要乳品企业都加入了相关的行业协会，三鹿集团分别是中国奶业协会、中国乳制品工业协会与石家庄奶业协会的会员单位。中国奶业协会是由全国奶牛养殖和乳品加工业以及为其服务的相关企业、事业单位和个体经营者自愿组成的非营利性的社会团体法人。中国乳制品工业协会是由全国乳品生产企业及相关的企业、事业单位自愿结合的非营利性的行业性和全国性社会团体。协会宗旨和业务范围均围绕奶业企业全行业的利益。石家庄市奶业协会是石家庄市辖区内由乳品企业、奶牛场、奶农及牧业机械、兽药、饲料、奶业科研以及相关业务单位自愿组成的社会团体，是跨部门、跨所有制的非营利性质的行业组织。三家协会章程虽然表述各不相同，[①] 但均有关于行业自律的规定。例如，中国奶

---

①　三部章程通过的时间分别为：《中国乳制品工业协会章程》1999 年 9 月 5 日、《中国奶业协会章程》2002 年 10 月 15 日、《石家庄市奶业协会章程》2006 年 7 月。

业协会章程中关于行业自律的有两条：一是协助政府部门规范行业的自我管理行为，促进企业公平竞争；二是配合政府有关部门进行奶产品的质量监督。前者规定，中国奶业协会应当督促三鹿等企业进行自我管理，奶站无序设立与任意扩大在一定程度上来自企业间的恶意竞争；后者则直接规定了行业协会负有对奶产品质量监督的职责。如果奶业协会切实履行了这一职责，则很可能会避免奶源污染的事件发生，因为行业协会对奶制品生产加工过程十分熟悉，比政府部门更具有掌握第一手真实信息的天然优势。中国乳制品工业协会业务范围之一是"向政府有关部门反映行业的要求及存在的问题，提出合理化建议"。作为行业协会，为会员单位服务，发展行业公益性事业，解决行业共性问题，是其职责。如果行业协会在事件发生之前能够及时发现问题，并及早向政府相关部门报告，则这一事件后果也不至于如此严重。石家庄奶业协会的业务之一是：制定并实施奶牛、鲜奶、乳品销售的行业规范，建立行业自律机制，营造行业内部竞争的良好环境，维护行业整体利益。三鹿集团是石家庄最大的乳制品企业，全国知名企业，同时也是该协会成员之一。协会应及时提醒企业在追求利润最大化的同时，注意自律，务必保证产品质量，并加强对其生产的监管。

尽管行业协会具有多项功能，但三鹿事件显示：在中国转型期，行业协会应把促进企业自律放在其工作首位，甚至可以说，促进监管企业自律应当是协会开展其他工作的前提。从有关部门的调查结果来看，往牛奶中添加三聚氰胺早已成为乳业行业的"潜规则"，奶业协会通过加强企业自律应该可以阻止类似事件发生，维护全行业的整体利益。但由于自律功能没有真正发挥，未能阻止全行业的集体"自杀"式行为。此次含有三聚氰胺的奶粉涉及面之广、影响之大是我国前所未有的。行业协会应该更多地发挥行业协调、行业监督的作用，增加行业交流，促进行业诚信自律。

四　行业协会自律功能未能有效发挥

此次由三鹿事件引发的整体乳业行业危机出现后，人们看到的多是政府和企业忙碌的身影，而理应处于行业发展领头人的行业协会的声音却相当微弱甚至处于失语境地。

（一）三鹿事件中行业协会的作为

事实上，三鹿事件发生前后，上述相关行业协会并非无所作为，而是采取了诸多行动。

1. 事发前的作为

早在三鹿事件被曝光前，相关行业协会已经采取了一些措施试图规范企业行为，对行业产品质量有所控制。中国乳制品工业协会为规范企业在发展、竞争中的行为，维护行业的整体利益，曾制定《乳品行业职业道德规范》。"为了进一步规范乳品消费市场秩序，构建和谐奶业，推进我国奶业持续健康发展"，2007 年 6 月 21 日，出任中国奶业协会副理事长单位的乳品企业共同签署了《乳品企业自律南京宣言》（以下简称《宣言》）。7 月 10 日，这些乳品企业在北京又共同制定了落实《宣言》的实施方案。《宣言》强调"恪守诚信经营。乳品企业要准确发布与宣传产品信息，保证产品质量安全，自觉维护消费者的知情权和选择权"。"接受社会监督。建立和完善企业管理制度，形成自律机制，提高企业的公信力。接受政府部门、行业协会对企业的管理和监督，接受新闻媒体、广大消费者的监督，确保企业自律言行落到实处。"为加强各会员单位法规事务方面的联系沟通，2008 年 7 月 21 日中国乳制品工业协会组建了中国乳制品工业协会法规事务委员会。

2. 事发后的作为

三鹿事件发生后，相关行业协会主要从以下几个方面采取积极措施。

（1）关于此次事件的解释说明。事件发生初期，中国奶业协会的一位工作人员就说：如果说 9 月 11 日发生的行业大地震"震中"是三鹿，那么此次涉及的其他企业则是"余震"地区，余波将涉及整个行业。[①]行业协会工作人员就事件本身的一些问题进行解答，[②]对奶业发展的历史

---

① 《业界语录》，《北方牧业》2008 年第 18 期。

② 参见赵寒《令人瞠目的奶粉"肾结石"事件》，《科学养生》2008 年第 11 期；付影：《奶业发展三大困局》，《农产品市场周刊》2008 年第 37 期。

与今后奶业发展的思考，① 中国乳制品工业协会有关负责人就患儿家长关心的患儿赔偿问题进行了说明。

（2）协助政府处理相关事务。在紧急应对时期，为了最大限度地减少奶农的损失，中国奶业协会协助农业部动员和协调国内乳品加工企业，不但与河北省奶源基地进行产销对接，而且积极帮助全国奶农解决原料奶销售的困难。② 中国奶业协会按照农业部的部署，向主要原料奶粉生产供应企业了解情况、收集意见后，在国务院有关高层出席的专项会议上提交了"意见和建议"。③

（3）帮助企业恢复社会市场信心。事件处理过程中，中国乳制品工业协会发布企业愿意主动向患者赔偿并建立医疗赔偿基金的消息，帮助企业恢复市场信心。2009 年元旦，中国乳业制品工业协会委托中国电信、中国移动向公众发短信，祈求原谅。④

（4）向会员单位发出加强质量安全工作的通知与倡议。在紧急应对阶段，中国奶业协会曾经在一个月内两次向其会员企业发出加强乳品质量安全工作的通知与紧急倡议，即 2008 年 9 月 12 日，中国奶业协会发出"中国奶业协会关于加强乳品质量安全工作的通知"，9 月 20 日再次发出"中国奶业协会向乳品加工企业会员单位发出紧急倡议"。

（5）组织相关的研讨，提出应对建议。2008 年 11 月 13 日，中国饲料工业协会在北京召开大型饲料企业座谈会。中国奶业协会在一次座谈会上提出构建八项机制的建议得到大会支持。⑤

---

① 详见张溯《练好行业内功，发展现代奶业——访中国奶业协会秘书长魏克佳》，《中国食品》2009 年第 4 期。

② 李胜利、曹志军、张永根、周鑫宇、杨敦启：《如何整顿我国乳制品行业：三鹿奶粉事件的反思》，《中国畜牧杂志》2008 年第 18 期。

③ 朱熹妍、贺文：《奶业，冬季攻势》，《农产品市场周刊》2009 年第 3 期。

④ 短信全文："新年之际，三鹿等 22 家奶制品责任企业向您表示：对问题奶粉给孩子和社会造成伤害，我们深表痛心，真诚道歉，祈求原谅。决心以此为戒，杜绝不合格产品，诚恳接受社会监督。我们正对患病孩子赔偿，建立医疗赔偿基金，用于愈后可能的后遗疾病治疗。祈愿您新的一年合家幸福，万事如意。"《乳品协会因三鹿事件群发短信向公众祈求原谅》，2009 年 1 月 2 日《京华时报》。值得注意的是，行业协会是以企业名义道歉的，而非自己的名义。

⑤ 陈瑜：《反思三鹿奶粉事件 研究构建科学发展机制 现代奶业发展高端论坛在京召开》，《中国奶牛》2008 年第 10 期。

此外，其他地区的协会也有所行动。例如，广东省食品行业协会接受工业和信息化部正式委托，将制定奶制品安全保证体系方案。① 一些相关领域的行业协会也作出了一些努力，如中国广告协会在 2008 年制定了《奶粉广告自律规则》来加强广告行业的自我约束。

（二）行业协会自律功能未能有效发挥

尽管行业协会在三鹿事件的整个过程中有所作为，然而遗憾的是，相关行业协会事发后行为多于事发前行为，且事发前行为并未阻止事态严重发展，事发后行为多是配合政府、企业应对危机，行业自律功能却没有发挥作用。

然而，如果这一行业要想东山再起，恢复消费者信心，除政府、企业努力之外，行业协会的参与是必须的。但是，面对这样严重的全行业危机，行业协会却给人以置身事外的感觉。事件发生伊始，就有人质疑：在这次危机处理中，很少看到奶业协会以行业自治组织身份进行行业自救。按理来说，乳业行业出现如此重大的食品安全问题，导致整个行业的诚信跌至低谷，这时正需要行业协会出面进行自我救赎。毕竟，行业协会熟悉行业内部的运作模式，也知道如何从最关键的内部环节自我整顿。而且，以行业协会的身份自救，还可以给人"谢罪"之感，这无疑有助于提振市场人气，恢复信心，不至于使整个行业因此而一蹶不振。② 还有人假设：如果中国奶业协会发出的倡议能够早日在行业内得到响应，如果中国奶业协会提出的构想能够顺利实现，如果《国务院关于促进奶业持续健康发展的意见》能够得到更好的、全面的贯彻落实，是否就可以避免三鹿奶粉事件的发生？中国奶业是否能避免这次危机的出现？③ 有研究者指出，如果我们现在的乳业协会是企业的自治组织，那么，很可能三聚氰胺添加事件早就会在协会中被提出来，面对这种危及整个行业信誉的威胁，业内人士理应会有足够的理智，行业内部就可能

---

① 田霜月、陈养凯：《粤将制订全球首部食品业自律标准》，载 2008 年 9 月 27 日《南方都市报》。

② 参见李龙《三鹿奶粉事件行业协会应有所作为》，2008 年 9 月 21 日《广州日报》。

③ 《中国奶业凤凰涅槃》，《中国乳业》2008 年第 9 期。

形成决议，制止掺假，不执行者就被逐出行业，同时向全社会发出警示和通告。[①]

当然，不得不指出的是，长期以来政府有关部门对行业协会的地位认识不清，对行业协会的作用几无了解，导致其对市场经济的指导只专注于行政权力即正式制度的实施，没有遵从党中央国务院多次提出的"注意发挥行业协会、商会在社会主义市场经济新体制建立过程中的功能"的要求，也是行业协会失语的一个无法回避的原因。

结　语

三鹿事件凸显行业协会自律功能在中国转型期的重要性，不仅整个食品领域要吸取乳品行业的教训，而且所有制造业行业都要以此为戒，致力于打造真正享誉世界、为人称道的"中国制造"品牌。政府应从直接的事务性工作中抽身出来，做自己擅长的事情，把监督企业的注意力转移到培育与发展行业协会的能力上来。要实现这一职能转移，政府应继续为行业协会的建设和发展提供宽松的环境，制定相关政策和配套法规，加大行业协会管理体制改革步伐，鼓励行业协会加强自律功能发挥，使行业协会的管理由人治转为法治，最终建立政府监督和行业自律相结合的监管体制。

参考文献

张经：《行业协会商会平话（第二集）》第 1 版，中国工商出版社，2008。

孙春苗：《行业协会管理改革的比较研究——基于双重管理体制》，《中国非营利评论》第 3 卷，王名主编，社会科学文献出版社，2008。

周宇：《奶业潜规则：牛奶购销造假链条调查》，《凤凰周刊》2008 年第 28 期。

"三鹿奶粉事件调查"系列报道，《中国新闻报道》2008 年第 35 期。

---

① 《从古代行会的违规处置谈起》，2008 年 9 月 26 日《华商报》。

An Analysis of Chinese Trade Associations'Self-Regulatory Functions in the Transformative Period

—The Sanlu Case

Chen Hongtao

【**Abstract**】 Trade associations are NPOs formed by enterprises that serve as a nexus and bridge between society and government. Though their functions are many, the Sanlu incident underlines the absoultely crucial importance of trade associations' self-regulatory functions. Through analysis of that landmark event, we find that, although the dairy products industry has trade associations at almost every link in the chain from production to sales, the insufficiency of their self-regulatory functions is among the chief reasons the entire industry lost their customers' confidence. Should China's dairy, food, and even manufacturing industries wish for true protection, they must establish a joint system for government supervision and trade association self-regulation and supervision.

【**Keywords**】 trade associations   Sanlu incident   self-regulation function

（责任编辑　朱晓红）

寻找消失的信任

——兼与《中国民意与公民社会》著者 Tang，W. F. 先生商榷

曾少军[*]

也许缘于先父多少读过几年私塾，及小之时笔者对于诚实守信等传统道德规范还是得到一些家传。稍长读语文课本中《西游记》的片段，"人而无信，不知其可"一句话是深深记住了（当然那时还不知道这本是孔夫子的教诲）。但初中时一堂"社会发展简史"的政治课却给我当头一棒，我记得那位戴着厚厚镜片的老者讲道："像仁义礼智信这些封建主义的精神糟粕，不知毒害了我们多少代人，今天我们不能再让它毒害你们这些青少年了！"言语之间，严厉、义愤之情使他酱色的脸都有些扭曲，沙哑的声音更让人觉得厚厚镜片后透出的逼人寒光之可怕。从此，上政治课我就胆战心惊。一个疑问挥之不去：怎么像"信"这样的基本做人要求变成了害人工具了?！

好在那个时代，在革命的旗帜下，政治标准决定一切，连夫妻反目、父子敌对皆成为家常便饭，我这个无解的疑问也似乎有解了。后来攻读经济学学位，时时在思考一个问题：市场经济的前提是遵循共同的游戏规则，而这规则硬而言之是法律，软而言之则属道德、信任。但我们若将"仁义礼智信"批为糟粕之遗害抹除，又如何指望市场经济的游戏规则得到共同遵守？换言之，又如何能建成真正的市场经济体系？类似三鹿毒奶粉等事件又一次次在强化我的忧虑。

---

* 曾少军，清华大学公共管理学院博士后。

最近有朋友向我推荐美国学者 Tang，W. F. 的《中国民意与公民社会》，① 我利用赴台学术访问之暇拜读，刚好在返回的班机上掩卷。作为一本研究当代中国公众政治态度与政治行为形成及中国公民社会发展作用的著作，对于刚刚从台湾这个到处听到"多元"、"民主"的华人社会回来的我而言，还是颇有启发与新意的，它使我在阅读之时和之后，反复思考如下问题：民主与专制的真正利弊，NGO 的生存空间，媒体控制与民众监督的关系，信任之于民主的作用，知识分子对于政治的爱恨情仇。当然，其"将本文主流社会科学分析工具用于观察和分析当代社会现象"，也为意欲在方法上"与国际接轨"的研究人士提供了一个很好的借鉴。

促使我不揣浅陋提笔写此文的，恰恰是"可被视为该著作最重要的理论创新成果"，即"事实上，中国是世界上人际信任度最高但是自由度最低的国家之一"。这个结论的后半部分我不想去评论，但对于前半部分，我作为生长在这个国度的公民之一，却难以认同。连作者也承认"这些发现可能让有些人很难接受"，但他仍强调"事实胜于雄辩"。我知道他的事实是建立在横跨 1987～2004 年的几次全国范围的调查数据基础之上的。但这一时期恰恰是中国社会发生急剧变迁的时代，这些数据的时间跨度较长，统计结果未必能真实反映该时期的社会变化特征。

我想 Tang，W. F 如果今天再来到中国、再做同样的调查，如果真正做到独立调查的话，结论可能会为更多的中国人所接受。因此，我想通过本文去厘清信任的几个基本问题，描述我或者大多数中国人认为的信任消失（也许有些言重）现象，探讨信任消失的危害，考察信任消失的原因，最后尝试提出重建信任社会的路径。

一

讨论对象是首先要明确的，否则大家争论半天却发现所及根本不是同一个问题。然而 Tang，W. F. 在"信任的含义"一节并没有给出信任的含义，只是得出结论：信任的内涵与传统、社会主义和市场改革三个重

---

① 〔美〕Tang，W. F.：《中国民意与公民社会》，中山大学出版社，2008。

要因素相关，而且这里的信任主要是指"人际信任"。在随后的分类中，Tang，W. F. 将信任分为"狭隘信任（传统）"、"社团信任（社会主义）"和"公民信任（市场改革、现代化）"。① 事实上，从德国社会学家齐美尔（1990）开始，有许多社会学家、经济学家、管理学家、生理学家对信任问题专门进行过深入研究，卷帙浩繁。就像其他社会科学名词一样，如果要对信任的含义与分类进行展开性的描述，本文有限的篇幅恐怕不能胜任。因此，比较实际的做法是回到"信任"一词的本源意思，并对日常用语中容易与之混淆的"信用"、"诚信"等词语进行区分。

信任：综合各种文献，我比较认同向长江等（2002）提出的"大胆的期望和不设防的意愿"是信任定义中的关键词这一结论。他的定义来自对罗素（Denise M. Roussean，1998）关于广义信任定义的阐述，即"信任是建立在对另一方意图和行为的正向估计基础之上的不设防的心理状态"；而且信任可以在个人、组织等不同层次之间转换。②

信用："信用"与"信任"是笔者在浏览文献时所见到的混用比较多的一对词汇。按白春阳博士的分析，广义的信任是指参与社会和经济活动的当事人之间建立起来的，以诚实守信为道德基础的践约行为；狭义的信任是指一种建立在授信人对受信人偿付信任的基础上，使后者无须付现即可获得商品、服务或货币的能力。③

诚信：白春阳博士通过查阅古书得出，在中国古代，"诚"和"信"本是两个意义相近的词，常用来互相训释，"诚则信矣，信则诚矣"，是指一个人在心意、言语和行动上对自身、对他人、对社会真诚无妄、信实无欺、信任无疑。

在笔者看来，这三个词汇被经常混用是有一定原因的，从某种程度上讲，这是一个问题的三个学科角度。如果不作过多严格的限制，可以发现信任问题主要是社会学的研究范畴，信用问题则主要是经济学研究的范畴，而诚信问题则大多属于伦理学的研究范畴。如果要强调这三者

---

① 〔美〕Tang，W. F.：《中国民意与公民社会》，中山大学出版社，2008，第 91～98 页。

② 向长江、陈平：《信任问题研究文献综述》，《广州大学学报（社会科学版）》2003 年第 5 期。

③ 白春阳：《当代社会信任问题研究》，中国人民大学博士论文，2006，第 20 页。

之间的联系，可以认为，信用是信任的法律、经济表现，诚信是信任的道德、伦理基础。郑也夫就认为，"诚实和信用属于被观察者的属性，而相信和信任属于主体"，"信用与信任互为表里；信用是名词，表达静态的属性，即可信任的；信任多为动词，出发点是主体，即判断对方有信用与否"。[①] 研究信任问题，离不开对信用、诚信问题的分析。本文并非纯粹理论研究，因此，在后文的表述中对这三者的使用不作严格区分。

二

不幸的是，中国转型时期社会信任问题的表现却不像 Tang，W. F. 先生所得出的结论那样。无论是在经济、政治还是文化领域，信任问题比比皆是，无论是政府、企业还是个人，因信用缺失导致的损失惨重。请看几乎是与 Tang，W. F. 所采用数据同一时间发布的另几组调查数据：2005 年 6 月，《光明日报》发布消息说，据工商部门不完全统计，2005 年我国共签订商业合同 40 亿份，价值 140 万亿元人民币，但合同的平均履行率只有 50%；每年因逃废债务所造成的经济损失达 1800 亿元；因假冒伪劣产品带来的经济损失至少在 2000 亿元以上；因三角债和现金交易增加的财务费用约为 2000 亿元，导致交易成本大大提高。[②]

根据四川省社会科学院 2004～2005 年对 180 名 18～39 岁年龄段公民的相关调查，被调查者普遍对于社会上层的信任程度较低，在回答"你对目前地方政府的信用状况感到满意吗"的问题时，31% 和 24% 的人选择了"不太满意"和"不满意"，选择"非常满意"的为 0%。在回答"你对当地政府官员的信用状况感到满意吗"的问题时，绝大多数人也选择了较为否定或完全否定（42%、22%）的答案，而且同样无一人选择"非常满意"。他们对于社会中层，即工商企业及其他生产、研究机构的信任程度同样较低，认为其信用状况"非常好"和"好"（0%、3%）的人只是少数；对于社会下层即人与人之间的信用评价同样不高。在回

---

① 郑也夫：《信任论》，中国广播电视出版社，2001，第 8～9 页。
② 崔轶、周晓静：《我国市场中的信用问题研究》，《北京建筑工程学院学报》，2005 年 12 月。

答"你认为目前人与人之间的信用关系是良好的吗"这一问题时，选择肯定答案的人极少（"非常好占0%"；"好占2%"）。当被问及"在这个世界上，值得你信任的人多吗"时，40～59岁年龄组的人群对此问题给予否定回答的占71%；60岁以上年龄组的人群，对此问题给予否定回答的比例为67%。不过，无论是在哪一个年龄组，均无一人选择"非常多"的答案。

虽然该调查的设计者预先声明：由于此次调查涉及的地域范围并不太广，而且研究人员抽取的样本数量也较为有限，因而不能完全代表当今中国青年人群对社会各个层面的信用评价及信任态度。不过，为了使样本更具有代表性，调查者们在抽取样本时也考虑了样本应该涵盖的许多基本特征，并在性别、文化程度、职业、政治面貌、居住地域甚至所属民族等方面，作了相应的考虑。因此，从这一角度而言，该调查结果仍然具有一定的参考价值！①

但 Tang, W. F. 根据同期数据所得出的结论，竟然是 2004 年有 49% 的受访者认为"大多数人是可以信任的"。② 那么，我们究竟是应该相信自己人在本国所作的调查，还是外国人根据中国人提供的数据而得出的结论呢？答案应该不难得出。有人惊呼：我们的社会正面临着严重的信任危机。当然，能否将现在的社会信任情况判定为"危机"，可以有不同的标准和看法，但当前中国社会的信任程度较低，却是不容否认的现实。有学者坦承：说中国目前已处于信任危机中，可能还有点言过其实，但确实存在着爆发危机的真实可能性。③

三

人而无信，不知其可；社会无信，遑论其形？信任缺失对于全面建设小康社会的中国来说，是继经济改革全面深入、政治改革逐渐展开之后的又一个亟须解决的重要问题。在一定程度上，中华民族的复兴、第

---

① 张胜康：《转型期青年人群社会信任问题研究》，《青年探索》2005 年第 3 期，第 10～12 页。

② 〔美〕Tang, W. F.：《中国民意与公民社会》，中山大学出版社，2008，第 94 页。

③ 马俊峰：《社会信任危机：当前中国发展必须正视的一个严重问题》，《甘肃理论学刊》2004 年第 4 期，第 5～8 页。

三个需要长远努力的改革，即在于对严重受损的社会信任的恢复。如此说的原因有如下方面。

首先，信任缺失会造成极大的政治危害。因为，信任是社会秩序的基础之一；政府信任作为政府与公众之间的一种互动关系，是政府合法性的重要来源，是政治稳定与社会和谐的可靠保障。近年来，我国正处在改革攻坚、社会转型加速的历史关键时期，某些社会制度的缺失以及社会不良风气的影响，将直接危及政府信任和政府的存在合法性。[①] 政府信任的下降对于政治领袖、公共行政人员而言，是一个极为严峻的挑战。[②] 对政府的信任缺失，一方面将导致政府的合法性危机，威胁政府的领导；另一方面，将损害公民的政治参与热情，危及民主政治的发展。更为严重的是，可能造成民众对社会制度系统的不信任和怀疑，使得他们在权利受到损害时，不再主动寻求公力救济而转为自力救济或寻求黑社会保护。这就为黑社会势力的沉渣泛起提供了土壤，致使国家的社会控制和动员能力下降，严重威胁整个社会的安全。[③]

其次，信任缺失会带来巨大的经济损失。在经济领域，信任缺失的重要表现就是经济生活中的信用问题严重。人们通常用基石、润滑剂等词来比喻信用在市场经济中的地位和作用。具体而言，信任的经济功能包括：①有效降低市场经济中的交易成本，节省流通费用；②它是现代市场经济中不可或缺的社会资源，同时也是优化资源配置的有效手段；③作为用以抵消手段的支付，减少流通中的货币量，引导资源在多个领域整合；④加速资本的集中和积累，扩大经济活动水平和规模，最大限度地分享规模经济利益。反之，如果经济信用问题大量存在和无序蔓延，会严重影响国民经济的健康运行，给国家、企业和人民群众的利益造成重大损害。[④] 特别是在发生金融危机的今天，企业信用问题处理不好，会

---

① 王浩斌、王飞南：《近年来国内政府信任问题研究综述》，《武汉科技大学学报》2007 年第 6 期，第 605 页。

② 李砚忠、李军保：《政治学视角下政府信任问题研究》，《中共青岛市委党校青岛行政学院学报》2007 年第 2 期，第 40 页。

③ 白春阳：《当代社会信任问题研究》，中国人民大学博士论文，2006，第 171 页。

④ 杨小华：《国内信用问题研究述评》，《广西社会科学》2004 年第 11 期，第 191 ~ 193 页。

加重金融危机的危害，影响经济的全面复苏。

再者，信任缺失会伴生信仰危机。除了给政治和经济领域的活动带来巨大伤害以外，信任缺失最广泛、最长远的危害，还在于社会领域。市场的交易活动和交易行为还可以按照市场的规则运行，而非市场交易领域中的关系（家庭关系、邻里关系、同学关系，等等）和活动（学术活动、社交活动、公益性活动，等等），却是以道德原则和道德体系作为维系规则和调节准则的。道德原则和体系在社会生活中扮演着重要的角色。然而，一个社会的道德水平在很大程度上受到社会信任程度的影响和制约，道德高尚的社会必然是信任度高的社会。在高信任度社会，人与人之间关系和谐、相互信任，彼此之间有着强烈的合作意识和公益精神，社会道德水平较高，社会风气纯净。而在低信任度的社会，社会信任的缺失将直接加剧社会道德风险，引起道德规范失控，带来人与人之间尔虞我诈、互不信任的恶性循环，相互间在培养信任关系方面有较大的难度和风险，最终污染社会空气，对社会道德体系形成强大冲击；更为严重的后果是摧毁人的精神支柱，导致信心（信仰）危机。①

四

我们的信任问题是如此严重，危害又是如此深远，但原本并非如此。拥有几千年悠久文明史的中华民族，向来以礼仪之邦著称于世。我们有灿烂的《诗》、《书》、《易》、《礼》、《春秋》等文化瑰宝，有"夜不闭户"、"路不拾遗"的优良传统，有"仁义礼智信"等为人立世准则，有"诚招天下客、誉从信中来"的商业经营古训……可是到了今天，政府公信力屡遭质疑，谣言越辟越多；家庭信任怪事频传，亲子鉴定生意兴旺；社会信任陷入尴尬，北京地铁曾在广播中公开提醒乘客不要给乞讨者施以援手；经济信任挫折不断，"杀熟"现象俯拾皆是；就连力倡"信义"为本的孔圣人的本行——学术界也未能幸免，假文凭、假文章、假成果随处可见，学术腐败、学术不端隐藏理学，更让社会防不胜防！我们的

① 白春阳：《当代社会信任问题研究》，中国人民大学博士学位论文，2006，第171页。

社会信任怎么一下子就消失了呢？这是一个令中外许多学者均深感困扰的问题。

根据张凯所整理的资料，史密斯在《中国人的性格》中写到，不诚实和相互不信任是中国人的两大性格。汉密尔顿在研究"何以中国无资本主义"的问题上，着重分析了以行会形式存在的近代中国商人组织，指出个体商人的市场可信任度完全取决于这个商人所归属的行会组织，而这种行会组织乃是依据乡亲族党的联系来组建的，因此一个商人的可信、可靠及商业上的成功最终是建立在乡亲族党的关系之上。韦伯认为中国人的信任是建立在血缘共同体而非信仰共同体之上的，即建立在家族亲戚关系或准亲戚关系之上，是一种难以普遍化的特殊信任。福山进一步发挥了韦伯的理论，将信任提升到影响经济繁荣和社会进步的高度。他认为中国的一切组织均建立在以血缘关系维系的家族基础之上，因而对家族之外的其他人缺乏信任，这样的社会是一个低信任度的社会。①

这些外国学者以其所生存的文化、社会环境来考察中国的信任问题，虽然难免隔靴搔痒、有"以他人之心度君子之腹"的嫌疑，我们不妨姑妄听之，聊备参考。对此问题，有中国学者从经济信任或信用的角度提出，这是长期实行计划经济、产权制度和信用制度不健全所致。② 也有人认为，当代中国社会信任缺失的原因，主要在于社会关系从群体本位到个体本位的变革，社会场域从传统社会到现代社会的发展，以及传统文化的断裂等现实。③ 对此，白春阳博士的分析是：中国社会信任缺失的问题由多种因素长期综合作用而成，这些因素包括：传统信任模式的历史局限性、政治运动尤其是"文化大革命"的遗毒、社会转型期的必然效应、信用制度缺失与失信成本偏低、官僚主义与腐败行为的影响、高调主义虚假宣传的负效应，等等。④

---

① 张凯：《社会资本视角下的当代中国社会信任问题研究》，东北师范大学硕士学位论文，2006，第 1 页。
② 刘洪芹、郭妙卿：《我国市场经济信用问题研究》，《辽宁经济》2005 年第 12 期。
③ 张凯：《社会资本视角下的当代中国社会信任问题研究》，东北师范大学硕士学位论文，2006，第 16～18 页。
④ 白春阳：《当代社会信任问题研究》，中国人民大学博士学位论文，2006，第 172～182 页。

笔者佩服白博士的学术勇气，他能点出政治运动与高调主义虚假宣传对中国社会信任问题的影响，与其说是一种学术的深入研究，毋宁说是研究信任问题学者的真诚学术胆量。"前人之述备矣"，上述观点无疑都是对当代中国信任缺失问题切中肯綮的分析，不容笔者在此饶舌。但除此之外，还有两个角度值得深入讨论。

一是基于历史考察的角度。白博士看到了"文化大革命"这场政治运动对中国社会信任的摧残。其实，如果我们将目光放得更远一点，就可以发现，洋务运动以降，辛亥革命、新文化运动、国共战争、"三反五反四清"、"破四旧"、"文化大革命"，甚至改革开放，哪一次运动不是首先拿传统文化开刀？我们一直认可这样一个假设，即中国的落后，是传统文化落后使然；要进步就得彻底破除旧文化、旧世界，用西方的先进文化来指导复兴实践。即使我们口口声声在反对全盘西化，但我们现今所依凭的教条却又是完完全全的西方"舶来品"，而可悲的是这些外来思想在它自己的国度都不再被宗奉为圭臬，我们却仍然在它的禁锢下踽踽前行。

应该承认，传统文化确实有不适应现代社会的地方，但问题是曾几何时我们对传统文化采取了简单粗暴的做法：凡是旧的，就是坏的，就是要破除的。连"信义、诚信、信任"这些传统美德也成了攻击的目标和对象，"泼脏水时连婴儿一起泼掉了"！一座房子被破坏了，是容易修复的；一个民族的文化被破坏了，却影响深远。有关传统文化与现代化关系的讨论是一个庞杂的问题，远非本文篇幅及笔者能力所能胜任，但中国社会信任的消失，历次的"折腾"和运动恐怕难辞其咎。

二是基于制度的考察。笔者此处所谓的"制度"绝不仅仅只是"成文法"的有形条文，还应包括人们心中的道德约束。从有形的、硬的制度而言，缺乏信用的征管体系，缺少对践诺的保护和违约的惩处，都不利于信任社会的形成。我们社会现在所缺的，就是这些内容。然而，这些都还是被动的、强制的原因；真正主动、自觉而长期导致信任缺失的原因，恐怕还在于人们心中缺少一种无形的、软的制度，即观念的约束。中国古代强调"慎独"，即当一个人独处、没有别人监督的情况下，仍要保持高尚的道德情操，"不逾矩"。这样的软制度可以使整个社会倡导一种守信、重诺的文化和风尚，贬斥、抨击失信取巧、奸吝伪善的行为和风气。但这些恰恰被我们这个社会的历次"折腾"运动和市场取向改革所破坏殆尽，欲要重建，恐怕需要整个公民社会几代人的长期不懈努力。

五

一个"和谐社会"建设的大环境恐怕还在于"信任社会"的建设，信任社会的重建途径也无非在于针对上述原因进行改进，如宣传信用理念、完善法律法规、规范政府行为，等等。除此之外，就笔者陋见，信任社会的重建是一个由上至下、由亲至疏、由家至国、由文化而行为、由社会而经济的过程，最终由个人信任而社会信任，由社会资本积累而促进市场体系完善乃至和谐社会建设。

所谓"由上至下"，即社会的上层，主要是泛指作为上层建筑中的政治、社会组织中的政府、社会群体中的领导、社会角色中的官员，在信任上要身体力行。就政治层面而言，就是不要再拿一些连自己都不相信的大话、虚话甚至谎话来糊弄黎民百姓，给民众一个讲真话、信真道理的环境。政府应做到政出必行、不朝令夕改。民众是最聪明的，"烽火戏诸侯"的结果不仅害了自己，也危及整个社会信任的建立。所谓"上梁不正下梁歪"，如果政府官员们白天在台上讲反腐倡廉、扫黄劝赌，晚上却贪污纳贿、嫖娼开赌，又如何劝诫百姓们守信遵规呢？除了政府官员以外，还有其他领域、阶层和界别的领导者，他们也属于社会的上层，其人员更多、分布更广、影响更深。群众的眼睛是雪亮的。领导的一言一行，对群众就是示范，正人先正己。一个守信的领导自然会感应和带动其团队与下属，令其以守信为美德。

再者，就是由亲至疏。1998 年彼格雷（Gregory A. Bigley）和珀斯（Jone L. Pearce）把组织科学中信任研究的成果划分为不熟悉的人之间交往的信任问题和熟悉的人之间交往的信任问题两个不同的类别。① 相对于

---

① Gregory A Bigley, L Pearce Jone, Straining for shared meaning in organization science: Problems of trust and distrust [J], *Academy of Management Review*, 1998, (3): 405 ~ 421.

这个两分法，中国的学者费孝通早就提出了著名的"环状差序"理论，认为中国的社会关系中存在以家庭为核心像波浪一样由里及外的人际信任递减现象。① 由此，笔者想到，在信任社会重建过程中也可以先在相亲相近的人群中倡导和践行，然后推广到社会中去。我国的传统文化是大陆农耕文化，家庭是这种社会的细胞，以父辈家长为中心、以嫡长子继承制为基本原则的宗法制度在中国延续了数千年之久，从而形成了一种特有的民族文化心理，那就是深厚的家族观念，重视家庭、亲情、友情，依赖家庭，家庭及家庭利益和家庭声誉远远高于其他组织，这使中国人产生了轻集团生活而重家庭生活的观念和以家庭、亲情为中心的伦理。② 但现实又是那么可怕，我不禁想起前一段时间传销盛行时，绝大多数的受害者都是亲戚、朋友、同学或同事。因为追求纯粹的经济利益而产生的"杀熟"现象不能再持续下去了，这就需要倡导和力行正确的家庭伦理和经济伦理，从身边开始培养信任重建的环境。

由文化而行为。信任的重建首先是一个观念问题、教育问题，信任的基础在很大程度上是基于社会主体的内心确信以及他们之间的信任和诚信的理念来维系，只有当诚实守信内化为人们的自觉意识时，守信才能成为自觉行为；只有当诚实守信成为一种普遍的社会风气时，失信行为才会受到强烈的公众谴责，诚实守信的良好社会风尚才能真正确立；只有全民信用意识得到普遍增强，信用体系建设才能得到广泛的认同和支持。③

六

无意之中，上述重建路径的探讨，似乎有点符合 Tang，W. F. 所提的狭隘信任、社团信任和公民信任的分类，可惜的是 Tang，W. F. 并没有就这三类信任之间的关系作进一步的探讨。本文的分析可能与 Tang，W. F.

---

① 费孝通：《乡土中国》，《费孝通选集》，天津人民出版社，1998。
② 曾少军：《家族企业与企业家族——中国家族企业组织创新研究》，经济管理出版社，2008，第 193~194 页。
③ 白春阳：《当代社会信任问题研究》，中国人民大学博士学位论文，2006，第 191 页。

并不太一样，有些甚至太冲突。但行将结束本文之际，笔者再次细览Tang，W. F. 的大作，发现书名的中英文翻译很有趣，书的英文名原为*Public Opinion & Political Change in China*，但中文书名却被译成了《中国民意与公民社会》，真是为了意译吗？但是，我从封面的底文中还是找到了基于中国传统文化的书法艺术字样：公民、民意、政治变革。Tang，W. F. 先生担心什么呢？我似乎找到了 Tang，W. F. 先生的结论与中国现实不太符合的答案了。

（责任编辑　董文琪）

拜访德国物理学会

秦　威 [*]

　　晨 7 时 15 分起床，拉开窗帘，波恩城内满天朝霞，阳光洒落一地，这是一个适于旅行的日子。我们到达德国考察德国科技社团的第二天，9 时正点出发，按计划前去拜访德国物理学会，沿街的人行道上停满小车，遍地黄色落叶。出城遇大雾，阳光穿越雾气发出白光。行车 40 分钟，到达波恩附近一个幽静的小镇玛德荷里。德国统一前，这个小镇就是不少全国性学术团体的聚集地，学术气氛十分浓厚，首都迁往柏林后，这些团体没有随行，依然留在这里。

　　弥漫在浅浅薄雾中的小镇刚刚醒来，依然是静悄悄的，在一段短短的商业街上，开始有人进出食品店采购新鲜的肉食品、果蔬与面包。气温已经明显下降了许多，在小街上穿行，感到有些冷了。黄色落叶，绿色爬墙植物，五彩小楼，红色秋树，使小镇风景如画。有人在薄薄的雾气中出没于树丛与幽巷之中，让人联想到童话的境界。在一幢类似会议厅的建筑中，有聚会的人们开始报到，喝咖啡，还有人正踏着一地黄叶匆匆忙忙地赶来。

　　10 时 30 分如约到达德国物理学会。这个学会设在一座有着百年历史的老式楼房之中，楼前有一片很大的园地，绿草茵茵，古树蔽日。

　　德国物理学会秘书处主管、他的助理与办公室主任在门厅迎接我们。

---

　　* 秦威，《学会》杂志社主编。

办公室主任先带我们参观了这幢楼，介绍它的来历与变迁。这楼原属于一个富人，后辗转到了波恩大学的手中，20 世纪初曾作为妇女就业指导处，为贫穷家庭的女孩进行绣花与烹饪技术培训。第二次世界大战后波恩大学将其作为教授俱乐部，后一度闲置。20 世纪 70 年代德国物理学会成立，选中此楼为办公地点，逐渐发展成为一个重要的学术交流机构与处所。

德国物理学会是一个有着悠久历史与严谨学术传统的科学团体。它的前身是成立于 1845 年的柏林物理学会，一个由柏林地区物理学者组成的区域性学术团体，由于它聚集了一批优秀的学者，为推动德国物理学发展作出了贡献，它的社会地位得到社会与学界的认可，影响日增，因此在 1899 年改建成德国物理学会，成为一个全国性的学术组织。第二次世界大战结束后东西两德分治，在东西德各有一个物理学会，16 年前两德统一，原分属两国的物理学会也于 1990 年合并为今日的德国物理学会。这个学会的成立促进了德国物理学界的交流，代表德国物理学界与高等院校及工业企业交流，与外国同行交流。

作为一个传统的理科学会，它依然在学术交流这个传统领域发展并成为领头羊，因此而获得发展。会员从 1945 年时的数十人发展到现在的 5300 多人，早期的个人会员大多为高级别的物理学者，但高级别的学者人数毕竟有限，使它在扩大规模方面遇到发展的瓶颈，后来学会决定逐步走出学术象牙塔，开始接受业余物理学者与物理专业学生的入会申请。而且每年还向中学生提供 8000 个学生会员年度名额，让这些学生成为物理学会的年度会员。在它的 5300 名会员中高级学者占 0.7%，国家各级物理实验室的工程师占 8.7%，大学生占 30%，其余为各行各业中的物理学工作者与业余爱好者，该学会有 100 多家团体会员。为了提高女性在物理行业的学习与就业比例，学会在 2001 年开展了一项旨在动员女性加入物理界的广告宣传，这个宣传收到了成效，在这之后大学物理专业的女生增加了不少。

我们在交流中了解到，德国物理学会虽然是全国物理学界中最大的团体，但并不是一个大型学术团体，它在法兰克福总部有 10 位全职人员，在柏林有一个办事处，有 4 个全职人员，它是一个以学术交流与传播为主的传统学术社团，因此，它在这个学术团体传统的领域里，开拓出一个不断发展壮大的天地。

作为一个纯理论研究领域的小型学术团体，它没有也不可能去从事某种经营活动，那么维系它发展的物质基础何在呢？答案是：作为一国物理领域权威的学术组织，这个团体充分运用它自己的品牌与学术地位优势，以传统的学术工作领域为阵地，使之获得充分的发展。主办学术交流活动，为学生与专家提供交流平台，出租会议场馆，（每年除圣诞节外均满座），走的是学术服务的路子，我们到访时就看到在其大梯形会场中正在进行一场学术讲座。

作为德国物理学界的最高学术团体，这个学术团体每年有近 900 万欧元的收入。政府给予充分的重视与支持，在资金方面，政府以项目经费的形式，提供学会每年收入的 10% ~ 15% 的经费。而占年收入约 1/3 的经费则来自举办国内外物理学术会议的收入，计 300 万欧元。它每年举办 3 ~ 5 次大型国际物理学研讨会，最多的参会人数达 8000 人，展出七千多个主题展板，为全球物理学会之最。而最大宗的收入是它一年周而复始地出租会场提供会议服务的经营性收入，约 450 万欧元。而对于一个有五千多会员的学会来说，会员费的收入并不占很高的比例。

为什么这个学会能在会务上获得这么多的收入？这是它努力开发并经营其独一无二的品牌带来的效应。首先我们来看它的名牌之形成：①始于 19 世纪的柏林物理学会，至今已有 160 年的学术权威史；②德国物理学界在世界上的前列位置；③世界物理学界对这个学会的支持与重视。比如，它能邀请到诺贝尔物理奖获得者参加其主办的学术活动而且能留住在此，使得参加这类活动的年轻学者甚至大学生能在午餐或晚饭的桌子旁与诺贝尔奖获得者面对面地交流。

正是由于这个学会具有重要的学术地位，使得德国物理学界的人士以到此来开会为荣，其实这些会在哪里开都可以，但坐落在波恩附近小镇的德国物理学会如一块磁石，将同行们紧紧地吸引到这里来，这个名牌效应带来了巨大的经济效益。从这里我们认识到传统的学术组织本身可以通过合理的经营，使自己在市场经济中获得生存与发展的资源。

当然德国物理学会为经营会议服务也下了一番工夫，它在这座古典庭院式的建筑中设置了一个会议中心，装备现代化的会场，各类大小会议堂，客房、餐厅、咖啡厅一应俱全，有专门的管理人员。而且这个学会将在经营中得到的主要收入，又投入到学会建设、会员服务、学术交流与社会科普中去。

①出版物理月刊，每期印 5400 份，每个会员人手一册；②与英国物理学会各出资 50%，合办物理学网站，编辑电子杂志供全球学界免费下载；③为会员与大学生发布求职与培训信息；④出版面向公众的免费印刷品；⑤参与大学改革、参与国际合作的大型科研项目；⑥与政府合作，大力促进物理科普活动，如广场活动、电视专题节目、科普展览会等形式。并承担其中 10% 的经费，组织活动并发布奖励，促进物理领域发展，保持新鲜力量的进入。通过上述活动，德国物理学会本身也获得了更大的发展与社会影响。

第一，德国物理学会在德国科学机构评估中排名在前；第二，为政府提供社会与科学发展建议，得到德国政府与欧盟的认可，从而获得政府的资助，为此特别在首都柏林设立联络政府的办事处；第三，在有竞争的科学社团界中，处于领头羊地位，充分吸引学者与学生成为个人会员，它是全国物理学界中个人会员最多的团体。这个学会从一个传统的学术团体，发展成为学界、社会公众与政府提供服务的综合团体，但它的基础阵地仍然是学术交流。

德国物理学会十分重视学会的经营工作，通过聘请有能力的工作人员，围绕学术交流平台拓展业务，充分发挥其重要学术权威地位的影响，形成凝聚力；它的成功发展启示我们：传统的学术团体可以凭借其重大的声望、资源与学术地位，获得良好的发展。

通过对德国物理学会的访问，我们想到我国传统的理科学会应该如何发挥学术权威作用，使团体得到发展。理科学会聚集了本专业的许多学术权威，他们是学科发展的重要力量，应充分发展、发挥这个核心作用。但是我国现有的不少有学术地位的理科学会却没有得到合理的组织与运用，在国内学术团体中是一个弱小的群体。

探讨理科学会的发展之路，德国物理学会给我们许多启示。首先，学术界与学术权威要关心这个学术组织，能够经常出席学会组织的学术活动，既能与本学科的同仁加强交流，也能提高学术组织的凝聚力。其次，要有一个独立的地点与场所，有利于公平公正地开展学术活动，而不受某个学术机构的牵制与影响。再次，应有一个有能力的秘书处来独立地主持工作。一个有权威性与吸引力的学术组织能够更好地为本学科提供服务、形成凝聚力，培育新生力量，做好会员服务工作。

2007 年 10 月 31 日于波恩

（责任编辑　刘求实）

鸣　谢

　　《中国非营利评论》自 2007 年正式出版以来，谨守匿名评审制度，得到诸多专家学者的大力支持。以下是本刊 1～4 卷匿名评审的专家名单（敬称略，按首字母排序），编辑部全体并代表读者谨向各位专家致以诚挚谢意！

曹富国	陈旭清	陈　雷	陈健民	陈一梅	邓海峰
邓国胜	丁开杰	范　愉	高丙中	何建宇	胡仙芝
黄浩明	贾西津	金锦萍	纪　颖	康晓光	刘培锋
刘求实	林尚立	马仲良	马长山	彭宗超	陶传进
佟　新	吴　伟	徐家良	夏雨禾	解亚红	徐永光
许冠亭	辛传海	杨　团	于晓静	姚建平	袁瑞军
左芙蓉	钟开斌	赵黎青	朱晓红	展　江	张　静
支振锋	张　经	朱卫国	张耀祖		

稿　约

1. 《中国非营利评论》是有关中国非营利事业和社会组织研究的专业学术出版物，暂定每年出版两卷。《中国非营利评论》秉持学术宗旨，采用专家匿名审稿制度，评审标准仅以学术价值为依据，鼓励创新。

2. 《中国非营利评论》设"论文"、"案例"、"书评"、"随笔"四个栏目，刊登多种体裁的学术作品。

3. 根据国内外权威学术刊物的惯例，《中国非营利评论》要求来稿必须符合学术规范，在理论上有所创新，或在资料的收集和分析上有所贡献；书评以评论为主，其中所涉及的著作内容简介不超过全文篇幅的1/4，所选著作以近年出版的本领域重要著作为佳。

4. 来稿切勿一稿数投。因经费和人力有限，恕不退稿，投稿一个月内作者会收到评审意见。

5. 来稿须为作者本人的研究成果。作者应保证对其作品具有著作权并且不侵犯其他个人或组织的著作权。译作者应保证译本未侵犯原作者或出版者的任何可能的权利，并在可能的损害产生时自行承担损害赔偿责任。

6. 《中国非营利评论》热诚欢迎国内外学者将已经出版的论著赠予本编委会，备"书评"栏目之用，营造健康、前沿的学术研讨氛围。

7. 《中国非营利评论》英文刊将委托 Brill 出版集团在全球出版发行，中文版刊载的论文和部分案例及书评，经与作者协商后由编辑部组织翻译交英文刊采用。

8. 作者投稿时请寄打印稿或电子稿件。打印稿请寄至：北京市海淀区清华大学伍舜德楼 309 室《中国非营利评论》编委会，邮编 100084。电子稿件请发至：nporeviewc@ gmail. com。

9.《中国非营利评论》鼓励学术创新、探讨和争鸣，所刊文章不代表编辑立场，未经授权，不得转载、翻译。

来 稿 体 例

1. 各栏目内容和字数要求：

"论文"栏目发表中国非营利和社会组织领域的原创性研究，字数以8000~20000字为宜。

"案例"栏目刊登对非营利和社会组织实际运行的描述与分析性案例报告，字数以5000~15000字为宜。案例须包括以下内容：事实介绍、理论框架、运用理论框架对事实的分析。有关事实内容，要求准确具体。

"书评"栏目评介重要的非营利研究著作，以3000~10000字为宜。

"随笔"栏目刊发非营利研究的随感、会议评述、纪行及心得，不超过4000字。

2. 稿件第一页应包括如下信息：①文章标题；②作者姓名、单位、通信地址、邮编、电话与电子邮箱。

3. 稿件第二页应提供以下信息：①文章中、英文标题；②不超过400字的中文摘要；③2~5个中文关键词。书评和随笔无须提供中文摘要和关键词。

4. 稿件正文内各级标题按"一、"、"（一）"、"1."、"（1）"的层次设置，其中"1."以下（不包括"1."）层次标题不单占行，与正文连排。

5. 各类表、图等，均分别用阿拉伯数字连续编号，后加冒号并注明图、表名称；图编号及名称置于图下端，表编号及名称置于表上端。

6. 文章中凡采用他人研究成果或引述，以及注释，一律用当页内脚注予以说明，脚注编号以本页为限，另页有注时，仍从注释①始。如确有对文章观点有重要启发的著述，未及在脚注中说明的，可在文后以"参考文献"方式列出。

7. 请将参考文献中外文分列，中文在前，中外文参考文献分别按作者姓氏首字母音序排列。

图书在版编目（CIP）数据

中国非营利评论（第四卷）/王名主编. －北京：社
会科学文献出版社，2009.6
ISBN 978 - 7 - 5097 - 0887 - 3

Ⅰ.中… Ⅱ.王… Ⅲ.社会团体－中国－文集
Ⅳ.C232 - 53

中国版本图书馆 CIP 数据核字（2009）第 103122 号

中国非营利评论（第四卷）

主　　编／王　名

出 版 人／谢寿光
总 编 辑／邹东涛
出 版 者／社会科学文献出版社
地　　址／北京市西城区北三环中路甲 29 号院 3 号楼华龙大厦
邮政编码／100029
网　　址／http：//www.ssap.com.cn
网站支持／（010）59367077
责任部门／社会科学图书事业部（010）59367156
电子信箱／shekebu@ssap.cn
项目负责人／刘骁军
责任编辑／曹长香
责任校对／邓雪梅
责任印制／郭　妍　岳　阳

总 经 销／社会科学文献出版社发行部
　　　　　（010）59367080　59367097
经　　销／各地书店
读者服务／市场部（010）59367028
排　　版／北京中文天地文化艺术有限公司
印　　刷／北京季蜂印刷有限公司

开　　本／787mm×1092mm　1/16
印　　张／15.75
字　　数／233 千字
版　　次／2009 年 6 月第 1 版
印　　次／2009 年 6 月第 1 次印刷

书　　号／ISBN 978 - 7 - 5097 - 0887 - 3
定　　价／35.00 元

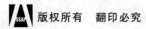

《中国非营利评论》征订单

　　《中国非营利评论》是由清华大学 NGO 研究所和社会科学文献出版社合作发行的学术期刊，清华大学 NGO 研究所所长王名教授担任主编。

　　《中国非营利评论》是一份有关中国非营利事业与非营利组织研究的专业学术出版物，每年出版两卷。出版时间为 6 月 30 日和 12 月 31 日，每卷定价 35.00 元。

　　《中国非营利评论》秉持学术宗旨，采用当今国际学术刊物通行的匿名审稿制度，提倡严谨治学，鼓励理论创新，关注实证研究，为中国非营利事业与非营利组织的研究提供一个高品位、高水准的学术论坛。本刊将开设四个主要栏目，一为"论文"，二为"案例"，三为"书评"，四为"随笔"。为提高刊物的学术品位和水准，本刊聘请国内外相关领域的 25 位知名学者组成学术顾问委员会，其中海外（含港台地区）学术顾问比例不低于 1/3。本刊英文刊 *China Nonprofit Review*（ISSN　1876 - 5092；E - ISSN 1876 - 5149）第一卷已于 2009 年 2 月在波士顿出版，第二卷于 2009 年 9 月出版。

· ·

▷ ［征订单］

订购单位：				
邮寄地址：			邮编：	
联系人：			职位：	
电话：		传真：	邮箱：	
第一卷		数量：	总额：	
第二卷		数量：	总额：	
第三卷		数量：	总额：	
第四卷		数量：	总额：	
发票要求:□是　□否			发票抬头：	
附言：				
付款	**汇款请至如下地址：** 账户名称:社会科学文献出版社 开户银行:中国工商银行北京分行东四南支行 银行账号:0200001009004607807		**征订单请寄至：** ◇北京市西城区北三环中路甲 29 号院 3 号楼华龙大厦　社会科学文献出版社 邮编:100029 联系人:闫红国　　电话:010 - 59367156 ◇清华大学公共管理学院 NGO 研究所 邮编:100084 联系人:刘彦霞　　电话:010 - 62797170		